Luthers Kinder

Luthers Kinder

ELKE STRAUCHENBRUCH

EVANGELISCHE VERLAGSANSTALT
Leipzig

Elke Strauchenbruch studierte in Leipzig Geschichte. Anschließend war sie im Wittenberger Lutherhaus als wissenschaftliche Mitarbeiterin tätig. Später arbeitete sie als selbständige Buchhändlerin und Antiquarin. Heute lebt sie als freie Autorin vor allem populärer reformationsgeschichtlicher Bücher in Wittenberg. Als Autorin des Buches „Luthers Wittenberg" war sie als wissenschaftliche Beraterin für das Panorama „Luther 1517" von Yadegar Asisi tätig.

Bibliographische Information der Deutschen Nationalbibliothek:
Die Deutsche Nationalbibliothek verzeichnet diese Publikation in der Deutschen Nationalbibliographie; detaillierte bibliographische Daten sind im Internet über http://dnb.dnb.de abrufbar.

2., völlig neu bearb. Auflage 2017
© 2010 by Evangelische Verlagsanstalt GmbH · Leipzig
Printed in EU

Das Buch wurde auf alterungsbeständigem Papier gedruckt.

Cover: Anja Haß, Frankfurt am Main
Coverbild: Ausschnitt aus dem Panorama LUTHER 1517 von Yadegar Asisi, © asisi
Satz: makena plangrafik, Leipzig
Druck und Binden: GRASPO CZ, a. s., Zlín

ISBN 978-3-374-05005-5
www.eva-leipzig.de

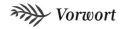 *Vorwort*

Besucher der Lutherstadt reagieren oft erstaunt, wenn sie hören, der Reformator Martin Luther und seine Freunde hätten nicht nur geheiratet, sondern auch Kinder großgezogen und ihnen den Weg ins Leben geebnet. Die Reformatoren sind als Universitätsprofessoren, Begründer evangelischer Landeskirchen, Begründer des deutschen Universitäts- und Schulsystems, Bibelübersetzer, Verfasser von Kirchenordnungen, Kirchenlieddichter, Autoren von Lehr- und Schulbüchern usw. berühmt geworden. Über dieser enormen Leistung wird meist völlig vergessen, dass sie es waren, die erstmals das Leben des Gelehrten mit dem des Familienvaters verbunden haben. Luther dagegen wird häufig fälschlich als Begründer des evangelischen Pfarrhauses bezeichnet. Er wusste, die Eheschließung hat die Geburt von Kindern und die Sorge für sie zur Folge und wollte sich dieser anstrengenden Aufgabe gerne widmen. Die Vaterschaft hat auch dem Leben des Reformators neben seinen vielfachen beruflichen und geistigen Aufgaben eine ganz neue Dimension gegeben.

Die Wittenberger Gelehrten haben mit ihren Ehefrauen die Freuden und Leiden des Familienlebens weidlich ausgekostet. Es ist ungeheuer berührend, ihre Briefe zu lesen, in denen sie Bezug auf ihre Kinder nehmen. Da ist die Rede von der paradiesischen Zeit der frühen Kindheit, von Frohsinn, vom Feste feiern, Spielen, Singen und auch von Trauer, von guten und schlechten Schülern, Nachhilfeunterricht, kleinen und größeren Fehltritten. Ungehorsame Jugendliche, Partner, die den Eltern nicht gefielen, schwerer Familienzwist und Probleme der nachwachsenden Generation, den rechten Weg zu finden, gab es damals wie heute. Luthers Vorschläge zur Lösung von Erziehungs- und Bildungsfragen können noch immer eine Art Richtschnur sein. Die Einsicht, dass die Kinder die Zukunft unserer Gesellschaft sind, veranlasste ihn schon lange vor seiner Eheschließung, die Städte aufzufordern, Schulen einzurichten und zu halten. Er und seine Freunde legten zudem die Grundlagen des heutigen Universitätsbetriebes. In Luthers Haus wuchsen nicht nur die eigenen Kinder auf, sondern auch eine heute kaum mehr bestimmbare Anzahl fremder Kinder, die aus den unterschiedlichsten Gründen hier lebten. Soweit ihr Leben bekannt ist, bin ich ihren Lebenswegen und Schicksalen nachgegangen. Auf diese Weise erschließt sich im Zusammenhang mit dem Wittenberger Lutherhaus ein buntes Bild des alltäglichen Lebens zur Zeit der Reformation.

Mag sein, die Kinder der Reformatoren reichten in ihrer Bedeutung nicht an ihre Väter heran. Doch hat jemals wieder eine Gruppe von Gelehrten eine solche Bedeutung wie die der Wittenberger Reformatoren erlangt? Ihre Kinder haben einen eigenen Weg ins Leben gesucht und gefunden und haben die Erinnerung an ihre Eltern liebevoll gepflegt und weitergegeben.

Mein Dank für das Drängen zum Schreiben und den Austausch über Familienprobleme und Bildungsfragen gilt Professor Wolf-D. Hartmann. Mein besonderer Dank für zahllose fachliche Hinweise gilt besonders Dr. Gerhard Seib († 2016), einem Spezialisten auf dem Gebiet der Luther-Rezeption, Sepulkralkultur und der Alltagsgegenstände, und ich danke Andreas Wurda, dem Leiter der Wittenberger Ratssammlungen und Spezialisten auf dem

Gebiet der Wittenberger Stadtgeschichte, der immer wieder zu Gesprächen bereit ist und mir Hinweise gibt.

Ich freue mich, dass der Verlag sich entschlossen hat, im Reformationsjahr 2017 eine neue, überarbeitete und ergänzte Auflage herauszubringen und diese mit Quellennachweisen und vielen neuen Bildern auszustatten. Gespräche mit Gästen in Wittenberg hatten unter anderem zur Folge, dass mir Frau Zörner aus Hamburg ein von ihr gemachtes Foto der Kirche in Mühlhausen / Ostpreußen zur Verfügung stellte, in der Luthers jüngste Tochter Margarete bestattet wurde.

Unvergesslich bleibt mir eine Begegnung mit Herrn Marcello Pochettino im Cranachhaus. Er stellte zu meiner großen Freude für dieses Buch das in seinem Besitz befindliche Bild „Christus segnet die Kinder" aus der Werkstatt Lucas Cranach d. J. zur Verfügung. Ich danke ihm und Frau Zörner für ihre freundliche Unterstützung und denke, sie wird auch den geneigten Leser erfreuen. Das Bild aus dem Besitz von Herrn Pochettino zeigt den innigen Umgang vieler Frauen der Reformationszeit mit ihren Kindern. Die von Cranach d. J. geschaffenen Varianten zeigen immer wieder ein Mädchen, das eine Puppe bei sich hat, seltene Darstellungen von zeitgenössischem Spielzeug. Unsere Variante zeigt nun ein Mädchen, dass sich besonders liebevoll eine ganz besondere Puppe ans Herz drückt. Berührend ist, dass Christus die Apostel, die Männer der Kirche, aufgefordert haben soll, den Glauben anzunehmen wie die Kinder.

Ich danke Yadegar Asisi, der erneut gestattet hat, dass wir eine Szene aus seinem Panorama Luther 1517 für dieses Buch verwenden dürfen. Es ist mir eine große Freude, stets neu erleben zu dürfen, wie sich die vielen Gäste seines großartigen Wittenberger Panoramas in die Lutherzeit mitnehmen und entführen lassen.

Martin Luther staunte immer wieder über den bedingungslosen Glauben der Kinder. Er forderte in Nachfolge Christi dazu auf, ihnen auch durch die Väter viel mehr liebevolle Beachtung zu schenken. Joseph, der seiner Frau Maria, die gerade den Gottessohn geboren hat, einen Brei kocht, ist ihm im Glauben und als Vater Vorbild gewesen. Der Reformator meinte, es stünde einem Vater gut an, sich nicht nur an der Erziehung der Kleinen, sondern selbst am Waschen der Windeln zu beteiligen. Luther wusste, Kinder, Jungen und Mädchen, sind die Zukunft eines Landes, eines Volkes, einer Stadt, einer Familie, ja der Menschheit. Wir müssen alle Kinder schützen, sie gut erziehen, hervorragend ausbilden und ihnen all unsere Liebe schenken; eine Seite des Reformators, die wir uns zum Vorbild nehmen können und sollten.

Ich widme dieses Buch meinen Lieblingen Kai, Philipp, Jonas und Emil, die mir Zeit ihres Lebens die schönste und größte Freude sind. Es ist wunderbar zu sehen, wie liebevoll sich mein Sohn inzwischen um seine Söhne kümmert und ihnen Liebe, Erdung und Flügel gibt. Unsere Kinder machen uns zu Gliedern einer langen Kette, die von unseren Vorfahren bis zu unseren Nachkommen reicht und uns die Gewissheit von Zukunft und Weiterleben gibt, die weit über unser eigenes Leben hinausgeht.

Voller Dankbarkeit für dieses Leben
Elke Strauchenbruch

Inhaltsverzeichnis

11 Kapitel 1
Die Kinder des Ehepaares Katharina
und Martin Luther

11   *Johannes (Hans) Luther*
79   *Elisabeth Luther*
82   *Magdalena (Lenchen) Luther*
92   *Martin Luther*
106 *Paulus Luther*
127 *Margarete Luther*
139 *Die Fehlgeburt*

141 Kapitel 2
Vom Ehepaar Luther ins Lutherhaus
aufgenommene Kinder

141 *Kinder väterlicherseits*
   141 *Cyriakus Kaufmann*
   143 *Fabian Kaufmann*
   145 *Andreas Kaufmann*
   146 *Georg Kaufmann*
   150 *Magdalena Kaufmann*
   153 *Else Kaufmann*
   154 *Johannes (Hans) Polner*
   155 *Magdalena Polner*
   157 *Martin Luther (Sohn Jakob Luthers,*
         Neffe des Reformators)
   158 *Anna Strauß*

160   *Kinder mütterlicherseits*
       160   *Florian von Bora*

162   *Kinder von Freunden*
       162   *Hanna von der Saale*
       163   *Die Münsterer-Kinder*

165   *Weitere im Lutherhaus geborene und*
          gestorbene Kinder

169   **Kapitel 3**
Stipendiaten

       169   *Heinrich Schneidewein*
       170   *Johannes Schneidewein*
       173   *Johann Wilhelm Reifenstein*
       176   *Hieronymus Weller und seine Geschwister*

178   **Kapitel 4**
Patenkinder

       178   *Anna Cranach*
       186   *Anna Melanchthon*
       196   *Cordatus*
       198   *Hans Löser*
       201   *Andreas Bodenstein*

204   Chronik

207   Abbildungsnachweis

208   Anmerkungen

 ## Kapitel 1

Die Kinder des Ehepaares
Katharina und Martin Luther

JOHANNES (HANS) LUTHER

Martin Luthers erstes Kind Johannes kam am 7. Juni 1526 zur Welt. Die Eltern empfanden die Geburt als ein wunderbares Geschenk zu ihrem bevorstehenden ersten Hochzeitstag.

Dabei stand die Schwangerschaft von Luthers Ehefrau Katharina unter ganz besonderen Erwartungen durch Freund und Feind. Schon der Eheschließung des Reformators mit der entlaufenen Nonne standen viele sehr skeptisch gegenüber.[1] Die schnelle Schwangerschaft der Katharina so kurz nach der Eheschließung gab Anlass zu Geraune und hätte im Falle einer Fehlgeburt oder der Geburt eines behinderten Kindes zu einem großen Eklat führen können. Überall gegenwärtiger Aberglaube und Mystifizierung des Reformators verstärkten die Gefahr. Selbst Erasmus von Rotterdam beteiligte sich an der Diskussion und schrieb am 13. März 1526 an Franz Sylvius, *daß Luther sich verheiratet hat, ist wahr; was man aber von der frühzeitigen Niederkunft der jungen Frau erzählt hat, war ein leeres Gerücht. Jetzt jedoch soll sie schwanger sein.*[2] Doch ließen sich die werdenden Eltern in ihrem Glauben und Hoffen auf ein gesundes Kind nicht beirren.

Luther widmete sich nach der Niederschlagung des Bauernkrieges dem Aufbau evangelischer Landeskirchen, der Bibelübersetzung und der Lehre an der Wittenberger

Universität. Seine Eheschließung brachte ihm neues Glück, neue Erkenntnisse und Aufgaben. Schon vor der Geburt des Kindes waren die Jungvermählten voll freudiger Erwartung. So scherzte der um seine hochschwangere Ehefrau liebevoll besorgte Gatte am 11. Mai 1526 in einem Brief an seinen Freund Johannes Agricola in Eisleben, er habe ihm ein schönes Glas schicken wollen. Doch als er es dem Boten geben wollte, war es verschwunden. Seiner Käthe habe das Glas auch gut gefallen und sie habe es vor ihm versteckt, bevor er es verschenken konnte. Er wollte es ihr wieder abnehmen, doch hätten ihn die Freunde Jonas und Rörer, die sich offenbar mit Käthe verbündet haben, daran gehindert. Agricola solle nur warten, bis die Entbindung vorüber sei. Dann würde er das Glas seiner Frau schon wieder abnehmen.[3]

Als die Geburt näherrückte, ging Luther auf die Suche nach Paten. Schon am 12. Februar 1526 vertraute er seinem in Altenburg verheirateten Freund, dem Pfarrer Eberhard Brisger, seine Gedanken über die bevorstehende Geburt an. Am 26. April wandte er sich mit der Bitte, die Patenschaft zu übernehmen, an Nikolaus Gerbel in Straßburg – Gerbel solle die Patenschaft übernehmen, wenn ihm, Luther, ein Sohn geboren würde; würde es eine Tochter, so solle Gerbels Ehefrau Patin werden.[4] Durchaus im Bewusstsein des allgemeinen Geredes und dennoch gut gelaunt, schrieb er darum am 26. Mai dem befreundeten Kanzler der mansfeldischen Grafen, Kaspar Müller: Er würde ihn gerne zu Gevatter bitten, scheue aber das zusätzliche Gerede, dass es geben könnte, weil es sich um das Kind eines Mönches und einer Nonne handele. So bat er den Kanzler, von sich aus die Patenschaft zu übernehmen und geistlicher *Vater zu sein, dass das Kind zum Christen-*

tum möchte geboren werden. Er wisse aber den Geburtszeitpunkt nicht. Darum werde es nicht möglich sein, den Kanzler durch einen Boten rechtzeitig zu benachrichtigen. Deshalb solle Kanzler Müller einen Vertreter benennen, der in seinem Namen bei der Taufe Gevatter stehen könne. Dann meinte er noch, *die Wehmutter rechnet mit um St. Johannes Tag...*[5]

Doch das Warten fand bald ein Ende. Die Wehmutter oder Hebamme, wie wir heute sagen, überreichte den glucklichen und stolzen Eltern schon am 7. Juni 1526 einen kerngesunden Knaben, der dem

Abb. 1 *Das Vischer-Taufbecken der Stadtkirche, in dem die Lutherkinder getauft wurden*

Reformator umso willkommener war, als er mit dem kleinen Stammhalter auch seinem Vater Hans Luther einen Herzenswunsch erfüllen konnte. So nimmt es nicht Wunder, dass ein Name für das Baby schnell gefunden war – Johannes, nach dem verehrten Vater des Reformators und nach dem Freund und Stadtkirchenpfarrer Johannes Bugenhagen. Von seinen Vaterfreuden berichtete Luther am folgenden Tage dem gräflich mansfeldischen Rat Dr. Johann Rühel nach Eisleben.

Wollet auch von meinetwegen Agricola sagen, das meine Käthe von großer Gotts Gnaden einen Hansen Luther geboren hat gestern um zwei.[6]

Das Baby wurde, gemäß der Sitte, noch am Tage seiner Geburt gegen 16 Uhr in der Wittenberger Stadtkirche von

Diakon Georg Rörer getauft. Die von dem berühmten Bronzegießer Peter Vischer aus Nürnberg geschaffene wunderbare Taufe wird hier noch heute benutzt. Paten des kleinen Johannes Luther waren Johann Pfister, Johannes Bugenhagen, der ihn aus der Taufe hob, Justus Jonas, der Hofmaler Lucas Cranach, die Bürgermeistergattin Benedikta Hohndorf und der Jurist und spätere kursächsische Vizekanzler Christian Beyer. Der aus Nürnberg gekommene ehemalige Augustinermönch Johann Pfister[7] studierte in Wittenberg Theologie und hatte dem Ehepaar Luther bei deren Hochzeitstafel als Mundschenk gedient. Später erhielt er ein Pfarramt in Fürth. Die Paten Kaspar Müller und der in Straßburg lebende Nikolaus Gerbel[8] waren bei der Taufe ebensowenig zugegen wie die Wöchnerin.[9] Lange Wege waren wegen der üblichen raschen Taufe eines Neugeborenen und dessen ungewissen Geburtszeitpunktes in so kurzer Zeit nicht zu bewältigen und die Mütter lagen nach den oft schweren Geburten noch einige Tage im Wochenbett. Alle Paten und selbst der Geistliche stammten aus dem engsten Kreis um den Vater gewordenen Reformator, der just im Geburtsjahre seines Ältesten, 1526, in seinem Taufbüchlein über die Rolle der Paten für den Täufling geschrieben hat.

*A*uch sollen alle Paten und die umher stehen mit dem Priester die Worte seines Gebetes zu Gott im Herzen sprechen ... Deshalb ist es auch wohl billig und recht, dass man nicht trunkene und rohe Pfaffen taufen lasse, auch nicht lose Leute zu Gevattern nehme, sondern feine, sittige, ernste, fromme Priester und Gevattern, von denen man erwarten kann, dass sie die Sache mit Ernst und rechtem Glauben behandeln.[10]

Interessant ist, dass Luther bei der Wahl der Paten für seine Kinder keine Unterschiede zwischen Männern und

Frauen machte. Beide Geschlechter seien für die Erziehung der Kinder zum rechten Glauben berufen und so finden sich auch in den Tauflisten seiner nachgeborenen Kinder Männer und Frauen. Eine weitere Aufgabe von Paten ist die Sorge um verwaiste Patenkinder. Da Luther stets in Erwartung seines baldigen Todes lebte, war die Wahl der Paten durch ihn immer mit deren möglichen und in seinen Augen sehr wahrscheinlichen Aufgaben bei der Sorge um seine verwaisten Kinder verbunden, zumal nach damaligem Recht die Mutter und Witwe ohne Vormund nicht rechtsfähig war. Die hohe Geburtenzahl in Wittenberg bedingte auch zahlreiche Patenschaften. Am 20. Januar 1539 wurden neun Kinder auf einmal getauft. Luther, Melanchthon, Bugenhagen und viele andere ehrsame Leute wurden häufig Gevattern, Luther zahllose Male. Einmal hatte er vergessen, wem alles er dafür eine Zusage gegeben hatte und musste seinen *Famulus* losschicken, es auszukundschaften.

Doch die Ankunft seines Kindes brachte ihm noch ganz andere Nöte. Zehn Tage nach der Geburt des Söhnleins bedankte sich der glückliche Vater bei seinem Freunde Georg Spalatin für dessen Glückwünsche: Er sei ein *glücklicher Ehemann* und habe *von der besten Gattin und liebsten Frau unter Gottes Segen ein Söhnlein Johannes Lutherlein empfangen,* sei *durch Gottes wunderbare Gnade Vater geworden.* Doch sei er auch in großer Sorge um sein Kind und bat den Freund: *bete aber, dass Christus mir meinen Sprössling gegen den Teufel behüte, der, wie du weißt, nichts unterlassen wird, mir in dem Sohne ein Leid anzutun, wenn Gott zugibt. Denn schon jetzt quält sich das Kind etwas, wer weiß mit welchen kleinen Krankheiten oder mehr mit der rohen ungewohnten Milch, damit die Kindbetterinnen zuerst ernähren müssen. ...*[11] Die Sorge nahm zu, zumal die Großmutter nicht, wie geplant, herbeieilen konnte. Luther schrieb am 27. Juni 1526 an: *Johann Agricola, dem Lehrer und Erzieher der Jugend und der Kinder zu Eisleben, seinem Bruder in dem Herrn. Gnade und Frieden! … Was Du kürzlich geschrieben hast, dass meine Mutter am Kommen zum festgelegten Tag gehindert ist, habe ich erhalten. … Johannes Lutherlein geht es gut, wie es einem Kindlein möglich ist. Die Mutter leidet bisher an Milchmangel und benetzt mit wenigen Tropfen seinen Gaumen. … Grüße besonders Deine Elsa von uns. Wir wünschen ihr eine glückliche Geburt …*[12]

Ähnlich heutigen Fotoserien stolzer Eltern und Großeltern von ihren Nachkömmlingen wurde der erstgeborene Sohn in den Briefen des Vaters immer wieder erwähnt. Auch zu Luthers Zeiten tauschte man sich über seine Sprösslinge aus, wünschte sich gegenseitig Wohlergehen und teilte die Sorgen der Freunde um Familienangehörige. Die Flut der Bilder in den heutigen Familienalben lässt im Laufe der Jahre etwas nach, so auch die Bemerkungen über das Aufwachsen der Kinder. Doch über die frühe Kindheit des ersten *Lutherleins*, wie der Vater sein Söhnchen zärtlich nannte, erfahren wir viele Einzelheiten.

Der Kleine erhielt kurz vor seinem ersten Geburtstag von der nach dem Tode ihres Gatten zum Protestantismus übergegangenen Dorothea Jörger von Tolleth in Oberösterreich ein kostbares Gewand. Dankbar schrieb Luther am 4. Mai 1527 an ihren Geistlichen Michael Stiefel, der seit langem ein enger Freund des Ehepaares Luther war und seit 1523 immer wieder für längere Zeit Aufnahme in seinem gastlichen Hause fand: *Deiner Herrin richte meinen, meines Hänschens und meiner Käthe Dank aus! Hänschen gebärdet sich in dem kostbaren Kleid, das du ihm geschickt hast, ganz stolz. Könnte ich ihr irgendwie dienen, würde ich mich gewiss freuen. Denn ich merke, dass Gott mit ihr ist.*[13] So verlief das erste Lebensjahr Hans Luthers in friedlicher und glücklicher Atmosphäre. Die Eltern richteten ihren stets wachsenden Hausstand im ehemaligen Klostergebäude weiter ein und wachten über das Gedeihen ihres Kindes, das sich zu ihrer Freude zu einem fröhlichen und starken Esser entwickelte und auf den Knien zu rutschen begann.[14] Das Ehepaar legte hinter dem Hause einen Garten an und verlebte glückliche Wochen und Monate, die von einer weiteren Schwangerschaft der Mutter gekrönt wurden.

Doch plötzlich wendete sich das Blatt. In der Nacht vom 6. zum 7. Juli 1527 herrschte im Lutherhaus große Aufregung. Der Hausherr wurde an diesem Samstagmorgen von so großer Seelenangst befallen, dass sein Freund und Beichtvater Johannes Bugenhagen ihm schon um 8.00 Uhr morgens das Abendmahl reichen musste.[15] Am nächsten Morgen besuchte Jonas den im Bett liegenden Freund, der

Abb. 2 *Das Lutherhaus und der Hof im Frühjahr 2014*

erst am Abend aufstand, um mit den Freunden zu speisen. Aufs Äußerste um die Seinen besorgt, fand der schwer leidende Familienvater in diesen Tagen nur einen Trost: *Mein lieber Sohn und liebe Käthe, ich lasse euch nichts, aber einen reichen Gott habe ich, der ein Vater der Waisen und ein Richter der Witwen ist (Ps. 68,6); den lasse ich euch. Er wird euch wohl ernähren.*[16]

Luther war noch immer krank, als die Pest in die Stadt einzog. Die Universität wurde nun eilends nach Jena verlegt. Am 10. August traf ein Schreiben im Lutherhause ein, in dem der sich noch in Torgau aufhaltende Kurfürst Johann der Beständige den Professor besorgt aufforderte, sich mit der Familie ebenfalls nach Jena zu begeben und so sein Leben vor der Seuche zu schützen. Doch Luther und Bugenhagen harrten bei den Wittenbergern und den wenigen nicht aus der Stadt geflohenen Studenten aus. In der trügerischen Hoffnung, so der Krankheit weniger ausgesetzt zu sein, zog Stadtpfarrer Bugenhagen mit seiner Familie Mitte August in das Haus des noch immer leidenden Freundes ein. In diesen Tagen und Wochen der Sorge füllte sich das Lutherhaus immer weiter mit Freunden und Gästen, Gesunden und Kranken. Geboren werden und sterben, alles das fand hier plötzlich statt; alles das mit einem schwer erkrankten Hausherrn und einer hochschwangeren Hausfrau, die beide wohl sehr viel weniger Zeit und Kraft für ihr nun gut eineinhalbjähriges Söhnlein Johannes hatten. Zu ihrem Entsetzen erkrankte Hänschen Ende Oktober an schwerem Fieber. Luther berichtete am 4. November 1527: *Ich weiß eigentlich nicht, was ich schreiben soll, mein lieber Jonas, ich, der ich vor Unruhe und Kleinmut kaum Atem holen kann. ... Da nun alle vor Furcht zittern, habe ich den Pfarrer* (Bugenhagen) *mit seiner Familie in meinem Haus aufgenommen. Meine Käthe ist bis jetzt stark im Glauben und gesund.*

Mein Hänschen liegt schon acht Tage an einer noch ungeklärten Krankheit darnieder (wie ich beinahe vermute, an der Krankheit dieser Zeit), es sollen die Zähne sein, und so glaubt man es. Nach der Frau des Kaplans gab es gestern und heute keinen Sterbefall. Christus möge bewirken, dass diese Pest aufhört. In der Fischervorstadt ist sie zwar schon abgeklungen, und sie beginnen dort wieder mit Hochzeiten und nehmen ihre Vergnügungen wieder auf. Etwas Gewisses kann man jedoch nicht sagen. Denn vor acht Tagen hatte die Pest in der Stadt beinahe aufgehört, so dass noch nicht einmal an jedem Tag ein Todesfall war, aber plötzlich änderte sich die Luft. Innerhalb von zwei Tagen gab es an einem Tag gleich 12 Tote, wenn freilich auch zum größten Teil Kinder. Die Frau Augustins (Anna Moschwitz?, Ehefrau Augustin Schurffs, Prof. der Medizin, Leibarzt des Kurfürsten und Luthers Freund) *lag acht Tage und länger krank an einem inneren Geschwur. Man vermutete natürlich nichts anderes als die Pest, aber sie erholte sich wieder. Margarete von Mochau liegt ebenso bei mir darnieder, man spricht von einer Menstruationskrankheit, befürchtet jedoch die Pest. Siehst Du nur die Vermutung, lebe ich in meinem Hause inmitten der Pest; wenn Du die Sache in Wahrheit betrachtest, sind es Leben und Heil, allerdings unter Versuchungen. … Meine Frau Käthe grüßt Dich und beklagt sich, dass Du uns nicht besuchst, da doch in unseren Grenzen Frieden herrscht. Dich grüßt Pomeranus* (Bugenhagen), *der heute zur Reinigung seines Leibes ein Abführmittel genommen hat ...*[17]

Die vielen Schwerkranken im Hause zwangen das Ehepaar dazu, sich auf eine Stube zu beschränken. Der besorgte Vater räumte sogar seine Kammer (seine Studierstube?) um seinem kranken Kinde, dem Hänschen, Ruhe zur Genesung zu verschaffen.

*D*reimal habe ich im Hause die Pest gehabt; über acht Tage war mein Söhnchen krank, aß nichts und lebte nur vom Trinken, dass ich verzweifelte; jetzt fängt es an, ihm wieder besser zu gehen.[18]

Hoffnung wuchs in dem Vater erst am 11. November und er teilte Jonas mit: *Mein Hänschen kann dich wegen seiner Krankheit noch nicht grüßen, aber er bittet dich, für ihn zu beten. Heute sind's zwölf Tage, dass er nichts gegessen hat und nur durch Trinken einigermaßen ernährt worden ist. Jetzt fängt er wieder an ein wenig zu essen. Wunderbar, wie gern das Kind nach seiner Weise fröhlich und stark sein möchte, aber er ist noch zu schwach dazu.*[19] Hänschen erholte sich und konnte zum Jahreswechsel nicht nur stehen, sondern auch die ersten Schritte machen, konnte nicht nur lallen, sondern erste Worte sprechen. Überdies wurde ihm am 10. Dezember ein Schwesterchen geschenkt, Elisabeth. Jahre später wird Hans darüber nachgedacht haben, wie die Eltern das wohl alles durchgestanden haben.

Abb. 3 *Kinderklapper aus dem Besitz der Familie Luther*

Luthers Freunde waren über die Genesung des Kindes beinahe genauso erleichtert wie die Eltern selbst. Zum Neuen Jahr 1528 und aus Freude über seine Genesung erhielt Hänschen von seinem Paten Justus Jonas *einen silbernen Hans*, eine Münze mit dem Bild des Kurfürsten Johann des Beständigen.[20] Im Sommer schenkte Nikolaus Hausmann dem Zweijährigen eine Kinderklapper, ein hochwillkommenes und damals allgemein beliebtes Kinderspielzeug, das auch Lärm machen kann.[21] Es war die Zeit, in der die Eltern das Schwesterchen Elisabeth zu Grabe tragen mussten und gewiss dankbar für den fröhlichen Lärm des Kleinen waren. Mit welchem Jubel mögen sie dann die Geburt der kleinen Magdalena gefeiert haben! Der Sohn ging inzwischen völlig arglos auf kleine Abenteuer aus und wurde dabei vergnügt vom Vater beobachtet, der Jonas am 19. Oktober 1529 mitteilte: *Mein Hänschen hat heute gelernt, mit gebückten Knien allein in jeden Winkel zu machen, ja, tatsächlich in jeden Winkel hat er gemacht mit wunderbarer Geschäftigkeit. Sonst hätte er mehr an dich aufgetragen, wenn er Zeit gehabt hätte. Denn bald danach ist er gebadet worden und hat sich zur Ruhe begeben.*[22]

Man soll die Kinder *Lesen und anderes Wissen lehren, solange sie jung sind und Zeit haben, geeignet und begierig dazu* sind.[23]

Doch die unbeschwerte Zeit der Kindheit des kleinen Hans neigte sich schon um seinen 4. Geburtstag herum ihrem Ende zu. Der auf Zuverdienst angewiesene Theologiestudent Hieronymus Weller zog ins Lutherhaus und wurde Hänschens erster Lehrer. Damit war das Kind natürlich privilegiert, denn Gleichaltrige hatten oftmals schon zum Leben der Familie beizutragen. Sie mussten kleinere Geschwister beaufsichtigen, beim Spinnen helfen, sich als Gänsehüter verdingen oder im Haushalt, im Handwerk des Vaters, im Garten, im Weinberg und auf dem Acker helfen. In Mühlhausen in Thüringen wurde sogar einmal eine Mutter vom Stadtgericht zur Rechenschaft gezogen weil ihr Sohn als Hütejunge versagt hatte.[24] Kinder unter fünf bis höchstens sieben Jahren hatten bei der Getreideernte den ersten Halm zu schneiden oder das erste Stroh-

Abb. 4 *An die Ratsherren aller Städte deutsches Lands, 1524*

seil zu winden und selbst das erste Obst, das ein junger Baum trägt, ließ man möglichst von einem kleinen Jungen pflücken, denn das versprach im Volksglauben für die Zukunft höhere Erträge und Glück.[25] Die Zünfte nahmen Lehrlinge im Alter zwischen 12 und 14 Jahren auf. Die Lehrzeit dauerte, je nach Handwerk, durchschnittlich drei Jahre. Das bedeutet, manche Gesellen waren erst 15 Jahre alt. Lehrlinge arbeiteten im Durchschnitt 15 Stunden – und das in den protestantischen Ländern sechs Tage die Woche. In katholischen Ländern hatten alle Arbeiter durch zahlreiche arbeitsfreie Festtage der Heiligen mehr Freizeit. Die wurde durch Gottesdienste, Prozessionen und ähnliche kirchliche Veranstaltungen zur seelischen Erbauung genutzt. 1524, noch bevor Luther die Mönchskutte ausgezogen und sogar geheiratet hatte, erschien sein Sendbrief *An die Ratsherren aller Städte Deutschlands, dass sie christliche Schulen aufrichten und halten sollen.*

Diese Schrift des Reformators ist angesichts der heutigen Bildungsmisere an Aktualität kaum zu überbieten. Sie bietet erstaunliche Einsichten in Pädagogik und den Sinn und die Finanzierung eines Schulwesens. Luther betonte das Recht aller Kinder auf Ausbildung, erkannte ihr Streben nach Lernen. Er wusste sogar, dass es „spielerisch" am Besten geht.

Wenn ich Kinder hätte und es vermöchte, müssten sie nicht nur Sprachen und Geschichte lernen, sondern auch Singen und die Musik mit der ganzen Mathematik.[26]

Luther wusste schon lange vor der Geburt seines ersten Kindes: will man die Welt, die sie regierenden Behörden und Gewerbe erhalten, will man Frauen haben, die Haus, Kinder und Gesinde sorgfältig erziehen und halten, muss man Knaben und Mädchen gut unterrichten und erziehen.

Weil aber das junge Volk hüpfen und springen und immer etwas zu tun haben muss, wozu es Lust hat und was ihm nicht verwehrt werden kann, was ihm auch tunlichst nicht verboten werden sollte, ... die Kinder mit Lust und spielend lernen können ....[27]

Weller berichtete im Juni 1530 dem Vater, der sich wegen des Reichstages zu Augsburg monatelang auf der Coburg aufhalten musste, Hänschen sei ihm ein fleißiger und aufmerksamer Schüler. Luther, der sich nach Frau und beiden Kindern sehnte, erwies sich erneut als ein sehr einfühlsamer Vater und schrieb dem Vierjährigen am 19. Juni 1530 einen der schönsten und berühmtesten Briefe an einen kleinen Schulanfänger.

„Meinem herzlieben Sohn Hänschen Luther in Wittenberg.

*Gnade und Friede in Christus! Mein herzlieber Sohn, ich höre sehr
gerne, dass du eifrig lernst und fleißig betest. Tu das, mein Sohn,
und fahre darin fort. Wenn ich heimkomme, will ich Dir ein
schönes Marktgeschenk mitbringen.*

*Ich weiß einen hübschen, schönen Lustgarten. Da gehen viele
Kinder drin, haben goldene Röcklein an und lesen schöne Äpfel
unter den Bäumen auf und Birnen, Kirschen, Mirabellen und
Pflaumen, singen, springen und sind fröhlich. Sie haben auch
schöne kleine Pferdlein mit goldenen Zäumen und silbernen Sätteln.
Da fragt ich den Mann, des der Garten ist, wem die Kinder gehören.
Da sprach er: Es sind die Kinder, die gern beten, lernen und fromm
sind. Da sprach ich: Lieber Mann, ich habe auch einen Sohn, der
heißt Hänschen Luther; könnte er nicht auch in den Garten
kommen, dass er auch so schöne Äpfel und Birnen essen und so
feine Pferdlein reiten und mit diesen Kindlein spielen dürfte? Da
sprach der Mann: Wenn er gerne betet, lernt und fromm ist, so soll
er auch in den Garten kommen, Lippus und Jost[28] auch. Und wenn
sie alle zusammen kommen, so werden sie auch Pfeifen, Pauken,
Lauten und allerhand anderes Saitenspiel bekommen, dürfen auch
tanzen und mit kleinen Armbrüsten schießen. Und er zeigt mir dort
eine feine Wiese im Garten, zum Tanzen zugerichtet; da hingen
lauter goldene Pfeifen und Pauken und feine silberne Armbrüste.
Aber es war noch früh und die Kinder hatten noch nicht gegessen.
Darum konnte ich nicht auf den Tanz warten und sprach zu dem
Mann: Ach, lieber Herr, ich will schnell hingehen und das alles
meinem lieben Sohn Hänschen schreiben, dass er gewiss fleißig*

lernt, eifrig betet und fromm ist, damit er auch in diesen Garten kommt. Aber er hat eine Muhme Lene, die muss er mitbringen. Da sprach der Mann: So soll es sein; geh hin und schreib's ihm also.

Darum, lieber Sohn Hänschen, lerne und bete ja getrost und sage es Lippus und Jost auch, dass sie auch lernen und beten, so werdet ihr miteinander in den Garten kommen.

Sei hiermit dem lieben Gott befohlen und grüße Muhme Lene und gib ihr einen Kuss von meinetwegen.

Dein lieber Vater Martin Luther".[29]

Mit diesem Brief zeigte Luther nicht nur großes Verständnis und liebevolle väterliche Zuwendung für seinen Sohn. Er entwickelte aus der Flut von Paradiesvorstellungen, die nicht nur durch die Bibel, sondern in allen Religionen und in der Mystik des Volkes tradiert und mit dem Reich der Toten verbunden waren, eine ganz neue Vorstellung – einen Paradiesgarten für Kinder, in den sie sogar ihre liebsten Bezugspersonen, wie hier ihre Freunde und sogar die Muhme Lene, mitbringen dürfen. Die Muhme lebte im Lutherhause. Sie hieß Magdalena von Bora und war eine Tante Katharina von Boras. Magdalena von Bora trat als eine der Nonnen in die Geschichte ein, die gemeinsam mit der später als Luthers Ehefrau berühmt gewordenen Katharina aus dem Kloster Nimbschen geflohen sind. Nun kümmerte sich die Muhme um die Kleinkinder der vielbeschäftigten Nichte, wurde den Kindern wichtige Bezugsperson und stand ihnen und auch ihren Eltern in allen Lebenslagen und im Haushalt tatkräftig bei. Dafür erfuhr sie von allen Familienmitgliedern und Hausgenossen Respekt und vor allem viel Liebe und Zuwendung, sprach Wünsche aus und erhielt immer wieder herzliche Grüße.

Nach vor allem liebevoller Zuwendung zum Kleinkind veränderte sich das Verhalten des Vaters in Bezug auf den heranwachsenden Sohn nun in Richtung Erziehung und Durchsetzung von Disziplin.

D enn wir Eltern *sind dafür da, dass wir euch erziehen und lehren, und ihr, dass ihr gehorcht. Wenn wir nicht mehr strafen, und die Jugend wird wild, dann ists des Landes Ende.*[30]

Dennoch lehnte er jeden Kadavergehorsam ab, betonte sogar die Würde eines jeden Kindes, das mit der Taufe das Himmelreich und Christum erbt.[31] Eltern können sich den Himmel verdienen, wenn sie den Seelen ihrer Kinder helfen.

W ir Alten *leben um der Jugend willen und müssen sie vermahnen, dass einmal Prediger und Regenten und Eltern draus werden.*[32]

Die Rute galt im Mittelalter als wesentliches Erziehungsmittel für Kinder. Sobald das erste böse Wort einem Kinde über die Lippen kam, sollte sie in Sichtweite bereit sein und sogar über dem Haupt der Amme ihren Platz an der Wand haben. Besonders Knaben zog man mit Strenge auf, denn man meinte, das Kind, das seinen Launen überlassen bleibt, wird seiner Mutter Trübsal bringen. So wurde die Rute geradezu zum Attribut des Lehrers.[33] Luther kannte noch weitere Erziehungsmittel. Als er seinem Hans einmal wegen eines Vergehens sehr böse war, ließ er das Kind

Abb. 5 *Falsche Erziehung – die fehlende Rute des Lehrers, zeitgenössischer Holzschnitt*

drei lange Tage nicht vor sich kommen. Da halfen weder die Fürbitte der Mutter noch die der Freunde. Selbst ein Entschuldigungsbrief Hänschens brachte kein Verzeihen. *„Ich will lieber einen toten Sohn haben, denn einen ungezogenen.“*, erklärte der enttäuschte Vater den Fürbittern.[34]

Da bei der Erziehung, seiner Erfahrung nach, der Apfel neben der Rute sein muss, brachte er seinen Kindern von seinen Reisen immer eine kleine Überraschung mit. Hoch erfreut über die ersten schulischen Erfolge seines *Lutherleins* kündigte Luther seiner Frau am 8. September 1530 an, er habe für Hänschen aus Nürnberg *ein groß schön Buch von Zucker* beschaffen lassen.[35] Zucker wurde zur Lutherzeit aus Zuckerrohr in Plantagenwirtschaft im Mittelmeerraum hergestellt. Kolumbus hat 1493 Zuckerrohr mit auf seine Reisen genommen und ihn nach Amerika gebracht, wo rasch große Zuckerrohrplantagen entstanden. Die Preise für Zucker waren so hoch, das er als ein Privileg der Reichen galt. Die meisten Menschen mussten sich noch mit Honig als Süßungsmittel begnügen. Im Lutherhause konnte man Bienenhonig aus eigener Produktion genießen. Wollte man doch etwas Zucker kaufen, ging man in die Apotheke des Freundes und Hofmalers Lucas Cranach. Ein großes Buch, das ein Zuckerbäcker hergestellt hatte, war somit ein kostbares Mitbringsel und für das lernbegierige Lutherkind ein ganz besonderes Geschenk, das sicherlich im bürgerlichen Lutherhaus viel Aufsehen erregte. Der versüßte Schulanfang war längst nicht mehr unbekannt. Johannes Butzbach (1478–1526) berichtet in seiner Autobiografie, er wurde im Alter von sechs Jahren erstmals zur Schule geschickt, doch sei ihm alle Lust am Lernen vergangen.

S obald aber das Zuckerwerk, die Feigen, Rosinen und Mandeln, womit man in den ersten Tagen die Schulanfänger anzulocken und pfleglich zu behandeln sucht ... aufhörten.[36]

Luthers Kinder und die in Katharinas Burse lebenden Studenten, die oftmals noch im Kindesalter waren, konnten sich guter Förderung ihrer Lernerfolge freuen und wurden in das um das Haus entstehende Netzwerk eingebunden. Dazu trug gewiss auch die Teilnahme der Kinder an den gemeinsamen Mahlzeiten im *Refektorium* bei. Die Tischreden von 1532 zeigen, dass Hänschen sich sogar in Anwesenheit von Gästen bei Tisch äußern durfte.[37]

Am 7. Juni 1533 wurde Hans Luther acht Jahre alt. Leider wissen wir nicht, wie man damals im Lutherhaus Kindergeburtstage gefeiert hat. Zum Geburtstag des Vaters kamen üblicherweise die engsten Freunde zusammen und begingen einen lustigen Abend, bei dem es nicht an gutem Essen und Trinken und vor allem nicht an Musik fehlte. Einen Tag nach seinem 8. Geburtstag wurde Johannes, gemeinsam mit seinen im Elternhause lebenden Cousins Andreas und Fabian Kaufmann, als Student in die Matrikel der Wittenberger Universität eingeschrieben. Der Siebenjährige hatte sich offenbar um diese Zeit wie ein großer Student ein Stammbuch angelegt. Er beherrschte das Latein schon recht gut – der Vater trug dem gewiss sehr stolzen Kinde 1533 einen lateinischen Satz über Erasmus von Rotterdams Haltung zu den Religionen ein. Auch die Gäste des Vaters schenkten dem Kinde ihre Aufmerksamkeit. Im März 1536 widmete Erasmus Alberus dem fast zehnjährigen Johannes Luther aus Verehrung und Dankbarkeit für dessen Vater seine Schrift *Praecepta morum utilissima*. Alberus meinte in seinem Vorwort, er hoffe, Johannes würde das Büchlein gründlich studieren, Nutzen daraus ziehen und seinem berühmten Vater nacheifern.[38]

Ziel des Grundlagenstudiums, das alle Studenten und damit auch Johannes Luther an der *Artistischen Fakultät* absolvierten und das mit dem Erwerb des *Bakkalaureats*, des ersten akademischen Grades, enden sollte, waren der Erwerb gründlicher Kenntnisse in der lateinischen Grammatik, schriftlicher und mündlicher Gebrauch der lateinischen Sprache ohne grobe Fehler.[39]

Doch unser Hans soll sich schwer getan haben, was gemeinhin mit den vielen Hausgenossen und vor allem mit der Ankunft weiterer Geschwisterchen (Magdalena, Martin, Paul und Margarete) begründet wird. Vom 21. bis 29. Mai 1536 verhandelten die Wittenberger Reformatoren und die Oberdeutschen, darunter Wolfgang Capito und Martin Bulzer aus Strassburg, im Lutherhause über Glaubenssätze und die Abendmahlsfrage. Am 20. Juli 1536 schrieb Capito aus Straßburg, der im Lutherhause Johannes Luther kennengelernt hatte, an Luther und schlug dem Vater vor, seinen Sohn den Straßburgern zum weiteren Studium anzuvertrauen, was für das Kind, so weit entfernt vom trubeligen Elternhaus gewiss von Vorteil wäre.[40] Dieser Vorschlag wurde wohl darum nicht umgesetzt, weil die Eltern ihr Kind nicht so weit weg geben wollten[41], vielleicht aber auch, weil es zwischen dem Vater und den Oberdeutschen zu Misshelligkeiten auf theologischem Gebiet kam. So wurde eine andere Lösung gefunden und Luther schrieb am 27. Januar 1537 einen weiteren liebevoll fordernden Brief an seinen inzwischen zehnjährigen Sohn Johannes Luther, der zu einem auswärtigen Lehrer gegeben worden war:

Gnade und Friede im Herrn!

Mir haben bisher, mein liebster Sohn, Deine Studien und die Briefe, die du an mich gerichtet hast, wohl gefallen. Fährst Du so fort, so tust Du etwas, was nicht nur mir, Deinem Dich liebenden Vater, angenehm, sondern auch Dir von größtem Nutzen sein wird, dass es nicht scheint, als wärst Du aus der Art geschlagen. Darum mühe Dich, dass Du das, was Du angefangen hast, auch fleißig fortsetzest! Denn Gott, der den Söhnen geboten hat, den Eltern zu gehorchen, hat auch den gehorsamen Söhnen seinen Segen verheißen. Siehe, dass Du vor allem auf diesen Segen achtest und nicht durch irgendein böses Beispiel Dich verlocken lässt. Denn ebenso hat Gott ungehorsamen Söhnen Fluch angedroht. Fürchte also Gott, der segnet und flucht und der, obwohl er seine Zusagen und Drohungen, die Bösen zu verderben, aufschiebt, sie dennoch schnell genug zum Heil der Guten erfüllt. Fürchte also Gott und gehorche Deinen Eltern, die gewiss nur das Beste für Dich wollen, und meide schimpfliche und ehrlose Gespräche.

Deine Mutter grüßt Dich von Herzen, ebenso Muhme Lene, zugleich Deine Schwestern und Brüder, die auch alle den glücklichen Fortgang und das Ende Deines Studiums erwarten. Die Mutter trägt Dir Grüße auf für Deinen Lehrer und dessen Frau. Wenn sie mit Dir zu dieser Fastnacht oder den fröhlichen Feiertagen hier sein wollen, ist es möglich, während ich dann abwesend bin. Muhme Lene wünscht es sehr.

Lebe wohl, mein Sohn, lerne und befolge die Ermahnungen guter Menschen. ...

M. Luther, Dein Vater im Fleisch und im Geist.[42]

1538 gab der an Geschichte besonders interessierte Melanchthon Huttens *Arminius* erneut heraus. Das Buch enthält ein Gedicht Melanchthons *Ad Johannem Lutherum*, in dem er sich direkt dem Lutherkinde zuwandte und ihm Arminius als Vorbild vor Augen führte. Auch Johannes Stigelius widmete um diese Zeit dem Hänschen ein langes lateinisches Gedicht über Arminius und pries darin die Tugenden der Vorfahren und die Taten des Arminius, der die Herrschaft der Römer in Deutschland gebrochen habe.[43]

Luthers inniges Verhältnis zu seinem Kinde, seine Forderung zum Lernen und der starke Rückhalt des Sohnes in seiner Familie zeigen, das es neben viel Arbeit auch Ferien, Fastnacht und andere fröhliche Feiertage zu begehen galt, selbst dann, wenn der Vater auf einer seiner oft langwierigen Dienstreisen war.

Menschen außerhalb Mitteldeutschlands reagieren oftmals erstaunt auf die hiesige lange Fastnachtstradition, denn sie verbinden Fasching und Karneval mit dem heutigen Treiben in Süddeutschland, der Schweiz und dem Rheinland. Doch die in Wittenberg und Umgebung begangene Fastnacht und das *Zempern* unterschieden und unterscheiden sich von Karnevalsumzügen, waren und sind darum aber nicht weniger fröhlich und nicht kommerziell geprägt. Ursprünglich ging es dabei um die Fastnachtszeit zwischen den langen Fastenzeiten um Weihnachten und vor Ostern mit ihrem fröhlichen Fastenbrechen und dem Austreiben des Winters.

Im Wittenberger Augustinerermitenkloster wurde noch Fastnacht gefeiert, als die meisten Mönche im Gefolge der Reformation ausgetreten waren und sich das Haus geleert hatte. So fand hier nach der nachmittäglichen Predigt Luthers am Abend des 19. Februar 1525 eine musikalische und rhetorische Aufführung, eine Theateraufführung durch Studenten, statt.[44] Im selben Jahre wurden in einem Dorf in der Elbaue acht Bauern hart bestraft, weil sie Fastnacht wider Verbot mit starker Zecherei begangen hatten.[45] 1529 erhielten Studenten 23 Gulden, weil sie in Bürgermeister Benedikt Paulis Haus beim Essen der Herren in der Fastnacht eine Komödie aufgeführt hatten[46] und Urban Balduin berichtete am 5. Februar: *Diese Fastnacht ist bei uns bisher mit mancherlei Mummerei (Verkleidung) und in Zucht, Frieden und Einigkeit verbracht worden.*[47] 1537 feierten der berühmte Buchdrucker Georg Rhau und die Krämerin Dorothea Kersten gemeinsam Fastnacht und waren guter Dinge. Am 28. Februar 1538 fand im Beisein unseres Hans und seiner Geschwister vor Luther ein Müllertanz statt.[48] Der Rektor der Leucorea erließ 1540 ein Mandat gegen Fastnachtsmummenschanz, Unfug, Üppigkeit, Waffen tragen und nächtliches Lärmen und machte 1540 einen Anschlag gegen Fastnachts- und Würfelspiele.[49] Der Hofmaler Lucas Cranach erhielt 1543 14 Gulden für die Anfertigung von Renndecken für die kurfürstlichen Pferde in der Fastnacht.[50]

Selbst wenige Stunden vor seinem Tod erlebten Luther, seine anwesenden Söhne und Freunde in Eisleben noch die Freuden der Fastnacht. Nach anstrengenden Verhandlungen über Erbstreitigkeiten der Mansfelder Grafen, wegen derer Luther die mühsame Reise bei schlechtem Wetter unternommen hatte, kam ein fröhlicher Geist in die Runde ... Luther erzählte seiner Frau in seinem letzten Brief an sie von jungen Herren und Frauen, die einander Mummenschanz brachten und lustige Schlittenfahrten mit Narrenglöckchen unternahmen: eben guter Dinge waren.[51]

Das Leben im lutherischen Wittenberg und selbst im Lutherhause verlief keineswegs nur in tiefer Andacht und Arbeit und war nichts weniger als freudlos. Luthers Brief an seinen Sohn darf als Beweis dafür gelten, dass die im Hause lebenden Kinder an den gemeinschaftlichen Essen und Feiern teilnahmen, auch wenn das im Allgemeinen in Briefen und Tischreden nicht erwähnt wird. Ihre Anwesenheit gab ihnen eine spannende Möglichkeit, von den

Erwachsenen auch Dinge zu lernen, die eine Schule nicht vermittelt. Sie erlebten die vielen in- und ausländischen und zum Teil hochgestellten Gäste im Hause, sahen deren Benehmen und lernten, wie man mit ihnen umgeht. Sie hörten viele Berichte über das Leben selbst in fernen Städten und Ländern, lernten die Kultur und Sprache anderer kennen. Besonders wichtig für die Zukunft aller Hausgenossen war wohl, dass sie in das enge Geflecht der Beziehungen der Lutheraner untereinander eingebunden wurden und auf diese Weise immer wieder auf Menschen hätten treffen können, die ihnen Hilfe leisten würden. Heute würde man das wohl als *networking* bezeichnen.

Martin Luther und seiner Ehefrau Katharina gelang es erst nach einigen Ehejahren, gemeinsame Güter zu erwerben. So kaufte der Familienvater 1535 für 20 Gulden einen kleinen Garten (Hopfengarten?) und für 900 Gulden einen größeren Garten (Baumgarten) mit Brunnen und *Bächlein*, *Teichlein*, in dem Fische gefangen wurden. Im Herbst 1535 brachte er noch zweimal je 90 Gulden auf und kaufte einen Acker mit anschließendem Garten. Diese Erwerbungen benötigte die Ehefrau, um den großen Hausstand, trotz des immer wiederkehrenden Mangels und der Teuerung an Lebensmitteln auf dem Marktplatz, versorgen zu können.[52] Um diese Zeit fanden endlich auch in dem alten Klostergebäude, das Kurfürst Johann der Beständige 1532 Luther erblich geschenkt hatte, umfangreiche Bau- und Umbauarbeiten statt. Heutigen Besuchern bleibt gewiss die *Lutherstube* in Erinnerung. Sie war das Wohnzimmer des Ehepaares und ist heute eines der ältesten, zumindest teilweise erhalten gebliebenen Bürgerzimmer Europas. Zudem zeigt die Lutherstube den damaligen Standard eines wohlsituierten Professorenhaushalts. Neueren Forschungen zufolge wurde um 1536 ein Kachelofen aus prächtigen mehrfarbigen Ofenkacheln in der Lutherstube eingebaut. Damals moderne und den Status wohlhabender Bürger zeigende Bildkacheln der Öfen und Wandbrunnen im Hause wurden nach Vorlagen der Cranach-Werkstatt geschaffen.[53] Leider musste dieser Ofen später durch die Universität durch einen neuen Renaissanceofen ersetzt werden.

Abb. 6 *Lutherstube im Lutherhaus Wittenberg (Fassung des ausgehenden 16. Jahrhunderts)*

Hans Luther hat die Bemühungen der Eltern um wachsenden Wohlstand miterlebt. Schon seine frühe Kindheit ist, verglichen mit den Lebensverhältnissen der Kinder seiner Zeit, keineswegs als dürftig zu bezeichnen. Der Wohlstand der Eltern wuchs von Jahr zu Jahr. So richteten sie sich 1541 im Hause auch ein mindestens 4 × 4 Meter großes *Badstüb-*

lein ein, für das Pirnaer Sandstein über die Elbe herbeigebracht wurde[54], ein Luxus, den sich damals nur wenige Bürger leisten konnten. Üblicherweise besuchte man die öffentlichen Badehäuser. Ostern 1542 rechnete der Hausherr zusammen, er habe 1805 Gulden in Brauhaus, Braugeräte, Pferde-, Kuh- und Schweineställe, Torbuden, Badezimmer mit Badewanne, Keller, Stuben, Kammern, Schornstein, Treppe, Garten, Brunnen, Diele und Dach verbaut.[55]

Der Hof vor dem Lutherhaus sah in dieser Zeit noch ganz anders aus als heute. Die beiden großen Gebäude im Norden (*Augusteum*) und Westen des Grundstücks wurden erst gegen Ende des Jahrhunderts mit Mitteln von Kurfürst August erbaut und sollten der Unterbringung vor allem von Stipendiaten dienen. Biografen der Lutherin erwähnen, dass ihre Kinder im Hofe vor dem Hause in Ruhe spielen konnten. Dieser Hof war damals noch nicht von den Bauten des Seitenflügels und des *Augusteums* zur Straße hin abgeschirmt. Zu Luthers Zeiten befanden sich auf dem Hof noch eine kleine baufällige Holzkirche, kleine Wirtschaftsbauten, Viehställe und, zur Straße hin, mehrere Buden, die zeitweise durch Wächterhäuser verstärkt wurden, um während des Baus der neuen Stadtbefestigung den offenen Eingang besser kontrollieren zu können. Die baufällige Kirche wurde 1542 im Rahmen der Bauarbeiten zur Stadtbefestigung abgerissen. Wittenberg war über Jahrhunderte nicht nur kurfürstliches Verwaltungszentrum und Universitätsstadt, sondern auch eine der stärksten Festungen Kursachsens. Am 29. Juni 1541 erwarb Luther ein Haus, das nach seinem Tode seiner Frau und seinen Kindern als Wohnhaus dienen sollte. Luther meinte, Katharina könne nach seinem Tode das große Lutherhaus nicht alleine halten. Das Ehepaar war wohl auch durch die seit vielen Jahren laufenden Arbeiten an den Stadtbefestigungen zermürbt, die ihrem Grundstück und Haus vielfältigen Schaden zugefügt hatten.

Abb. 7 *Festungsbau – Elstertor mit Giebel des Lutherhauses, Zustand um 1860*

Luther musste den Festungsbau zwanzig Jahre lang ertragen und hat sich immer wieder gegen die dabei erfolgte Willkür gewandt. Seine Zweifel an der Notwendigkeit und mangelhaften Ausführung erschienen durchaus berechtigt. Als die ungesicherten Wallanlagen 1540 abrutschten, schrieb er sehr erbost an den zuständigen Rentmeister Friedrich von der Grüne. Nun wurden die Bauarbeiten in diesem Abschnitt eingestellt und zu seinen Lebzeiten nicht wieder aufgenommen.[56]

Mit all den Tieren, die die Landwirtschaft der Mutter bevölkerten, darf man sich den Lutherhof getrost als eine Art Abenteuerspielplatz für Kinder vorstellen. Spielend lernten sic auch den Entstehungsprozess der Lebensmittel und deren Zubereitung kennen. Tiere wollen regelmäßig gefüttert und versorgt sein. Das konnte man nicht nur den Dienstboten überlassen. Reiten und kutschieren haben in diesen Kreisen ebenfalls einfach dazu gehört.

Luther schrieb in seinem *Sendbrief an die Ratsherren* erbittert, man unterrichte die Kinder lieber im Kartenspiel, Singen und Tanzen, lasse sie im Hause arbeiten und ein Handwerk erlernen, als sie zur Schule zu schicken. Und: *Sie verbringen doch ohnehin bald zehnmal soviel Zeit mit Kegeln, Ballspielen, Laufen und Balgen, als mit dem Lernen.*[57]

Heute wissen wir wieder um das Spielzeug der Kinder der Lutherzeit. Dazu gehörte vor allem Holzspielzeug, das sich leider kaum erhalten hat. Erhalten geblieben sind Puppen und Figürchen aus Ton. Auf den großen Altargemälden und Holzschnitten sind spielende Kinder mit Windrädern, Bällen, auf Steckenpferden reitend, Schlitten fahrend, mit Reifen, beim Kegelspiel, mit Rasseln (Kinderklappern), beim Seifenblasen und mit Singvögeln oder Puppen (Docken) spielend dargestellt.[58] Bei Ausgrabungen in Eisleben entdeckte man unterschiedlich große handgeformte Murmeln aus Ton und ordnete sie der Zeit um 1500 zu. Man nimmt an, die Kinder haben sie selbst geformt und dann im Herdfeuer der Mutter gebrannt. Professionell hergestellte Murmeln aus gebranntem Ton fand man bei Bauarbeiten im Wittenberger Lutherhaus.[59] Berühmt geworden sind Cra-

Abb. 8 *Jesus als Steckenpferdreiter, zeitgenössischer colorierter Holzschnitt*

nachs Bilder *Der heiligen Sippe*, die Kinder beim Lernen und Spielen innerhalb der Familie zeigen. Aus Briefen wissen wir, bei Luthers wurde gerne gekegelt, sowohl unter den Kindern als auch unter Luthers Freunden. In Mansfeld fand man aus Knochen hergestellte Kegel, die ihr Gewicht durch eingegossenes Blei erhielten. Es gab verschiedene Spiele, die man mit ein und demselben Spielzeug spielen konnte. Spielzeug aus natürlichen Materialien regte die Fantasie an.[60] „Sportliche" Aktivitäten sah man gerne, denn Trägheit zählt zu den Lastern.

Kinder aus Adelsfamilien erhielten auch „mechanisches" Spielzeug, wie auf Rädern montierte Turnierreiter mit ihren Pferden, und Puppen aus Materialien wie Karneol, die das Aussehen von Menschen imitierten. Zentrum der Produktion und des Handels von Kinderspielzeug war Nürnberg.[61]

Hans Luther kehrte nach kurzem Aufenthalt in einer privaten Schule, zu deren Lehrer seine Eltern sehr gute Beziehungen unterhielten, 1537 in das Elternhaus zurück und widmete sich nun seinen Studien an der Leucorea.

Von Sommer bis Herbst 1537 lebte Elisabeth von Dänemark, Witwe des Kurfürsten Joachim I. von Brandenburg, erneut im Lutherhause. Elisabeth, die vor ihrem weiter dem Katholizismus anhängenden Gatten aus Berlin ins Kurfürstentum Sachsen geflohen war und sich nach dessen Tod lange Zeit nicht zur Rückkehr entschließen konnte, litt seit Jahren an schweren Depressionen und zog immer wieder mehr oder weniger lange im Hause des Reformators ein. Die Fürstin war eine anstrengende Patientin, die nicht nur die heilkundige Katharina von Bora vor eine schwere Aufgabe stellte, sondern auch den Hausherrn, der für ihr Seelenheil zu sorgen versuchte. 1537 war sie nicht nur seelisch, sondern auch körperlich schwer krank. Ihr Söhne, Kurfürst Joachim II. von Brandenburg und Markgraf Hans von Küstrin und die mit Fürst Joachim von Anhalt verheiratete Tochter Margarete nahmen regen Anteil am Leben der Mutter. Markgraf Hans hielt sich unter anderem darum 1537 mehrfach im Wittenberger Schloss auf und verhandelte mit dem sich nach Erlösung von der durch die Kranke verursachten Belastung aller Bewohner seines Hauses sehnenden Luther.[62] Als Fürstin Margarete sich zu einem Besuch ihrer Mutter mit nur kleinem Gefolge ankündigte, musste der entnervte Hausherr sich bei ihrem Gatten entschuldigen, wirklich keinen Platz für weitere Gäste zu haben. Dazu sei auch die Stadt völlig überfüllt und keine angemessene Herberge für die Fürstin zu beschaffen. Er und seine Frau sorgten für die hohe Frau, wie man in Anhalt wisse, mit voller Hingabe. – Dieser Vorgang zeigt, dass der erste Schulaufenthalt des ältesten Sohnes nicht auf durch seine Geschwister verursachte Behinderungen beim Lernen zurückzuführen sein kann und sicherlich andere Gründe hatte, zumal Luther und seine Frau später auch über einen Schulbesuch der Söhne Martin und Paulus nachgedacht haben. Just als die Familie durch den langen Aufenthalt der kranken Fürstin extrem belastet war, studierte Hans an der Wittenberger Universität. Er erwarb an der Artistischen Fakultät am 15. Oktober 1539 ebenso wie seine etwa gleichaltrigen Freunde Philipp Melanchthon der Jüngere (Lippus) und Justus Jonas der Jüngere (Jost) den ersten akademischen Grad eines Bakkalaureus. Am 16. Januar 1539 trat der zwölfjährige Johannes Luther bei der juristischen Promotion des Basilius Monner als Opponent auf.[63] Er sprach 1539 in einer lateinischen Rede über die Fabel Äsops vom Krebs

Abb. 9 *Geistlicher Gesang, zeitgenössischer Holzschnitt*

und der Schlange, die Luther 1540 für den Sohn in deutscher Sprache aufschrieb. 1540 verfasste Luther für seinen Sohn Hans eine kurze Einführung in die Dialektik.

Am 6. September 1541 dankte Luther dem sächsischen Kurprinzen Johann Friedrich II. (*1529) und seinem Bruder Prinz Johann Wilhelm (*1530) für einen Brief und wünschte ihnen weiteren guten Erfolg in ihrer Erziehung.[64] Der elfjährige Prinz Johann Wilhelm hatte am 1. September 1541 an Johannes Luther einen Brief in lateinischer Sprache geschrieben und den 15-Jährigen aufgefordert, seinem Vater nachzueifern. Hänschens Vater unterhielt stets gute Beziehungen zu den sächsischen Kurfürsten. Kurfürst Johann Friedrich und Kurfürstin Sibylla war er immer besonders eng verbunden. Da es seit Jahrhunderten zu den Lernaufgaben der Söhne von Herrschern gehörte, sich von früher Kindheit an auf eine Regierungsübernahme vorzubereiten, kann der Brief des Prinzen an den Luthersohn wohl auch in diese Richtung gedeutet werden. Er zeigt die besondere Aufmerksamkeit, die dem Kind und heranwachsenden Luthersohn auch von der Herrscherfamilie geschenkt wurde.

Im Sommer 1542 wurde deutlich, dass Hans noch Wissenslücken hatte. Schweren Herzens entschlossen sich die Eltern, ihren nunmehr 16-jährigen Sohn gemeinsam mit seinem Cousin Florian Kaufmann, über den noch zu reden sein wird, in die Torgauer Lateinschule zu Rektor Markus Krodel zu geben. Krodel galt als hervorragender Pädagoge und genoss großes Ansehen. Der ehemals kurfürstliche Kapellmeister Johannes Walther, mit dem Luther 1524 erstmals das *Geistliche Chorgesangbüchlein* herausgegeben hatte, war nach der Auflösung der *Torgauer Kantorei* Kantor an der dortigen Lateinschule und Stadtkantor geworden. Nun sollte der mit Luther durch ihre gemeinsamen musikalischen Arbeiten eng verbundene Walther dem offenbar musikalisch weniger begabten Hans auf die Sprünge helfen. Am 26. August 1542 schrieb der Vater für Hans und Florian einen Begleit- und Empfehlungsbrief an den Schulrektor. Kaum dort angekommen, traf in der Nacht vom 16. zum 17. September eine Kutsche vor der Schule ein und holte Hans wieder ab. Seine ihm auch äußerlich sehr ähnliche[65] Lieblingsschwester, die 1529 geborene Magdalena, war zu Hause so schwer erkrankt, dass die Eltern um ihr Leben zitterten. Sie hofften, das Wiedersehen mit dem Bruder könne die schwindenden Kräfte der Tochter stärken, doch Hans fand Lenchen sterbend vor. Eltern und Geschwister waren außer sich vor Schmerz. Der Sohn wurde nach der Beerdigung erneut nach Torgau geschickt und musste dort auch die Weihnachtszeit verbringen. Am 26. Dezember 1542 schrieb der Vater an Schulrektor Markus Krodel, sein Sohn möge noch bleiben, ruhig weiter studieren und seine Trauer überwinden.[66]

Im Herbst 1543 endete für Hans die Torgauer Schulzeit. Er durfte nach Wittenberg zurückkehren. Gemeinsam mit seinen jüngeren Brüdern Martin und Paul und dem Jugendfreunde Jost Jonas setzte Hans nun seine Studien bei Melanchthon fort, der den jungen Jonas in seine Burse aufnahm. Justus Jonas d. Ä. war im April 1541 nach Halle gezogen, um dort die Reformation einzuführen. Im Dezember 1542 starb dort seine Frau Katharina, die Mutter des Jost. Die Nachricht vom Tod der Freundin erreichte das noch um die Tochter Lenchen trauernde Ehepaar Luther kurz vor Weihnachten und löste tiefe Bestürzung aus. Jonas d. Ä. verheiratete sich wenige Monate später erneut. Die Lutherin trauerte damals noch um ihre Freundin und verstand nicht, dass Jonas zu seiner zweiten Eheschließung nicht einmal das Trauerjahr abwartete. So kühlten sich die Beziehungen zwischen ihr und Jonas ab, während Luther nicht nur ein Hochzeitsgeschenk schickte, sondern auch die Beziehung weiter führte. Unter diesen Umständen erklärt sich, warum Johannes Luthers Jugendfreund Jost nicht in die Burse des Lutherhauses aufgenommen wurde, sondern in die Burse Melanchthons. Dabei darf nicht unerwähnt bleiben, dass die hohe Sterblichkeitsrate der Mütter im Kindbett viele Väter zu mehreren Ehen zwangen. Kinder und Hausstand wären sonst nicht zu versorgen gewesen. Doch bedeutete das für sehr viele Kinder auch, dass sie nicht nur den Tod der Mutter verkraften mussten, sondern durch den Einzug der Stiefmutter radikale Veränderungen im Familienleben erfuhren. Jonas d. J. erlangte 1544 den Magistergrad und begann, öffentliche Vorlesungen an der Leucorea zu halten. Hans bereitete sich schon 1543 auf eine Prüfung vor. Sein Vater hatte Georg Maior gebeten, dem Sohn dabei beizustehen. Anschließend setzte Hans seine Studien an der *Artistischen Fakultät* noch einige Jahre fort.[67]

Abb. 10 *Fürst Georg von Anhalt, Holzschnitt nach 1553*

Im Hochsommer 1545 begleitete er seinen Vater auf einer Reise. Man fuhr am 26. Juli nach Leipzig ab und wohnte dort im Hause des reichen Kaufherrn Heinz Scherl. Der Vater hatte sich schon in den letzten Wochen zu Hause mehrfach fürchterlich über die Wittenberger geärgert. Am 7. Juni 1545 war der Musik liebende Luther sehr zornig über Leute geworden, die beim Gottesdienst in der Stadtkirche die Psalmen und Lieder nur herunterbrummten. Fromme Leute kämen in der Kirche zum Gebet und zur Danksagung zusammen, nicht um zu blöken und zu brummen. Dazu sollten sie doch unter die Kühe und Schweine gehen und die Kirche in Ruhe lassen. Am darauffolgenden Sonntagmorgen verließ er die Kirche, als er das wieder beobachtete. Darauf vermahnte Bugenhagen Gottesdienstbesucher: *Du hast mir unsern Vater Doktor Martinus aus der Kirchen gejagt, du wirst mich auch verjagen, dass ich dir nicht predigen werde ...*[68] In Leipzig erhielt Luther weitere Nachrichten, die ihn so schwer verärgerten, dass er seiner Frau Katharina am 28. Juli 1545 schrieb, er wolle nicht mehr nach Wittenberg zurückkehren. Bugenhagen möge der Gemeinde seinen Abschied bekanntgeben.[69] Der Schock darüber war in Wittenberg so groß, dass sich die Universität am 1. August an Kurfürst Johann Friedrich wandte, um Luthers Absicht, die Stadt zu verlassen, zu hintertreiben.[70] Melanchthon, Bugenhagen, Maior, der regierende Bürgermeister Gregorius Matthei und der amtierende Stadtrichter Hans Lufft reisten am 2. August nach

Merseburg, um dieses Unheil von der Stadt und ihrer Universität und Kirche abzuwenden.[71]

An diesem 2. August 1545 fand in Merseburg die Ordination des Fürsten Georg von Anhalt zum Bischof von Merseburg statt. Den Plan für die Feierlichkeiten hatte der Fürst selbst ausgearbeitet und Luther gebeten, ihn zu ordinieren. Der alternde und kränkliche Antonius Musa sollte früh die Predigt halten, Superintendent Dr. Johann Pfeffinger aus Leipzig das heilige Amt beginnen und Luther unter Assistenz der Superintendenten und anderer Geistlicher nach christlich apostolischem Brauch die heilige Handlung verrichten. Im Dome waren viele aus dem sächsischen Hofstaat, Wittenberger Theologen, der anhaltische Hofprediger Jacob Steyrer und die Merseburger Domherren anwesend. Luther, obwohl *etwas schwach am Stein*, verrichtete *die Weihe und Handauflegung mit allem Wohlgefallen und feinen Ermahnungen vor dem Altar*. Am 6. August 1545 predigte Luther erneut im Merseburger Dom.[72]

Um diese Zeit traf Luther in Zeitz den von Kurfürst Johann Friedrich mit einer freundlichen Einladung an das Hoflager nach Torgau entsandten kurfürstlichen Leibarzt Dr. Matthäus Ratzeberger. Der Arzt behandelte den an Gehbeschwerden, Nieren- und Kopfschmerzen sowie an Schwindel leidenden Freund und redete ihm zur Rückkehr an seine Universität zu. Von Merseburg aus reiste Luther nach Leipzig, wo unter seiner Leitung die renovierte *Universitäts- und Paulinerkirche* geweiht wurde.[73] Am 13. August 1545 traf er auf Einladung des Kurfürsten Johann Friedrich in Torgau ein und blieb nach herzlichem Empfang einige Tage zu Gast in der Familie. Dabei besuchte er auch voller Freude die kurfürstlichen Prinzen Johann Friedrich und Johann Wilhelm.

Der Luthersohn war aus Zeitz mit Caspar Cruziger nach Hause gefahren[74], durfte den Vater also nicht nach Leipzig und Torgau begleiten.

Am 18. August 1545 kehrte die Reisegesellschaft des Vaters nach aufregenden, sehr heißen[75] und erlebnisreichen Tagen nach Wittenberg zurück, wo die Lutherin ihren Gatten gewiss noch glücklicher in die Arme nahm, als je zuvor.

Kaum einen Monat später wurde der Luthersohn erneut als Opponent in der juristischen Promotion des Peter Hegemon eingesetzt und vertrat im Auftrage Melanchthons am 17. September 1545 eine ähnliche Position wie 1539 bei der erwähnten Promotion Monners. In seiner Rede schloss der Luthersohn, dass die vielen ausgezeichneten Menschen der vorchristlichen Zeit nicht Erben des von Christus verheißenen ewigen Lebens sein könnten, weil dann die Religionen aller Völker gleich zu bewerten seien. Die Rede ist überliefert und lässt auf einen sehr bescheiden auftretenden 20-Jährigen schließen.[76]

Anfang Oktober 1545 musste die Familie erneut ohne den Hausherrn auskommen. Luther und Melanchthon reisten nach Mansfeld, um die untereinander in heftigen Streit geratenen Mansfelder Grafen miteinander zu versöhnen. Neue Techniken im Kupferbergbau erforderten auch im Mansfelder Land einen höheren finanziellen Einsatz. Die Grafenfamilie geriet in immer stärkere Verschuldung. Misswirtschaft, Erbteilungen, prunkvolle Hofhaltungen

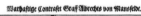

Warhaftige Contrafet Graff Albrechts von Mansfeldt.

Gedruckt bey Christian Rodinger / Anno. D. D. zlviij.

Abb. 11 *Graf Albrecht von Mansfeld, Holzschnitt 1548*

und später die Teilnahme am *Schmalkaldischen Krieg* ver-
schärfte die Lage der Mansfelder so weit, dass die Grafen
1561 nicht nur den Seigerhandel (Silber) aufgeben, sondern sogar Besitzungen verpfänden mussten, um nicht in
der Schuldenfalle unterzugehen.[77] Darüber entstanden
schon zu Luthers Lebzeiten familiäre Auseinandersetzungen, die noch durch die unterschiedliche Glaubensange-
hörigkeit der Familienmitglieder verschärft wurden. Graf
Albrecht IV. versuchte, durch extremen Geiz und Nutzung
aller sich bietenden Möglichkeiten, Geld in die Kasse zu
bekommen, um seine Schulden abzutragen. Auch die „Lan-
deskinder" waren von seinen finanziellen Aktionen schwer
betroffen, denn die Herrschaft versuchte nicht nur die
Hüttenmeister auszuschalten, sondern auch den lukrati-
ven *Seigerhandel* an sich zu bringen. Luther meinte, damit
beanspruche der Graf den Segen Gottes für sich allein und
bemühte sich immer wieder, zu vermitteln. Er war mit
Graf Albrecht und anderen Familienmitgliedern, die die
Reformation in seiner Heimat nicht nur gefördert, sondern auch eingeführt hatten, seit langer Zeit freundschaftlich verbunden. Sein Interesse wurde durch die sich ver-
schärfenden Probleme seiner eigenen Familie gestärkt, die
unter der Finanznot der Grafenfamilie litt.[78] Auf dieser Reise konnte es jedoch zu keinen Gesprächen mit den Grafen
kommen, denn sie leisteten dem Kurfürsten im Kampf gegen Herzog Heinz von Braunschweig-Wolfenbüttel Heer-
folge. Die Reformatoren kehrten unverrichteter Dinge
heim.

Am 10. November 1545 feierten sie gemeinsam mit Johannes Bugenhagen, Caspar Cruziger, Georg Maior und
Paul Eber Luthers 62. Geburtstag.[79] Sicherlich hatte Ehefrau Katharina wieder für gutes Essen und genügend Ge-

tränke gesorgt. Zumindest zeitweise werden auch die übrigen Familienmitglieder und Hausgenossen in der fröhlichen Runde mitgefeiert und mitgesungen haben.

Am 22. Dezember 1545[80] gingen der von Todesangst geplagte Luther und sein mit besonderen diplomatischen Fähigkeiten begabter Freund Philipp Melanchthon wegen des *Mansfelder Sauhandels* erneut auf die Reise in die Heimat. Erwartungsgemäß gestalteten sich die Verhandlungen schwierig und zogen sich hin. So mussten die Freunde die Weihnachtsfeiertage fernab ihrer Familien im Mansfelder Schloss begehen. Eine Erkrankung Melanchthons zwang sie nach den Feiertagen zur Abreise.

Immerhin war Luther zum Jahreswechsel 1545/46 zu Hause[81] und konnte an Katharinas Festtafel zur Neujahrsfeier neben den Kindern und Bugenhagen Platz nehmen. Von alters her beging man diesen Tag mit einem Festessen, denn die Fülle der Speisen galt als gutes Vorzeichen für das neue Jahr. Denen, die für eine gute Bewirtung sorgten, würde das Segen und Fruchtbarkeit bringen. Wegen dieses Glaubens bildeten sich viele ums Essen rankende Neujahrsbräuche aus, die teilweise bis in unsere Zeit bekannt geblieben sind und ausgeübt werden. Besonders viele Bräuche bildeten sich um das Brot- und Kuchenbacken zu Silvester, denn das in der Familie gegessene Neujahrsbrot galt als glücksbringend. Auch dem Vieh im Stall wurde Glück gewünscht, denn das galt nicht nur als höflich, sondern als wirksamer Zauber. In manchen Gegenden war es sogar üblich, dass der erste Glückwünschende ein Geschenk erhielt. Das Neue Jahr muss man mit Lust und fröhlich beginnen, will man ein frohes Jahr erleben. Dabei war es ein besonders gutes Zeichen, wenn von Kindern Glück gewünscht wurde. Diese Bräuche dehnten sich in manchen Gebieten Deutschlands von St. Nikolaus bis zum Dreikönigstag aus und verbreiteten selbst unter ärmlichsten Verhältnissen Frohsinn.[82]

Wittenberger Studenten feierten den Beginn des Jahres 1546, indem sie im Januar Feuerwerk in die Stadt warfen.[83] Sie haben es so toll getrieben, dass sich der Rat der Stadt und die Universitätsleitung am 3. Februar gemeinsam an den Kurfürsten wandten, um das feuergefährliche Unwesen des Werfens von Brandraketen verbieten zu lassen. Gleichzeitig bat der Rat die Drechsler darum, die zur Raketenherstellung benötigten Stöcklein nicht mehr herzustellen.[84]

Luther predigte am 17. Januar 1546 über Römer 12,3 in der Stadtkirche, die seine Predigtkirche war. Am selben Tage teilte er dem Freunde Jakob Propst in Bremen mit: *alt, abgelebt, müde, kalt und nun gar halbblind schreibe ich Euch.*[85]

Am 23. Januar begab er sich wegen des beschriebenen *Sauhandels* trotz des kalten Winterwetters zum dritten Mal auf die Reise ins *Mansfelder Land*. Dieses Mal begleiteten ihn seine drei Söhne Johannes, Martin und Paul und deren Erzieher Ambrosius Rudtfeld sowie sein Famulus Johannes Aurifaber. Melanchthon war noch immer krank und blieb in Wittenberg zurück. Die Reisenden trafen am 24. Januar bei Justus Jonas in Halle ein und wurden in dessen Haus gerne aufgenommen. Luther berichtete seiner *freundlichen lieben Käthen Lutherin, Brauerin und Richterin auf dem Saumarkte zu Wittenberg* über den Grund des ungeplanten Aufenthaltes.[86] Sie sind morgens um acht Uhr von Halle in Richtung Eisleben abgefahren, mussten aber gleich wieder umkehren, denn die Saale führte Hochwasser und *Wasserwogen und große Eisschollen.* Die Fährleute meinten, eine Überfahrt sei lebensgefährlich und verweigerten ihre

Dienste. Die Rückkehr sei unmöglich, da inzwischen auch die Mulde bei Bitterfeld Hochwasser führe.[87] Wollte Luther nicht mit seinen Söhnen ertrinken und so neue Nahrung für weitere Legenden schaffen, musste er in Halle bleiben. Hier konnte man sich mit gutem Torgauer Bier und Rheinwein trösten.[88] Am Morgen des 26. Januar predigte Luther in der ehemaligen Lieblingsstadt Kardinal Albrecht von Brandenburgs vor einer großen Gemeinde über *die Bekehrung S. Pauli wider die Mönche*. Unter den Zuhörern waren gewiss auch Luthers Söhne, die im Elternhause von ihrem Vater und dessen Freund, dem Maler Cranach, vieles über den Kardinal gehört haben werden. Am nächsten Tag überquerte die von Justus Jonas begleitete Reisegesellschaft bei der Burg Giebichenstein die Saale. Offenbar war es nun etwas weniger gefährlich, so dass die Fährleute die Überfahrt nicht wieder verweigerten.

Auch der folgende Reiseabschnitt verlief wegen des schlechten Wetters außerordentlich beschwerlich, obwohl die Grafen der Reisegesellschaft auf dem Territorium der Grafschaft ein ehrenvolles Geleit von 100 Berittenen gestellt hatten. Da Luther unterwegs immer kränker wurde, haben sich gerade um diese letzte Reise im Beisein von Luthers Kindern viele, vor allem regional überlieferte, Legenden gebildet. Als man endlich in Eisleben ankam, nahm Luther im Hause des Dr. Drachstedt, seinem späteren *Sterbehaus*, Wohnung. Ratzeberger berichtete, Luther habe sich in Eisleben über das Wirken der Juristen im Handel der Grafen überaus geärgert und dann seinen Sohn Hans vor sich gefordert und ihn erbost dreimal gefragt, ob er etwa ein Jurist werden wolle: *Wo ich wüßte, dass du wolltest ein Jurist werden und wir wiederum gen Wittenberg kämen, wollte ich dich über die Elbebrücke in die Elbe stürzen und er-*

*trinken lassen, würde auch nicht zweifeln, ich wollte diese Sünde
eher gegen Gott vertreten, denn wenn ich dich ließe wider meinen
Willen Jurist und Schalk werden.*[89]

Die Söhne besuchten nun ihren Onkel Jakob Luther in
dessen Haus in Mansfeld. Der Vater berichtete der Mutter
wohlgelaunt, ihre Söhnchen seien nach Mansfeld gefahren. Er wisse nicht, was sie da täten, wahrscheinlich hül-
fen sie den Mansfeldern beim Frieren. Wäre es dort nicht
zu kalt, würden sie schon schöne Beschäftigungen finden
und unterschrieb: *M. Luth. Dein altes Liebchen.*[90] Die beiden
jüngeren Söhne kehrten nach Abschluss der endlich er-
folgreich verlaufenen Verhandlungen zum Vater zurück.
Da Hans sich weiter bei den Verwandten in Mansfeld aufhielt, war er am 18. Februar beim Tode des Vaters in Eisleben nicht anwesend.[91] Im großen Trauerzug, der die Leiche des Vaters nach Wittenberg begleitete, wo sie in der
Schlosskirche beigesetzt wurde, befanden sich dann alle
drei Söhne, Luthers Bruder Jacob und seine Neffen Georg
und Cyriakus Kaufmann.

Nach der Beisetzung des Vaters begann eine schwere
und vor allem für die Witwe sehr betrübliche Auseinandersetzung. Luther hatte in seinem am 6. Januar 1542 verfassten Testament gerade auf die Versorgung der Mutter
seiner damals noch fünf lebenden Kinder großen Wert gelegt. Er wusste, dass die Witwe *ihm wohlbekannten hasserfüll-
ten Neidern* gegenüberstehen würde. Ihr könnte durch Familienmitglieder, wie Kinder und Schwiegerkinder, in der
Zukunft Unrecht geschehen. Dagegen hätten die Kinder
von ihr nicht einmal im Falle ihrer Wiederverheiratung
Unrecht zu erwarten. Darum stärkte er die Position Katharinas derart, dass sie nach seinem Tode den Kindern *wohl
geben, aber nicht von ihnen materiell abhängig werden* würde.

Kurfürst Johann Friedrich versicherte ihr schon am
20. Februar in seinem Beileidsschreiben, für ihr Wohl und
das ihrer Kinder sorgen zu wollen. Er hatte schon 1541 für
den Fall von Luthers Tod dessen Kindern 1000 Gulden ausgesetzt und jährlich mit 5 Prozent verzinst. Luther hatte
1542 in seinem Testament seiner Frau allen Besitz über-
schrieben und sie für den Fall seines Todes als Vormund
der Kinder eingesetzt[92], dabei aber übersehen, dass man
seine Witwe zwar halbwegs ehrenvoll behandeln, aber ihr,
gegen seinen ausdrücklichen Willen und nach allgemein-
gültigem Recht, einen männlichen Vormund geben würde.

Die verwitwete Lutherin wurde aktiv und richtete schon
in der zweiten Märzwoche eine Bittschrift an den Kurfürsten. Darin legte sie dar, sie habe kein Geld und auch keine
Getreidevorräte und benötige seine Fürsorge. Zudem sei
ihr erneut von den Erben Professor Sebald Münsterers das
Gut Wachsdorf angeboten worden. Sie würde es gerne erwerben und bitte ihn, sie dabei zu unterstützen. Vor allem
bat die Witwe um die rasche Benennung von Vormündern
für sich und ihre Kinder. Für sich schlug sie den Wittenberger Stadthauptmann Erasmus Spiegel und ihren Bruder Hans von Bora vor, für die Kinder deren Onkel Jacob
Luther in Mansfeld, den Wittenberger Bürgermeister Ambrosius Reuter und Melanchthon. Melanchthon wurde
von ihr gebeten, ihr Gesuch dem Kanzler Gregor Brück
vorzulegen. Das führte am 9. März zu einer Gesprächsrun-
de beim Kanzler, an der neben Melanchthon auch Bugenhagen und Cruziger teilnahmen. Bugenhagen zeigte sich
über den Wunsch Käthes, das Gut zu erwerben, mehr als
erstaunt. Schnell waren sich die Herren einig, die Witwe
würde das Gut nur herunterwirtschaften und Geld zum
Fenster rauswerfen. Zudem wäre es durch seine Lage in

der Elbaue ständig vom Hochwasser bedroht und, am allerschlimmsten, sie würde ihre Söhne dorthin bringen. Auf dem Gut würden sie lernen, als Junker zu leben und Vögel zu fangen. Vom Studium wäre dann keine Rede mehr. Melanchthon beendete die Diskussion mit dem Hinweis, man solle das Schreiben weiterleiten. Katharina setze ihren Willen ja doch durch. So berichtete Kanzler Brück am 13. März dem Kurfürsten und schlug Melanchthon und Cruziger als Vormünder vor. Dabei argumentierte er, beide wären die engsten Freunde Luthers gewesen und würden den Söhnen bei ihrem Studium förderlicher sein als andere. Doch beide schlugen aus, weil sie, wie Brück meinte, keine Lust hätten, sich immer wieder mit der Witwe auseinanderzusetzen und dabei harte Worte hinnehmen zu müssen. Melanchthon schlug noch Dr. Georg Maior, und, nachdem Katharina diesen ausgeschlagen hatte, den Leibarzt Ratzeberger vor. Nach weiteren Diskussionen bestätigte der Kurfürst in zwei Schreiben Erasmus Spiegel und Hans von Bora als Vormünder der Mutter und Dr. Ratzeberger, Jakob Luther und Ambrosius Reuter als Vormünder der Kinder. Deren Stellvertreter wurden Melanchthon und Cruziger, die die Söhne besonders zu Gottesfurcht, zum Studium, Zucht und Tugend anhalten sollten.[93]

Interessanterweise spielten bei allen Verhandlungen um die Vormundschaft die Paten der Kinder keine Rolle. Gerade das wäre aber der Sinn der Patenschaft gewesen, sich zu kümmern, wenn die Patenkinder in Not geraten. Der alt gewordene Cranach begleitete Kurfürst Johann Friedrich in dessen Gefangenschaft, Jonas hatte aus Halle fliehen müssen und suchte nach einem neuen Wirkungsfeld. Christian Beyer war am 21. Oktober 1535 verstorben,

Abb. 12 *Kurfürst Johann Friedrich von Sachsen und Luther kniend unter dem Gekreuzigten, Titelholzschnitt von Cranach zur kurz vor dem Tod des Reformators erschienenen Lutherbibel – Ausdruck der engen Verbindung des Kurfürsten mit Luther*

Bürgermeister Hohndorf 1536 und seine Witwe 1546.[94] Nur Bugenhagen hätte als einer der Paten von Hans zur Verfügung gestanden, wurde aber nicht in die Überlegungen um die Vormundschaft einbezogen.

Am 11. April 1546 bestätigte Kurfürst Johann Friedrich Luthers Testament. Am 21. Mai 1546 entschied er, dass Luthers Kinder bei ihrer Mutter Katharina von Bora im Lutherhaus bleiben dürfen. Hans sollte ein halbes Jahr lang weiter an der Universität Jura studieren und beweisen, dass er für ein Studium geeignet sei, wenn nicht, wollte der Kurfürst ihn an seinen Hof und in seine Kanzlei nehmen. Seine Brüder Paul und Martin sollten in die Obhut eines von den Vormündern ausgewählten Magisters und Erziehers kommen und *in der Lehre und Zucht* aufgezogen werden.[95] Sie blieben, entgegen den Plänen Kanzler Brücks, in der Obhut ihres Lehrers und Erziehers Ambrosius Rudtfeldt im Lutherhaus. Um die Schwester Margarete gab es keine Diskussionen.

Die Lutherin hatte sich durchgesetzt. Und der Kurfürst ließ den Vormündern von Luthers Kindern am 14. Juni

1546 für deren Ausbildung 2000 Gulden, 500 Gulden für jedes lebende Kind, auszahlen. Das Geld wurde mit Zustimmung der Vormünder zum Kauf des Gutes Wachsdorf verwendet. Kurfürst Johann Friedrich von Sachsen war dem Reformator seit frühester Jugend in Glaubensfragen eng verbunden und pflegte stets freundschaftlichen Umgang mit dem Reformator. Darum hatte Luther sein Testament vertrauensvoll dem Landesherrn empfohlen, dass *Seine kurfürstliche Gnaden* sein Testament schützen und durchsetzen wolle.[96] Der Kurfürst wurde dem Vertrauen seines Glaubenshelden gerecht und hatte nach eigenem Bekunden die Verfügung des Verblichenen *gnädiglich zu confirmieren und zu bestätigen nicht unterlassen wollen.*[97]

Doch sollte man auch bedenken, welche politische Bedeutung die Lage der Lutherwitwe und ihrer Kinder gerade im Angesicht der 1546 schon drohenden militärischen Auseinandersetzungen zwischen den evangelischen Fürsten und dem katholischen Kaiser hatte. Angesichts der Aufmerksamkeit, die dieses schon damals berühmteste evangelische Pfarrhaus genoss, konnte man es sich politisch nicht leisten, Luthers Söhne nicht studieren zu lassen. So druckte z. B. der Formschneider Jörg Scheller zum Pfeyl bey Sanct Peter in Magdeburg 1546 einen Einblattdruck *Abcontrafect Frauwen Katharinen D. Martini Luthers nachgelassene Witfrawen, in jhrer Traurung*, der damals weit verbreitet wurde. Die verwitwete Lutherin hat sich nach der ihr gewohnten Art selbst geholfen, nie aufgegeben und sogar durchgesetzt, dass sie ihre Burse im Lutherhaus weiterführen konnte.

Eine für 1548 angekündigte Spende der Mansfelder Grafen von ebenfalls 2000 Gulden, die bis 1548 mit jährlich 100 Gulden verzinst werden sollten und 1552 beim

Abb. 13 *Die Lutherin als Witwe, colorierter Holzschnitt Jörg Scheller,*
Magdeburg 1553

Tode der Witwe mit noch immer 1000 Gulden auf Zins bei den Grafen standen, ist wohl vor dem Hintergrund ihrer vermeintlichen Schuld am Tode des verehrten Reformators zu sehen.[98] Immerhin hatte selbst Kurfürst Johann Friedrich ihnen eine Mitschuld zugeschrieben. So haben sie, trotz der leeren Kassen und Schulden der Grafenfamilie, diese hohe Summe spenden wollen und damit vielleicht ihr Gewissen erleichtert, gewiss aber beigetragen, die Familie Luther finanziell weiter abzusichern.

Johannes Luther schrieb am 19. Mai 1546 einen Brief an den Kurfürsten und bat ihn, ihn noch ein Jahr lang studieren zu lassen. Das wäre auch der Wille des Vaters gewesen. Die Vormünder hatten ihm geraten, den Vorschlag, in die kurfürstliche Kanzlei einzutreten, anzunehmen und gemeint, dazu wäre er geeignet. Damit erfüllten sie die Wünsche ihres Mündels, achteten seine Begabung zur Jurisprudenz und verstießen gegen den ausdrücklichen Wunsch des verstorbenen Vaters.[99] Hans hat sich sein Leben lang erst dem Willen seiner Eltern, dann dem der Vormünder und später dem seiner Dienstherren gebeugt. Bei ihm war keine Rede von jugendlichem Aufbegehren oder dem Wunsch nach Abnabelung. Sein Leben war die Pflicht. Als Ältester war er nun mit den schweren finanziellen Sorgen und Belastungen der Mutter, die ja auch noch den Haushalt, die Burse und die Landwirtschaft weiterführte, vertraut, hat geholfen und sich bemüht, ihr nach besten Kräften beizustehen. Luthers Familie versuchte, sich in den neuen Lebensumständen einzurichten. Aber Stadt und Land drohte Krieg.

Am 11. Juli 1546 ordnete Kurfürst Johann Friedrich aus Weimar an, die Universität möge sich wegen der Kriegsgefahr einen Ort überlegen, wohin sie verlegt werden solle, und schlug seinerseits dafür die kursächsischen Städte Altenburg, Zeitz oder Jena vor. Wittenberg, die Stadt, an deren Besitz die sächsische Kurwürde hing, wurde im Sommer 1546 einer der Hauptmusterplätze für den *Schmalkaldischen Krieg*. Schon am 20. Juli hieß es im Rektoratserlass, die Studien würden fortgesetzt, doch es stehe jedem Studenten frei, die Universität zu verlassen. Der Lehrbetrieb wurde unter dieser Bedrohung bis Anfang November fortgesetzt. Im August 1546 wurden immerhin noch zwanzig Studenten immatrikuliert. Im August und September 1546 forderte Kaiser Karl V. den Herzog Moritz von Sachsen und seinen Bruder Ferdinand ungeduldig auf, die Reichsacht mit der Besetzung Kursachsens zu vollstrecken. Die Kriegsgefahr musste den Menschen unabwendbar erscheinen.

Am 6. August 1546 schrieb Kurfürst Johann Friedrich aus dem Feldlager bei Donauwörth an Melanchthon, er halte eine Verlegung der Universität während des Krieges für unabwendbar und bat den Professor, ihn darin und damit in der Rettung der Hochschule zu unterstützen. Ein Zusammenleben von Kriegsknechten und Studenten in der engen Festung Wittenberg, würde zu Auseinandersetzungen führen. Deshalb müsse die Universität ausweichen. Ähnliche Schreiben sandte er aus dem Feldlager vor Ingolstadt und am 26. August aus dem Feldlager bei Nassenfels. Die Theologieprofessoren Bugenhagen, Cruziger, Maior und Melanchthon schickten dem Kurfürsten Johann Friedrich am 24. August wegen der Kriegsgefahr einen Trostbrief. Er dürfe sich auf Gott verlassen, denn er erwehre sich eines Angreifers. Am 12. September 1546 dankte der Kurfürst ihnen aus dem Feldlager bei Wechingen/Nördlingen und bat um Fürgebete in den Wittenberger Kirchen. Inzwischen hatte der Kaiser am 18. August Herzog Moritz befohlen, die Acht gegen Kurfürst Johann Friedrich und seine Bundesgenossen zu vollstrecken und ihn gemahnt, nicht zu säumen, denn wer die Länder einnehme, der behielte sie auch. Es ging mit dem Besitz des *Kurkreises Wittenberg* um den Besitz der sächsischen Kurwürde.

In Wittenberg ging der Universitätsbetrieb auch unter dieser wachsenden Krtiegsgefahr weiter. Im September 1546 wurden noch 13 Studenten immatrikuliert. Am 26. September promovierten neun Magister und am 12. und 13. Oktober wurde noch je ein Student immatrikuliert. Beim üblichen Rektorenwechsel zum Wintersemester am 18. Oktober wurde in dieser immer bedrohlicher werdenden Lage der Theologe Kaspar Cruziger gewählt. Er behielt das Rektorenamt durch die Kriegswirren hindurch bis zum 18. Oktober 1548. Unter seiner Federführung teilte die Universitätsleitung dem in Abwesenheit des Vaters das Land regierenden Prinzen Friedrich Wilhelm von Sachsen mit, man wolle nach Magdeburg gehen und dort den Universitätsbetrieb in den vermeintlich starken Mauern dieser Festungsstadt fortsetzen. Altenburg, Zeitz und Jena boten in ihren Augen keine geeignete Sicherheit mehr. Melanchthon habe sich entschlossen, nach Magdeburg zu gehen und ihm würde zweifellos ein Teil der Studenten folgen.[100] Doch die Universitätsleitung irrte in ihrer Einschätzung. Die Studenten blieben nicht bei ihren Dozenten, sondern zerstreuten sich aus Furcht vor dem möglichen Gericht des Kaisers über *die Wiege des Protestantismus*. Auch der Magdeburger Rat der Stadt war nicht erfreut, so viele unberechenbare junge Männer in die Stadt zu bekommen und wollte den Beginn von Vorlesungen nicht gestatten. So verließen viele Professoren die Stadt wieder.[101]

Abb. 14 *Rektor Caspar Cruziger (T 1548), Holzschnitt aus: Johann Agricola, Bildnüs vnd Abcontrafactur: etzlicher Vornemer Gelerten Menner – Johannes Luther heiratete später Cruzigers Tochter Elisabeth*

Während in Kursachsen jeder nach einem Plätzchen suchte, wo er die kommenden Auseinandersetzungen unbeschadet überleben könnte, hatte Kaiser Karl V. dem Kurfürsten Johann Friedrich als Oberhaupt des *Schmalkaldischen Bundes* die sächsische Kurwürde genommen und diese mit dem *Kurkreis Wittenberg* an dessen Cousin Moritz von Sachsen übertragen. Kurfürst Moritz sandte darauf dem Cousin am 27. Oktober 1546 einen Absagebrief ins Feldlager und fiel in das Kurfürstentum ein.

Rektor Cruziger ordnete am 6. November die endgültige Auflösung und Fortsetzung der Universität in Magdeburg an. Es stehe jedem frei, sich dahin zu wenden, wohin er wolle, nachdem er seine Gläubiger befriedigt habe. Drei Tage später erhielten die Ausharrenden die Nachricht,

Kurfürst Moritz habe Zwickau genommen und rücke gegen die Festung Wittenberg vor. Sofort begann eine große Fluchtwelle. Alles drängte, die Stadt zu verlassen. Zu den Fliehenden gehörten auch Katharina Luther und ihre Kinder Hans, Martin, Paul und Margarete. Die Familie Luther schien besonders gefährdet, hatte man doch von der Prahlerei besonders des Anführers der kaiserlich ungarischen Truppen gehört, der nach der Eroberung Wittenbergs, Luthers Gebeine ausgraben und den Hunden vorwerfen lassen wollte. Melanchthon und Bugenhagen wolle man in Stücke hauen, die Stadt zerstören.[102] Katharina und ihre Kinder, die von etlichen Hausgenossen begleitet wurden, gingen mit der Universität nach Magdeburg. Nur der alt gewordene Diener Wolf Sieberger blieb im Lutherhaus zurück. In Magdeburg fand die Familie die Unterstützung Melanchthons und lebte, wie wir aus einem Dankschreiben der Mutter an König Christian wissen, gemeinsam mit Dr. Maior und dessen zehn Kindern im Elend. Im Krieg zwischen den beiden Sachsen gewann Kurfürst Johann Friedrich Anfang des Jahres 1547 die Oberhand. So konnte auch Luthers Familie in ihr Haus in Wittenberg zurückkehren.

Sie fand ihre außerhalb der Stadtmauern liegenden Gärten und Güter verwüstet vor. Die Wittenberger hatten nach Einsetzen der Fluchtwelle am 12. November 1546 die Vorstädte und Gärten niedergerissen.[103] Auf diese Weise hat man sich immer wieder freies Schuss- und Sichtfeld um die Festungsanlagen herum geschaffen. Die Flammen, mit denen sie alles niederbrannten, waren kaum erloschen, als Kurfürst Moritz am 18. November vergebens versuchte, die Festung Wittenberg einzunehmen. Im Umland hatten die spanischen Truppen des Kaisers besonders im

Frühjahr 1547 grausam gewütet. Spanische Truppen hatten sich sogar am Kemberger Pfarrer vergriffen und ihn gehenkt. Seine beherzte Frau konnte ihm im letzten Moment das Leben retten, doch er starb später an den Folgen dieser Torturen.[104] Die Güter Wachsdorf und Zülsdorf und die an der Elbe gelegene Boos waren zerstört, das Vieh geraubt. Die Lutherin war, wie so viele andere auch, durch den Krieg verarmt. Um den betroffenen Menschen ein wenig Hoffnung zu geben und sie zum Bleiben und Wiederaufbau zu bewegen, versprach ihnen später Kurfürst Moritz Bauholz und Getreide.[105]

Nun griff Kaiser Karl V. in den Krieg ein und entschied ihn am 24. April 1547 mit der *Schlacht bei Mühlberg an der Elbe*, in der Kurfürst Johann Friedrich in seine Gefangenschaft geriet und in deren Folge die Kurwürde endgültig an Moritz verlor. In Wittenberg setzte eine zweite Fluchtwelle ein. Die Lutherin floh erneut nach Magdeburg und traf dort Melanchthon. Sie bat ihn, ihr zu helfen, eine Zuflucht zu finden. Da ihr kurfürstlicher Beschützer durch seine Gefangenschaft ausfiel, dachte sie daran, nach Dänemark zu gehen und sich und die Kinder in den Schutz des Königs Christian zu geben. Dieser Plan fand Melanchthons Billigung. Er begleitete die Lutherfamilie mit der eigenen Familie und der Georg Maiors bis nach Braunschweig. Die Flüchtlinge wurden in Helmstedt und dann in Braunschweig gut aufgenommen. Melanchthon und Maior wollten die Familie bis nach Gifhorn bzw. sogar bis nach Dänemark begleiten. Herzog Franz von Lüneburg, Jugendfreund und Bündnisgenosse Johann Friedrichs von Sachsen, riet ihnen jedoch von der viel zu gefährlichen Weiterreise ab, denn das Land sei voller Kriegsknechte. Und richtig, am 23. Mai 1547 schlugen die mit Graf Albrecht von Mansfeld verbündeten niedersächsischen Städte bei Drakenburg an der Elbe den für den Kaiser agierenden Herzog Erich von Braunschweig-Calenberg.[106] So musste die Familie umkehren und fuhr nach Braunschweig zurück. Dort erhielt die Witwe von dem weiter gezogenen Melanchthon die Nachricht, sie könne nach Wittenberg zurückkehren. Der Kaiser habe nach der Kapitulation der Stadt und Übergabe der Kurwürde an Herzog Moritz das Land verlassen. Der junge Kurfürst Moritz sichere den Wittenbergern sein Wohlwollen zu und wolle die ruhmreiche Universität erhalten. Am 6. Juni 1547 huldigte die Bürgerschaft dem neuen Landesherrn[107] und schon zwei Tage spä-

Abb. 15 *Philipp Melanchthon, der Helfer der Lutherfamilie im Schmalkaldischen Krieg, Reichsdruck nach einer Miniatur von Cranach d. J.*

ter lud Cruziger alle geflüchteten Professoren zur Rückkehr ein.[108] Am 28. Juni erhielt die Lutherfamilie in Braunschweig einen Brief des Stadtpfarrers Johannes Bugenhagen und des Bürgermeisters Ambrosius Reuter mit der Bitte um Rückkehr. In Wittenberg sei es wieder sicher, ihr Haus sei unversehrt geblieben, nur Wolf Sieberger sei gestorben. So beschloss die Witwe, nach Wittenberg zu fahren, wissend, dass ihr ein riesiges Wiederaufbauwerk in ihren zerstörten Gärten und Ländereien bevorstehen würde.

Über den Verbleib von Johannes Luther in diesen Tagen gibt es keine gesicherten Nachrichten. Sein Kriegseinsatz als Fähnrich gehört wohl in das Reich der Legenden. Wahrscheinlicher ist, dass er gemeinsam mit seiner Mutter und den Geschwistern geflohen und im Sommer 1547 nach Wittenberg zurückgekehrt ist. Hier hat er sich mit dem Einverständnis Melanchthons dem Jurastudium gewidmet. Durch die Gefangenschaft Johann Friedrichs von Sachsen war der Eintritt in dessen Kanzlei jedoch verwehrt.

Im Frühjahr 1549 besuchte der Gründungsrektor der Königsberger Universität Georg Sabinus die Eltern seiner verstorbenen Frau Magdalena, Katharina und Philipp Melanchthon. Im Auftrage des den Reformatoren freundlich verbundenen Herzogs Albrecht von Preußen schlug Sabinus der Lutherin vor, ihren Ältesten in Königsberg weiter Jura studieren zu lassen. Alle entstehenden Kosten würde der Herzog gerne übernehmen wollen. Die Universität zählte nur wenige Studenten, ein enger Kontakt zu den Professoren sei unabwendbar. Hans könnte im Hause von Sabinus wohnen. So umsorgt ging der 22-Jährige erstmals „allein" auf Reisen. Die Mutter dankte dem Herzog in einem langen Brief für seine Hilfsbereitschaft und bat um Nachsicht für ihren Hans, der völlig unerfahren sei und sich darum sicherlich mitunter falsch benehmen werde. Begleitschreiben verfassten auch Jonas d. Ä. und Melanchthon, in dessen Brief Johannes als unbescholten, bescheiden, wahrheitsliebend, züchtig, gewandt und ausdauernd in körperlichen Anstrengungen beschrieben und sein Geist und seine Beredsamkeit gelobt wurden.[109] Johannes Luther fuhr im Mai 1549 in Begleitung von Sabinus, Chemnitz und Erhard von Kunheim nach Preußen. Da in Königsberg die Pest[110] grassierte, reiste die Gesellschaft noch im Lande herum. Sie besuchten zum Beispiel die Stadt Frauenburg, in der 1543 Kopernikus gestorben war, und hielten sich dann länger in Preußisch-Holland auf, wo Wolf von Kunheim Landeshauptmann war. Im November 1549 hatte Melanchthon den ersten Reisebericht

in Händen, den zur Leipziger Messe reisende preußische
Kaufleute befördert hatten.

Die sich rasch anfreundenden Johannes Luther und
Achatius von Dohna studierten seit dem Wintersemester
1549/50 bei Johannes von Creytzen, einem Verwandten der
Kunheims, Jura. Der Juraprofessor und sein Bruder Christoph von Creytzen waren zudem Vormünder Georg von
Kunheims[111], über den im Zusammenhang mit Hans'
Schwester Margarete zu sprechen sein wird. In Königsberg traf Johannes Luther einen alten Freund seiner Eltern wieder. Pfarrer Michael Stiefel[112] hatte während des
Schmalkaldischen Krieges aus seiner Holzdorfer Pfarrstelle
fliehen müssen und war nach Preußen gegangen. Hier
wohnte er unweit Königsbergs in Haberstrohm am frischen Haff, über das er im Winter gemeinsam mit dem
Sohn des verstorbenen Freundes lange Wanderungen unternahm. Stiefel unterhielt offenbar gute Beziehungen zu
Johannes Funck[113], der nicht nur in Wittenberg studiert,
sondern auch seinen Magistergrad erworben hatte. Diese
Beziehungen Luthers und die geringe Größe der Universität bewirkten, dass er seit Oktober 1550 in die ausbrechenden Streitigkeiten um Andreas Osiander hineingezogen
wurde. Das ist wahrscheinlich auch der Hintergrund der
Vorwürfe, die Herzog Albrecht im Sommer 1551 in einem
Schreiben an die Mutter erhob. Darin lehnte er ihre Bitte
ab, ihren Sohn zur Vollendung seines Jurastudiums von
Königsberg nach Frankreich oder Italien zu schicken,
wollte aber in Gedenken an die Verdienste des Vaters die
Fortsetzung der Studien des Luthersohnes in Königsberg
bezahlen. Die Königsberger Universität stellte den scheidenden Studenten Johannes Luther und Achatius von
Dohna am 15. Juli 1551 positive Zeugnisse[114] aus und er-

wähnte darin keinerlei Händel. Hans kehrte in diesem Sommer 1551 nach Hause zurück, wo ihn seine kränkelnde Mutter im September in die Arme schließen konnte. Mit ihm war Achatius gekommen. Beide Freunde ließen sich am 8. Oktober immatrikulieren und setzten gemeinsam ihre Studien an der Wittenberger Universität fort. Mit Achatius von Dohna wuchs auch die Burse der Mutter wieder. Bei ihnen war auch ihr Freund Georg von Kunheim, der sich wie sie in Königsberg am Disput gegen Osiander beteiligt hatte.

Im Sommer 1552 zog die Pest wieder einmal in Wittenberg ein. Die Universität wurde nach Torgau verlegt. Dort begann der Vorlesungsbetrieb am 17. Juli. Es war Erntezeit und jeder bemüht, die Vorräte für den kommenden Winter einzubringen. Man ignorierte die Seuche nach bestem Vermögen, doch sie drang im September 1552 im Lutherhause ein. In Sorge um ihre Kinder beschloss die Witwe dieses Mal, ihr Haus zu verlassen und der Universität nach Torgau zu folgen. Auf dem Wege dorthin verunglückte sie mit ihrer Kutsche, erkältete sich und traf so schwach in Torgau ein, dass sie ihr Krankenlager nicht mehr verlassen konnte. Sie starb wenige Tage vor Weihnachten am 20. Dezember 1552; wie ein Autor meint, an der früher weit verbreiteten Auszehrung (Schwindsucht, TBC).[115] Wie zuvor beim Vater erlebten die Kinder Luthers auch beim frühen Tod der Mutter eine feierliche Bestattung im akademischen Umfeld. Der sich mit der Universität in Torgau aufhaltende Vizerektor Paul Eber lud für den folgenden Tag zu ihrer Beerdigung ein. Den Text zu ihrem Gedenken verfasste Melanchthon. Darin heißt es über ihr Leben nach dem Tode ihres Gatten: *Mit ihren verwaisten Kindern musste die als Witwe schon Schwerbelastete unter den größten Gefahren umherirren wie eine Verbannte; großen Undank hat sie von Vielen erfahren, und von denen sie wegen der großen und öffentlichen Verdienste ihre Ehegatten um die Kirche Wohltaten hoffte, ist oft schändlich getäuscht worden.*[116] Am folgenden Tag, nachmittags drei Uhr, zog der Leichenzug der *edlen Gemahlin des heiligen Mannes D. Luther* von ihrer Gastwohnung[117] die Schlossgasse hinab an der neuerbauten großartigen kurfürstlichen Residenz Hartenfels vorbei. Der gewaltige Zug von Bürgern, Professoren und Studenten bewegte sich nun durch die *Wintergrüne* nach der Stadtkirche St. Marien. Hier unter dem Knabenchor mit seiner schönen Inschrift *Laudate dominum pueri!* wurde die müde Pilgerin unter den üblichen Feierlichkeiten bestattet[118] und die Knaben werden ihr auch von droben ein Abschiedslied gesungen haben.

Katharina Luthers verwaiste Kinder waren nun 26 (Johannes), 21 (Martin), 20 (Paul) und 18 (Margarete) Jahre alt, alle unverheiratet und ohne Anstellung. Als Familienältester schrieb Johannes Anfang 1552 König Christian von Dänemark und dankte ihm für die Unterstützung seiner Mutter, die jedes Jahr das dem verstorbenen Vater ausgesetzte Ehrengeld erhalten hatte. Nun galt es, die erbrechtliche Auseinandersetzung mit den jüngeren Geschwistern auszuhandeln. Sie trafen sich Ende Juni mit ihren Vormündern Jacob Luther,

Abb. 16 *Grabmal der Lutherin in der Torgauer Marienkirche, Stahlstich von Schadow*

Abb. 17 *Johann Friedrich von Sachsen (Reichsdruck nach einer Miniatur von Cranach d. J.) – der aus der Haft entlassene entmachtete Herzog hielt sein Versprechen und stellte Johannes Luther in seiner Kanzlei ein*

Philipp Melanchthon und Ambrosius Reuter in Wittenberg und teilten den Nachlass nach den Vorgaben des väterlichen Testaments. Das Lehngut Wachsdorf stand als Mannlehen alleine den Brüdern zu. Margarete erhielt zwei Gärten in der Wittenberger Specke und den Baumgarten am Saumarkt, die alle zusammen einen Wert von etwa 500 Gulden hatten. Da der Wert von Wachsdorf höher war und ihre Brüder bevorteilt würden, erhielt die Schwester zum Ausgleich noch 125 Gulden. Dieses Geld sollte aus dem noch immer ausstehenden Spendenteil der Mansfelder Grafen in Höhe von 1000 Gulden gezahlt und die Restsumme dann unter den Geschwistern aufgeteilt werden. Alle vier Geschwister teilten sich die in Wachsdorf für das Gesinde bis Ostern 1554 entstehenden Lohnkosten und bis dahin auch den Erlös aus dem Gut. Dann gehörte es den Brüdern zu gleichen Teilen, das heißt, sie mussten die Gebäude instandhalten, auf dem Gut liegenden Gerechtigkeiten nachkommen, für das Vieh sorgen und so weiter. Da keiner der Brüder Landwirt war, wurde von Anfang an die Anstellung eines Hofmeisters in Betracht gezogen. Auch der Erlös aus der Vermietung von Stuben im Lutherhaus zu Wittenberg sollte unter allen vier Geschwistern geteilt werden. Die Schwester durfte al-

lerdings von allem Hausgerät an Zinn, Messing und Kup-
fer, Möbeln und Silber die schönsten Stücke für sich wäh-
len. Dafür erhielten die Brüder die auf 800 Gulden ge-
schätzte Bibliothek des Vaters Martin Luther.[119] Sie verkauften das Gut Zülsdorf für 956 Gulden an den Wittenberger
Bürgermeister Christoff Kellner[120] und 1557 Brunos kleines
Haus, das der Vater als Wohnsitz für seine Witwe erworben
hatte. Vom Erlös bezahlten sie alle Schulden und teilten
den Rest unter sich auf. Die Erbteilung der Geschwister
wurde im April 1554 vertraglich vorgenommen und von
dem im Lutherhaus erzogenen Juristen Johannes Schneidewein und den Vormündern Melanchthon, Jacob Luther
und Ambrosius Reuter unterschrieben und gesiegelt.

Der im Sommer 1552 aus der kaiserlichen Haft entlassene nunmehrige Herzog Johann Friedrich von Sachsen
Weimar erinnerte sich an sein Versprechen, Johannes
Luther eine Stelle in seiner Kanzlei in Weimar geben zu
wollen. 1553 führte er es aus. Johannes ging in die Dienste
des Herzogs. Obwohl Herzog Johann Friedrich I. schon am
3. März 1554 starb, stieg der als Jurist angestellte Luthersohn in der Kanzlei bis zum Jahresende 1554 auf und erhielt den Titel eines Kanzleirates.

Johannes war seit seiner Berufung nach Weimar in
dem Alter und in der Lage, selbst einen Hausstand zu
gründen. Dazu passen die Meldungen älterer Autoren
sehr gut, er habe 1553 oder 1554 die ihm seit Kindertagen
gut bekannte und seit 1550 verwitwete Elisabeth Cruziger
geheiratet. Elisabeth war die 1529 in Magdeburg geborene
Tochter Caspar Cruzigers und der Elisabeth von Meseritz.
Die Eltern waren enge Freunde der Luthers und sehr oft
im Lutherhause zu Gast. Elisabeth von Meseritz wurde von
dem sangesfreudigen Hausherrn wegen ihrer Musikalität

außerordentlich geschätzt, eines ihrer Lieder hatte er schon 1524 in sein Gesangbuch aufgenommen. Sie ist im Mai 1535 gestorben. Die nach ihren Eltern genannten Kinder Caspar und Elisabeth gehörten zu den Spiel- und Lerngefährten der Lutherkinder. Die Tochter verheiratete sich mit Magister Andreas Kegel, der in Eisleben Rektor der Lateinschule gewesen ist.[121] Interessanterweise gibt es vom Januar 1536 ein Schreiben von Hans Luthers Paten, des mansfeldischen Kanzlers Müller, an seinen Freund Martin Luther mit der Bitte, in der Burse der Katharina von Bora einen *Kegel* aufzunehmen. Diese Bitte wurde von Luther abgeschlagen, da der Tisch vorerst voll besetzt sei und man wirklich keinen weiteren Schüler aufnehmen könne.[122] Inwieweit dieser Kegel zur Familie Andreas Kegels gehörte, ist noch ungeklärt. Auch in Wittenberg gibt es im 16. Jahrhundert Vertreter des Namens Kegel. So belegt der Kannegießer Hans Kegel 1571 Dachreiter der Stadtkirche mit zinnernen *Blettern* und fertigte den Turmknopf.[123] 1581 wurde der allein im Elsterviertel lebende Paul Kegel als gut bevorratet erwähnt.[124] Aus der Ehe mit dem 1550 an der Pest verstorbenen Magister Andreas Kegel brachte Elisabeth Cruziger einen Sohn und wahrscheinlich eine Tochter in ihre Ehe mit Hans Luther mit. Der Sohn hieß Cyriakus Kegel und starb 1613 als Bürgermeister in Quedlinburg.[125]

Da zur Hochzeit der beiden bekannten Professorenkinder in Wittenberg keine Nachweise gefunden wurden, geht man davon aus, dass sie in einer anderen Stadt stattgefunden haben muss. Hans wurde mit seiner Eheschließung Vater eines kleinen Stiefsohnes und womöglich einer Stieftochter. Das einzige nachgewiesene leibliche Kind des Johannes Luther, die Tochter Katharina Luther, soll 1554 geboren worden sein. Sie hat sich 1596 mit dem Pastor der Eilenburger Bergkirche Magister Nikolaus Böhme vermählt. Das bedeutet, Katharina Luther hat erst im Alter von 42 Jahren geheiratet, einen um zehn Jahre jüngeren Mann. 1617 hat man aus Anlass der ersten Jahrhundertfeier der Reformation in Torgau den Grabstein der Katharina von Bora farblich neu fassen lassen und darum dem Gatten Katharinas, Nicolaus Böhme, einen Boten geschickt.[126] Pastor Böhme hatte aber schon am 17. Oktober 1609 seine Frau verloren.[127] Hat er sich um den Grabstein der berühmten Großmutter seiner verstorbenen Frau Katharina noch acht Jahre nach ihrem Tod gekümmert? Das ist nicht unmöglich, denn die „Verwandtschaft" hat sein Prestige gewiss erhöht. Es gibt in Eilenburg eine zweite Chronikeintragung, wonach Pastor Böhmes Ehefrau Margarete (!) 1619 an der dortigen Marienkirche beigesetzt wurde. Der bisher kinderlos gebliebene Pfarrer ist im Juli 1621 mit Katharina Moser, der Tochter des Torgauer Apothekers Moser, eine weitere Ehe eingegangen.[128]

Obwohl in Ostpreußen der Name Luther erst durch Hans und seine Schwester Margarete eingeführt wurde, findet sich im Taufbuch der Königsberger Schlosskirche unter dem 5. Oktober 1623 ein Eintrag für Michael Luther, den dritten Sohn des herzoglichen Kochmeisters Wilhelm Luther. Als Paten erscheinen dort Nachkommen der ostpreußischen Freunde und Verwandten Margaretes und Johannes Luthers.[129]

Doch kommen wir auf Johannes Luther zurück. Eine Eheschließung ist bei ihm nach dem Tod der Mutter Katharina und dem Eintritt in die Dienste der Ernestiner 1553 oder Anfang 1554 wahrscheinlich. Auch die Wahl seiner Frau (Elisabeth Cruziger, verwitwete Kegel) erscheint glaubhaft. Sie hat die gemeinsame Tochter Katharina 1554 geboren und starb schon 1558. Seitdem hatte der Witwer Johannes für die Stieftochter, den Stiefsohn Cyriacus (Johannes) Kegel und die eigene Tochter Katharina Luther zu sorgen. Er hat in der Weimarer Kanzlei der ernestinischen Herzöge als Jurist gearbeitet und mit seiner Familie in Weimar gelebt. 1554/55 nahm Luther als Sekretär an der General-Visitation der Weimarischen Kirchen teil. 1559 wird er in einer Akte sogar als *Der Jungen Herrn Rhadt* bezeichnet.[130] Wenige Jahre später trat auch sein Bruder Paulus als Leibarzt in die Dienste der Herzöge in Weimar. Die Brüder erhielten so noch einmal die Gelegenheit zu engem familiären Verkehr. Im Februar 1557 traf Johannes sich in Wittenberg mit seinen Brüdern Martin und Paulus und dem Schwager Georg von Kunheim. Sie verkauften *Brauers Bude*, das ihr Vater 1541 als mögliches Wohnhaus für die Mutter erworben hatte.[131] 1561 zogen Johannes und sein Bruder Paulus Luther gemeinsam mit dem herzoglichen Hof von Weimar nach Gotha um.[132]

Johannes Luther hat sich schon 1563/64, als er noch in Diensten der Ernestiner stand, länger als ein Jahr in Ostpreußen aufgehalten und soll dort 1563 die Ehe mit Elisabeth von Schlieben eingegangen sein.[133] Elisabeth war die Witwe des Wolf von Creytzen und Tochter Wilhelm von Schliebens. Möglicherweise hat Johannes Luther zweimal geheiratet, zweimal eine Witwe namens Elisabeth. Auch für die im Internet derzeit wieder diskutierte zweite Ehe gibt es treffende Gründe. Johannes hatte schon während seiner Kind- und Studienzeit Bande in die Kreise des ostpreußischen Adels geknüpft, der schon seinem Vater eng verbunden gewesen ist.[134] Für seine Reise nach Ostpreußen stellte Herzog Johann Friedrich II. 1563 *für seinen Rath*

und Diener Johann Luther, der sich in seinen Geschäften nach Preu-
ßen begebe einen Empfehlungsbrief an Herzog Albrecht von
Preußen aus. In Königsberg stiftete Johann dann der *Alt-*
städter Pfarrkirche ein auf Holz gemaltes Wappen seines Vaters, der Lutherrose, mit der Unterschrift: *Ora et labora 1563*
Johann Luther.[135]

Johanns Studienfreund Achatius von Dohna wurde
herzoglich preußischer Rat und Amtshauptmann. Achatius erbaute das Schloss Schlobitten und zeugte elf Söhne.
Elisabeth von Schlieben, die zweite Ehefrau Johannes
Luthers, war die Witwe des Wolf von Creytzen und damit
eine Verwandte von Johannes' und Achatius' Juraprofessor
Johannes von Creytzen. Der Jurist Johannes von Creytzen
war 1536 bis 1575 in Königsberg auch Kanzler von Preußen.
Sein Bruder wiederum war der Vormund Georg von Kunheims, der mit Johannes und Achatius studiert hatte.
Georg Kunheim hatte während seines Wittenberg-Aufent-
haltes 1554 Johannes Luthers Schwester Margarete Luther
kennen- und liebengelernt und war seit 1555 sehr glücklich mit ihr verheiratet. Während seines Dienstes in Königsberg hat Johannes Luther um 1567 die Schwester und
deren Gatten auf dem etwa 25 km von Königsberg entfernt
gelegenen Gut Knauten wiederholt besucht und dort mit
ihrem Pfarrer Henneberger Freundschaft geschlossen.
Ostpreußen und Königsberg ließen ihn und seine Schwester nicht mehr los.

Johannes Luther war im Mai 1564 in Wittenberg und
unterschrieb neben seinen Brüdern Paul und Martin die
Verkaufsurkunde für ihr Elternhaus mit *Johann Luther.*[136]
Anfang des Jahres 1566 hielt sich der Jurist und herzoglich
sächsische Kanzleirat *in Brandenburg und* Preußen auf.[137]
Am 3. Mai 1566[138] wurde Johannes Luther von Herzog

73

Johann Friedrich II. für eine Reise zu seiner Schwester, nicht zu seiner neuen Ehefrau oder deren Verwandten, nach Ostpreußen beurlaubt. Während seiner Abwesenheit von Weimar endeten 1566/67 die *Grumbachschen Händel* für seinen Dienstherrn Herzog Johann Friedrich II. in einer Katastrophe. Nach der Einnahme der *Burg Grimmenstein* bei Gotha im April 1567 wurden Grumbach und sein Vertrauter Dr. Christian Brück, ein Sohn des Kanzlers Gregor Brück, Schwager Lucas Cranachs d. J. und Anna Cranachs,

Abb. 18 *Von Johannes Luther und seinen Brüdern Paul und Martin im Mai 1564 unterzeichnete Verkaufsurkunde für das Lutherhaus*

nach langer Folter öffentlich lebendig geviertelt und der Herzog Johann Friedrich II. zu lebenslanger Haft nach Wiener Neustadt gebracht. Sein Bruder, Herzog Johann Wilhelm, half bei der Durchsetzung der Acht gegen Johann Friedrich und konnte auf diese Weise seiner Familie Thüringen als Reichslehen erhalten. Herzog Johann Friedrich II. (der Mittlere) starb 1595 in der Verbannung in Steyr. 1567 war der herzogliche Leibarzt Paulus Luther während der Belagerung der *Burg Grimmenstein* bei Herzog Johann Friedrich geblieben. Infolge der Katastrophe mussten sich die Brüder Hans und Paulus Luther eine neue Anstellung suchen. Beide traten in die Dienste des Kurfürsten Joachim II. von Brandenburg, der aber schon Anfang 1571 im Beisein seines Leibarztes Paulus Luther das Zeitliche segnete.

Über die letzten Jahre Johannes Luthers ist fast nichts bekannt. Der Rektor der Königsberger Universität, Johannes Wigand, Ehemann einer Enkelin Jacob Luthers (Bruder des Reformators), verfasste eine Leichenrede, die Hinweise gibt. Danach hat Johannes Luther für den in Königsberg regierenden Herzog Albrecht von Preußen als Jurist gearbeitet. Das scheint erstaunlich, denn der Herzog hatte sich schon während des Studiums von Johannes Luther auf die Seite von Andreas Osiander gestellt, der im Königsberger Streit Melanchthon heftig angriff. Dieser Streit hat die damalige protestantische Welt auf Jahre entzweit und zu schweren Auseinandersetzungen zwischen den Theologen geführt. Herzog Albrecht verwies Osianders Gegner Joachim Mörlin des Landes. Danach waren die Streitigkeiten in seinem Lande angewachsen, denn die Geistlichkeit und die Bevölkerung wandten sich gegen seine Entscheidungen. Als der Herzog 1558 eine neue Kirchenordnung

ALBRECHT

Marggraf zu Brandenburg, erster Herzog in Preußen.

Abb. 19 *Herzog Albrecht von Preußen, Stich von Auguste Hüssener im Berliner Kalender 1834*

einführen ließ, warfen seine Gegner ihm sogar eine Hinwendung zum *Calvinismus* vor. Der Adel ergriff die Möglichkeit und bemühte sich, die herzogliche Gewalt zu beschränken. Die Stände wandten sich sogar an den König von Polen, der oberster Lehnsherr des jungen Herzogtums

Preußen war. Ihnen spielte eine schwere Erkrankung des Herzogs und 1563 ein schwerer Schlaganfall in die Hände.[139] 1566 entschied in Königsberg eine königliche Kommission gegen den Landesherrn. Sein Beichtvater Johann Funck und einige andere wurden als Hochverräter zum Tode verurteilt und am 28. Oktober 1566 in Königsberg hingerichtet. Die lutherische Orthodoxie hatte gewonnen. Der polnische König und die Stände zwangen Herzog Albrecht neue Räte auf. In diesem Zusammenhang wird Johannes Luther in die Dienste des Herzogs gekommen sein. Herzog Albrecht starb am 20. März 1568 in seiner zweiten Residenz, der Burg Tapiau, an der Pest. Nachfolger Herzog Albrechts wurde sein erst 15-jähriger Sohn Albrecht Friedrich von Preußen, der wegen seiner Jugend unter der Vormundschaft der Räte stand. Damit hatte sich in Preußen endgültig eine selbstsüchtige und fanatisch orthodoxe ständische Partei durchgesetzt. Sie verband sich mit der vom Samländer Bischof Heshusius geführten Geistlichkeit. Herzog Albrecht Friedrich verfiel 1571 nach seinem Regierungsantritt einer schweren Depression. Der Luthers Söhnen sehr gewogene Kurfürst Joachim II. von Brandenburg hatte schon 1569 seine Belehnung mit dem Herzogtum Preußen durch seinen Schwager, den polnischen König Sigismund II. August, erreicht und damit den Weg für die spätere Vereinigung der Markgrafschaft Brandenburg mit dem Herzogtum Preußen und hin zum preußischen Königtum der Brandenburger freigemacht.

1569 besuchte Johannes Luther wahrscheinlich seinen Bruder Paul, der als Leibarzt des Kurfürsten Joachim II. von Brandenburg sehr angesehen war, in Berlin. Dabei hat Johannes von Paulus ein Darlehen erhalten.[140] Möglicherweise war Johannes in geheimer Mission der sächsi-

Abb. 20 *Altstadtkirche in Königsberg, in der Johannes Luther beigesetzt wurde, Holzschnitt 1613*

schen Herzöge unterwegs, die Hilfe an anderen Höfen suchten. Offenbar wurde Luther dann von den Herzögen von Pommern angestellt und von ihnen als *Fürstlicher Pommerscher Gesandter zu Königsberg in Preußen* ernannt und ist in dieser Funktion am 27. Oktober 1575 in Königsberg im Alter von nur 49 Jahren gestorben.[141]

Der Königsberger Universitätsrektor Wigand erklärte in seiner Leichenrede auf Johannes Luther: *Er kam vollends hier an um gewisser Geschäfte wegen.*[142] Johannes Luther wohnte zuletzt im Hause des mit ihm seit seiner Studienzeit befreundeten Syndikus Heinrich Stenderich. Dort sollte sich auch der Leichenzug der Königsberger Professoren und Studenten versammeln, der Johannes Luthers Leiche zu ihrer letzten Ruhestätte begleitet hat. Der Rektor schrieb über den Verblichenen: *Es war ein Mann, der sich auszeichnete durch Frömmigkeit, Weisheit, Gelehrsamkeit, Ehrenhaftigkeit und Tugend* und wies, im Angesicht der beschrieben Auseinandersetzungen der Protestanten um die rechte Lehre, darauf hin, dass Johannes Luther *die Beschlüsse des Staates* durchgesetzt habe. Weiter sagte er „durch die Blume", Luther habe alle Versuche, ihn zu bestechen, stets zurückgewiesen. *Mit höchsten Eifer hütete er sich vor Neugier, und die Pflichten seines Berufes führte er so weit als möglich aus,* heißt es weiter. Diese Schilderung lässt das Bild eines pflichttreuen Beamten erscheinen. Doch Menschen sind komplizierter, und so lesen wir, zu seinen hervorragenden Charaktereigenschaften zählten seine ungehörige Freigebigkeit und *eine einzigartige Menschenfreundlichkeit.* Luther sei am Ende ziemlich lange krank gewesen, hätte aber *die Grausamkeit der Krankheit mit großer Frömmigkeit und Milde* ertragen und sei am 27. Oktober 1575 in der Hoffnung auf Christus sanft entschlafen. Rektor Wigand bat um Fürbitte für die hinterbliebenen Kinder. Fürbitte erbat man üblicherweise nur für unversorgte, weil unverheiratete Kinder. Danach müssen zu diesem Zeitpunkt die Kinder Johannes Luthers noch unversorgt gewesen sein – seine Tochter Katharina Luther soll sich erst 1596 verheiratet haben.

Johannes Luther wurde in der Stenderich'schen Familiengruft neben dem Altar der *Altstädter Kirche* unter Glockengeläut der Schlosskirche beigesetzt. Die Grabrede hielt Bischof Tilemann Heshusius. Die baufällige *Altstädter Kirche* wurde 1824 abgerissen. Das dabei verlorene Grab des Luthersohnes hat man 1914 durch einen Granitwürfel gekennzeichnet.[143] Darauf befand sich die Inschrift: *Hier stand der Altar der im Jahre 1826 abgebrochenen Altstädter Kirche. Vor demselben ist 1575 Johannes Luther, des großen Reformators ältester Sohn, begraben.*[144] Anstelle der Kirche war der Kaiser-Wilhelms-Platz zu Füßen des *Königsberger Schlosses* entstanden. Er ist 1945 mit dem alten Königsberg im Bombenhagel untergegangen.

ELISABETH LUTHER

Wenige Tage nach dem Schreckensbrief über den Verlauf der Pest in seinem Hause und die Erkrankung Hänschens konnte Martin Luther seinem Freunde Jonas am 11. Dezember 1527 eine Freudensnachricht mitteilen. Er sei gestern um 10 Uhr von seiner Vorlesung nach Hause gekommen und hätte gerade begonnen, einen Brief zu lesen, als man ihn unterbrach. Seine Frau Katharina hatte ihr zweites Kind, eine Tochter, geboren. Die *Kindbetterin* sei wohlauf, aber noch schwach. Söhnlein Hans sei gesund und fröhlich und auch den vielen anderen Kranken im Hause ginge es endlich besser.[145] Nur drei Tage später dankte der glückliche Ehemann seinem Freunde Nikolaus Hausmann im Namen Katharinas für die Beschaffung von Chemnitzer Leinen. Dabei teilte er auch diesem Freunde mit, dass er glücklicher Vater einer Tochter Namens Elisabeth geworden sei.[146]

Das Töchterchen kam in der ersten Woche nach Erlöschen der Pest wie ein Zeichen des Neuanfangs auf die Welt. Dennoch finden sich in den erhaltenen Briefen des Vaters nur Hinweise auf ihre Geburt und ihren frühen Tod am 3. August 1528. Das ist umso unerklärlicher, als Hänschen und dann auch Lenchen beinahe in jedem Brief erwähnt werden. Immerhin war die Geburt von Luthers Töchterchen dem späteren Stadtschreiber Urban Balduin in einem Brief nach Zwickau der Erwähnung wert; die Nachricht von ihrem Tod gab zum Beispiel der erwähnte Diakon Georg Rörer weiter.[147] So wurden selbst Geburt und Tod eines Babys im Hause des Reformators Gegenstand der allgemeinen Anteilnahme.

Elisabeths Vater war mit dem Predigen und dem Vorbereiten der Visitationen schwer beschäftigt, als die Kleine in der Wiege lag. Er hat 1528 in weniger als einem halben Jahr fast 200 Predigten gehalten und den Stadtpfarrer Johannes Bugenhagen vertreten. Außerdem wurde die erste Kirchenvisitation vorbereitet. Dafür reisten aus weltlichen und geistlichen Mitgliedern bestehende Kommissionen, die der zuständige Landesherr berief, durch die Gemeinden. Sie kontrollierten den Zustand der einzelnen Pfarreien und Schulen. Die Pfarrer und Lehrer mussten sich einer fachlichen Prüfung unterziehen. Ihre Einnahmen und Lebensumstände wurden untersucht, oft als viel zu gering befunden und verbessert. Die Visitationen wurden Grundlage des evangelischen Landeskirchentums.

Am Abend des 3. August 1528 ist die kleine Elisabeth gestorben. Das Lutherkind wurde am folgenden Tage auf dem *Friedhof am Heiligen Kreuz vor dem Elstertor* begraben. Luther folgte mit der Wahl des Begräbnisortes seinem eigenen Rat aus dem Vorjahr, die Toten nach altem Brauch vor der Stadt zu bestatten. In seiner Schrift *Ob man vor dem Sterben fliehen möge*[148] hatte er gefordert, Friedhöfe sollten stille Orte der Andacht, Erinnerung und des Gebetes sein und nicht, wie der sich auf dem Wittenberger Kirchhof befindende, voller gewerblichen Treibens. Um die Andacht zu erhöhen, könne man an den Friedhofswänden *andechtig bilder und gemelde lassen malen*. Zudem wies er darauf hin, dass durch die Zersetzung der Leichen Gerüche entstünden, die den Lebenden nicht zuträglich sein möchten. Darum sei es geboten, die Toten nach altem biblischem Brauch aus der Stadt hinauszutragen und dort an einem würdigen Platz beizusetzen. Luthers Schrift wurde immer wieder gedruckt und fand große Verbreitung. Viele Stadträte folgten seinem Vorschlag und verlegten die Friedhöfe vor die Stadtmauern. Auf Elisabeths Grabstein steht in deutscher Übersetzung: *Hier schläft M. Luthers Töchterlein Elisabeth, gestorben im Jahre 1528, den 3. August.*[149] Um den im Zweiten Weltkrieg durch auf den Friedhof gefallene Bomben beschädigten Gedenkstein zu schützen, hat man ihn

1967 in die Stadtkirche gebracht und an die erste Säule des Chorraumes gestellt.[150]

Der gebeugte Vater schrieb einen Tag nach der Rückkehr vom Friedhof dem Freund Nikolaus Hausmann, dass sein Töchterchen Elisabeth gestorben sei. Die Kleine habe ihn tieftraurig und mit beinahe mütterlichem Empfinden zurückgelassen, so sehr werde er durch den Jammer um sie bewegt. Vorher habe er nie geglaubt, dass auch das Herz eines Vaters gegenüber seinem Kinde so weich werden könne. Agricola teilte er mit, er tröste sich damit, dass Gott seinem Elschen erspart habe, *all das Übel* zu sehen.[151]

MAGDALENA (LENCHEN) LUTHER

Ende März 1529 wurde im Lutherhause wieder einmal eine Hochzeit vorbereitet. Luther hatte das Einladen befreundeter Gäste übernommen. Darum schrieb er scherzend seinem langjährigen Freund, dem Magdeburger Superintendenten Nikolaus von Amsdorf, er möge doch bitte kommen und viele Geschenke mitbringen, *denn ohne Geschenk lassen wir dich nicht wieder frei abziehen,* zumal es möglich wäre, dass seine Käthe während der geplanten Hochzeit niederkäme.[152] Amsdorf gehörte dann zu den Ersten, die von der Geburt des Töchterchens Magdalena hörten. Ihm wurde durch den Vater sogar mitgeteilt, die Entbindung sei am 4. Mai 1529 überraschend schnell und glücklich verlaufen. Nach dem Tode der kleinen Elisabeth waren beide Eltern über die Geburt dieser Tochter ganz besonders froh und der dreijährige Hans erhielt ein neues Schwesterchen.

Auch Wenzeslaus Link wurde schnell brieflich über das neue Familienglück informiert, zumal die Mutter nicht nur gesund sei, sondern auch *glücklich, entbunden zu haben.*[153] Von nun an wurde durch den Vater in beinahe jedem seiner Briefe seiner beiden Kinder Hänschen und Lenchen liebevoll gedacht. Der Vater ging sogar soweit, dass er seiner Frau im Juni 1530 Ratschläge zum Abstillen der gut einjährigen Tochter gab.[154]

Lenchen, wie Magdalena zumeist genannt wurde, entwickelte sich gut und war zum Gefallen ihrer Eltern geistig sehr rege und gläubig. So wird in den Tischreden berichtet, als der Vater einmal mit ihr spielte und phantasierte, habe er sie gefragt: *Lenchen, was wird dir der heilige Christ bescheren?*, und nach ihrer Antwort gemeint: *Die Kinderlein haben so feine Gedanken von Gott, dass er im Himmel und ihr Gott und liebender Vater sei.*[155] Ein anderes Mal sah er *seiner Kinderlein Einfalt und lobte ihre Unschuld, dass sie im Glauben viel gelehrter wären denn wir alte Narren; denn sie glaubten aufs einfältigste, ohne alle Disputation und Zweifel, Gott sei gnädig und dass nach diesem Leben ein ewiges Leben sei. Wie wohl geschieht den Kindern, die in solcher Zeit sterben; wiewohl mirs ein großes Herzeleid wäre, denn es stürbe ein Stück von meinem und ein Teil von der Mutter Leib ... Denn solche Bewegungen und Neigungen sind Werk der göttlichen Schöpfung, die Gott dem Menschen natürlich eingepflanzt hat, und sind an sich selbst nicht böse. Die Kinder leben fein einfältig, rein, ohne Anstoß und Hindernis der Vernunft zum Glauben; wie Ambrosius sagt: An der Vernunft mangelts, aber nicht am Glauben.*[156]

... welche natürliche Liebe und Zuneigung auch in gottseligen und rechtschaffenen Christen nicht aufhören, dass sie sichs nicht annehmen noch bewegen ließen oder ihnen nicht sollt zu Herzen gehen, wenn es ihnen, ihren Kindern oder Verwandten, die sie lieb haben, übel geht, wie die störrigen und verhärteten Köpfe und Stöcke.[157]

1530 hielt sich Luther, der wegen der gegen ihn verhängten *Acht und Bann* das Kurfürstentum Sachsen nicht mehr verlassen konnte, während des Reichstages zu Augsburg monatelang auf der an der südwestlichen Grenze des Kurfürstentums gelegenen Coburg auf. Dort erfuhr er, dass sein geliebter Vater nach langer Krankheit gestorben sei. Um ihn von seiner Trauer etwas abzulenken, ließ seine Frau von Lucas Cranach die einjährige Tochter porträtieren und half ihm mit der kleinen Porträtzeichnung die trübsinnigen Gedanken zu vertreiben. Veit Dietrich, der seinen Dienstherrn begleitete, schrieb ihr im Juni, sie habe mit dem Bild *ein sehr gutes Werk getan.* Luther habe es im Fürstenzimmer dem gemeinsamem Esstisch gegenüber an die Wand geklebt und betrachte es sehr häufig. Als er es zum ersten Mal gesehen habe, meinte er, sie sei ja so schwarz, und wollte sie erst gar nicht erkennen. Nach längerem Betrachten hätte er gesagt, sie sähe dem Hänschen sehr ähnlich. *Mund, Augen und Nase, das ganze Gesicht* ähnle dem Sohn. Sie wird Hänschen *äußerlich noch gleich werden.*[158] Seine Begeisterung für das Porträt der Tochter führte dazu, dass ein Coburger Töpfer sich daran machte, ein Porträt in Ton zu fertigen. Luther erhielt das kleine Kunstwerk offenbar erst nach seiner Abreise und entschuldigte sich im Dezember dafür, dem Töpfer noch nicht gedankt zu haben. Er werde es aber nicht vergessen, denn *es steht oben auf meinem Ofen und stellt fröhlichen Antlitzes kunstvoll auch den Vater dar.*[159]

Lenchens Mutter gab Justus Jonas Nachricht, seine Frau habe den fünften Sohn geboren. Da Jonas sich nicht in Acht und Bann befand, konnte er das Kurfürstentum verlassen und gehörte in diesen für den Fortgang der Reformation so spannungsreichen Tagen zu den evangelischen Theologen, die sich auf dem Reichstag zu Augsburg aufhielten. Er dankte der Freundin für die glückliche Nachricht, sandte ihr gleichzeitig einen Brief Melanchthons, dem auch Johannes Agricola Grüße aus Augsburg beifügte.[160] Jonas wünschte ihr mit ihren Kindern Hänschen und Lenchen und der Muhme Lene eine selige Zeit und bat sie, seine liebsten Jungen für ihn zu küssen. Die Familien der untereinander befreundeten Reformatoren waren in deren Beziehungen stets einbezogen. Oftmals waren ihre Frauen ebenfalls miteinander befreundet. Die häufige Abwesenheit der Väter führte offenbar auch zu deren festeren Zusammenschluss. Walpurga Bugenhagen dagegen hat ihren Gatten auf seinen langen Reisen nach Norddeutschland und Dänemark begleiten können und hat auch unterwegs Kinder geboren.[161] Ihre Familien boten den Männern einen Hort des Friedens und Halt.

Magdalena wuchs zur allgemeinen Freude heran. Die Eltern standen bald vor der Frage, welche Bildung sie ihr geben sollten, denn auch die Tochter verlangte nach Wissen. Zu Anfang der 20er

Abb. 21 und 22 *Darstellungen kleiner Mädchen aus bürgerlichen und hochadeligen Häusern mit ihren Puppen, von Lucas Cranach d. J.*

Jahre des 16. Jahrhunderts verfielen die Schulen. Da sie fest an das Kirchenwesen und die damit verbundenden kirchlichen Einkünfte gebunden waren, standen viele Schulen vor dem wirtschaftlichen Ruin. Dieser Niedergang wurde durch Reformatoren wie Karlstadt noch weiter unterstützt, indem sie den Sinn jeglicher Bildung in Frage stellten. Die Wittenberger Stadtschule wurde nach ihrer kurzen Schließung mit Luthers Unterstützung seit Herbst 1523 von Stadtpfarrer Johannes Bugenhagen wieder ordentlich eingerichtet. Der Sinn städtischer Schulen und ihre Bedeutung für das Gemeinwohl musste jedoch nicht nur den Wittenberger Ratsherrn wieder nahegebracht werden. Luther ließ zu Anfang des Jahres 1524 seine schon erwähnte Ratsherren-Schrift erstmals in der Buchdruckerei von Lucas Cranach und dessen Kompagnon Christian Döring drucken. Darin hat er seinen Lesern die Bedeutung der allgemeinen Schulbildung aller Kinder vor Augen geführt und das nach humanistischen Idealen organisierte höhere Schulwesen begründet, das Deutschland einstmals weltweit berühmt machen sollte. Luther erkannte auch die Notwendigkeit von Bildung der Mädchen an. Allerdings hatte seit der Mitte des 14. Jahrhunderts die höhere Bildung einen Weg genommen, der die Mädchen immer weiter ausschloss. Damals befanden sich die Universitäten in Paris und in Italien. Mit dem Erstarken des Bürgertums fanden sich dort auch immer mehr deutsche Bürgersöhne, Söhne reicher Bauern und Adeliger ein. Sie konnten die hohen Studienkosten aufbringen und fanden so einen Weg, als gut dotierte Beamte in der gesellschaftlichen Ständepyramide aufzusteigen. Die entstehenden Landesherrschaften benötigten immer mehr Juristen und Notare, Ärzte und selbst Dichter. Diese

Entwicklung wurde in Deutschland seit dem 15. Jahrhundert durch die Gründung von Universitäten gefördert. Zu Luthers Zeiten konnten viele Stadträte einen Universitätsabschluss vorweisen. Als Mann musste man längst nicht mehr der Geistlichkeit angehören, um studieren zu können. Anders war es für Frauen, denen höhere Bildung nur möglich war, wenn sie in ein Kloster eintraten. Da der Klostereintritt in den evangelisch gewordenen Ländern nicht mehr möglich war, blieb ihnen hier der Zugang zu höherer Bildung verwehrt. Für Mädchen war ein Universitätsstudium unmöglich geworden und blieb es noch für lange Zeit. Erst waren es die weiten Wege, die hohen Kosten, die lockeren Sitten der Studenten, dann der Humanismus, der höhere Frauenbildung verhinderte.[162] Auch die juristische Unselbstständigkeit von Frauen dürfte dazu erheblich beigetragen haben. Dennoch haben einige Mädchen auch höhere Bildung erworben. Sie waren meist Professorentöchter, lernten mit ihren Brüdern und den Schülern des Vaters in der von ihm betriebenen häuslichen Privatschule und wurden mitunter als besonders begabt gepriesen wie Margareta Ravennas, die Tochter des berühmten Petrus Ravennas, die nach ihrem frühen Tod 1502 in der Greifswalder Universitäts-Matrikel als *Stolz und Schmuck ihrer Familie*[163] bezeichnet wurde, oder wie Anna Melanchthon, die älteste Tochter Philipp Melanchthons, auf die noch zurückzukommen sein wird, weil sie ein Patenkind Martin Luthers war. Diesen Töchtern wurde in der Forschung bisher wenig Aufmerksamkeit geschenkt. Ihre Briefe und Tagebücher wurden nur selten für interessant genug befunden, um sie aufzuheben. Das geht soweit, dass man in den Tischreden nur wenige Äußerungen der Hausherrin Katharina Luther findet. Die Freunde und Studen-

Abb. 23 *Luther liest mit seinen beiden ältesten Kindern, Szene aus dem Panorama „Luther 1517" von Yadegar Asisi*

ten, die die Tischreden mitgeschrieben haben, fanden nicht einmal Luthers Frau und ihre Gedanken interessant genug, aufgeschrieben zu werden. Dabei hatte sie in ihrer Klosterzeit eine gute Bildung erworben und begann gleich nach ihrer Hochzeit, Luther auszufragen und sich weiterzubilden. Katharina hatte im Kloster auch die Anfangsgründe der lateinischen Sprache erlernt und konnte den Gesprächen im Lutherhause folgen. Luther würzte seine Briefe an seine Ehefrau sogar mit diversen lateinischen Einschüben.

Magdalena Luther ist wahrscheinlich in den Kreis der besonders begabten Töchter einzuordnen. Aber auch ihr Vater kam gar nicht erst auf die Idee, sie könne studieren. Luthers Kinder und die der anderen Reformatoren haben die Wittenberger Schule nicht besucht. Sie erhielten im Elternhaus von Privatlehrern Unterricht. Auch die Töchter konnten lesen und schreiben, erlernten die Grundbegriffe der lateinischen Sprache, der Mathematik und der Musik. Ihre Mütter unterwiesen sie zudem in den vielfältigen Anforderungen der Führung eines akademischen Haushalts, lasen mit ihnen Luthers Katechismus und oftmals dessen deutsche Bibel. Sie haben mit den Töchtern gesungen und gebetet. Die Töchter beaufsichtigten jüngere Geschwister und haben gewiss auch in den Gärten, auf den Feldern, bei der Fischzucht und in den Ställen geholfen. Landwirtschaft, Gärten, Küche, Brauhaus, Waschhaus, Kinder- und Krankenzimmer – die Liste der Orte, an denen Mädchen wirkten und lernten, ist lang.

Die 13-jährige Magdalena erkrankte im September 1542. Nach der Abreise ihres Ältesten zur Schule in Torgau war die Mutter am 30. August nach Zülsdorf gefahren, um Baumstämme für Umbauarbeiten transportieren zu lassen.[164] Nun eilte sie nach Hause. Hier standen die Eltern täglich hilfloser und besorgter am Krankenlager des Töchterchens. Bald wandte sich der Vater betend an Gott: *Ich habe sie sehr lieb, aber, lieber Gott, da es dein Wille ist, dass du sie dahin nehmen willst, so will ich sie gerne bei dir wissen.* Er scheute sich nicht, mit ihr über ihren Tod zu sprechen und fand die Tochter in tiefem Gottvertrauen. Als er fragte: *Magdalenchen, mein Töchterlein, du bliebest gern hier bei deinem Vater, und ziehst auch gern zu jenem Vater!* Sprach sie: *Ja, lieber Vater, wie Gott will!*[165] In seiner Not erkannte er, dass er alles tun müsse, um die Tochter am Leben zu erhalten. Die Eltern meinten, die schwindenden Kräfte Lenchens durch ein Zusammentreffen mit ihrem Lieblingsbruder Hans stärken zu können. Sie hätten es sich nicht verziehen, wenn sie nicht alles versucht hätten, um das Leben ihres Kindes zu retten. Sie schickten den Kutscher in der Nacht nach Torgau, um den Ältesten so schnell wie möglich zu seiner Schwester zu bringen. Als Hans am 7. September im Elternhause eintraf, fand er seine ihm so ähnlich sehende Lieblingsschwester sterbend vor. Doch ihr Todeskampf dauerte noch zwei lange Wochen an. Erschüttert wurde notiert: *Da nun Magdalenchen in den letzten Zügen lag und jetzt sterben wollte, fiel der Vater vor dem Bette auf seine Knie, weinte bitterlich und betete, dass sie Gott wolle erlösen. Da verschied sie und entschlief in des Vaters Händen. Die Mutter aber war auch wohl in derselben Kammer, doch weiter vom Bette um der Traurigkeit willen. Das geschah ein wenig nach neun Uhr,* am Mittwoch des 26. September 1542. Anwesend waren neben den Eltern auch Melanchthon und Diakon Georg Rörer. Nachdem das Kind verschieden war, weinte und jammerte die Mutter vor lauter Kummer, bis ihr Mann sie beruhigte. *Da sie nun in den Sarg*[166] *gelegt war, sprach er: Du liebes Lenchen, wie wohl ist dir geschehen! Sah sie also liegend an und sprach: Ach du liebes Lenchen wirst wieder aufstehen und leuchten wie ein Stern, ja wie die Sonne! Da man ihr aber den Sarg zu eng und zu kurz gemacht hatte, sprach er: Das Bett ist ihr zu klein, weil sie nun gestorben ist. Ich bin ja fröhlich im Geist, aber nach dem Fleisch bin ich sehr traurig; das Fleisch will nicht heran, das Scheiden bekümmert einen über die Maßen sehr.*

Bald nach dem Tode der Tochter kamen Menschen, um bei der Bestattung der Leiche zu helfen. Sie sprachen dem Vater des verstorbenen Kindes nach allgemeinem Brauch und Gewohnheit ihr Beileid aus. Er antworte ihnen: *Ich habe einen Heiligen gen Himmel geschickt, ja, einen lebendigen Heiligen! O, hätten wir einen solchen Tod! Einen solchen Tod wollte ich auf diese Stunde annehmen.* Als man vom Friedhof zurückkehrte, soll er gesagt haben: *Meine Tochter ist nun beschickt, beides, an Leib und Seele etc. Wir Christen haben nichts zu klagen, wir wissen, dass es also sein muss. ... Ich gebe diese Tochter unserm Gott sehr gern, nach dem Fleisch aber hätte ich sie gern länger bei mir behalten; weil er sie aber weggenommen hat, so danke ich ihm.*[167]

Magdalena Luther wurde, wie alle Familienmitglieder von Universitätsangehörigen, unter akademischer Anteilnahme bestattet. In der Aufforderung des Rektors zur Beteiligung an ihrem Leichenbegängnis werden ungewöhnlicherweise der christliche Sinn der 13-Jährigen, ihre besondere Einsicht in die Glaubenswahrheiten und eine geradezu männliche Ergebung in den Willen Gottes gerühmt. Von den Geistesgaben des Mädchens zeugt eine Legende: Danach hat sie in der Nacht vor ihrem Tode geträumt, *zwei Jünglinge edler Gestalt und schön geschmückt, seien zu ihr gekommen und hätten gesagt, sie seien geschickt sie zur Hochzeit zu führen. Melanchthon habe aber gleich am Morgen den Traum dahin gedeutet, die Jünglinge seien Engel*[168]*, welche kommen und die Jungfrau zur wahren Himmelshochzeit*[169] *führen würden.*[170]

Ende Oktober bedankte sich Luther bei Nikolaus Hausmann für dessen Beileidsschreiben zum Tode der Tochter und begründete seine Liebe für sie nicht nur damit, dass Lenchen sein Kind gewesen sei, *sondern auch, weil sie so sanften guten Gemütes und so gar gehorsam war.* Er tröstete sich, sie lebe bei Gott *im süßesten Schlaf bis an den Tag* der Auferstehung. Sie ist *in Wahrheit in Gott entschlafen* und habe darum den Tod nicht gefürchtet. Ein solcher Tod sei allen Menschen zu wünschen. Dann richtete er Grüße seiner Käthe aus, *die noch manchmal schluchzt beim Andenken an ihr liebes, gehorsames Töchterlein.*

Den trauernden Eltern blieben nach dem Tode Magdalenas ihre Kinder Johannes (Hans), Martin, Paul und Margarete.

MARTIN LUTHER

Die Geburt von Kindern verbindet sich in vielen Familien mit besonderen Daten. Dem Ehepaar Luther wurde sein erstes Kind kurz vor seinem ersten Hochzeitstage geboren und der zweite Sohn einen Tag vor dem 48. Geburtstag des Vaters.

Vor der Geburt seines zweiten Sohnes ging Luther wieder auf die Suche nach passenden Paten und schrieb darum am 30. Oktober 1530 seinem Freunde Johann Rühel in Eisleben, der sich für die Übernahme einer Patenschaft für ein Lutherkind angeboten hatte.[171] Das Kind wurde am 9. November 1531 geboren und in der Stadtkirche St. Marien auf den Namen Martin getauft.

Die Patenschaft übernahmen Luthers Tischgenosse Borziwog von Dohna und der kurfürstliche Kämmerer Johann von Rietesel.[172] Graf von Dohna stammte aus dem böhmischen Zweig der Familie. Sein Vater schrieb Luther am 20. September 1531, dankte dem Reformator für die Aufnahme seines 14-jährigen Ältesten und schickte Frau Katharina herzliche Grüße. Er bekannte sich seit 1530 offen zur Unität der Böhmischen Brüder, die 1531 Beziehungen zu Luther aufnahm. Die Entsendung des jungen Grafen, der sich gemeinsam mit seinem

Abb. 24 *Stadtkirche Wittenberg – hier wurden alle Lutherkinder getauft und vor ihrem Nordturm Martin Luther d. J. auf dem Kirchplatz begraben*

Hofmeister Hyneck Perknowsky am Tische Luthers niederließ, war ein politischer Akt. Dohna gehörte zu den Schülern Veit Dietrichs. Der Erzieher unterrichtete den Vater seines Schützlings über dessen Patenschaft für den kleinen Luthersohn. 1534 verließ der Hofmeister gemeinsam mit Peter Weller das Lutherhaus. Beide gingen auf Pilgerreise und sind schon am Jahresende in Jerusalem Opfer eines Fiebers geworden. Die Böhmen gerieten im Sommer 1547 im Zusammenhang mit dem *Schmalkaldischen Krieg* in Missgunst König Ferdinands. Bei einer Gerichtssitzung auf dem Prager Hradschin wurde entschieden, vier der böhmischen Rädelsführer zu enthaupten. Graf Borziwog konnte sich allerdings retten und wurde durch den König gnädig behandelt.[173]

Auch das Leben Johann Rietesels geriet aus den Gleisen. Er war ein enger Vertrauter des Kurfürsten Johann der Beständige. Nach dessen Tod im Sommer 1532 geriet Rietesel in eine Art Korruptionsverdacht und verlor sein Amt.[174]

Martins Geschwister waren zum Zeitpunkt seiner Geburt fünfeinhalb Jahre (Hänschen) und zweieinhalb Jahre

Abb. 25 *Spielzeugpuppen aus Holz*

(Lenchen) alt. Sie haben die Ankunft des Brüderchens nach Kinderart sicherlich freudig begrüßt. So konnte Luther dem sich auf Reisen befindenden Bugenhagen mitteilen, *wir sind wohl*.[175]

... immer steigt der Älteren Liebe herab von den älteren Kindern zu den neugeborenen, und je mehr sie der Eltern Hilfe und Obhut bedürfen, umso teurer nur sind die Kinder den Eltern. So ist mir jetzt mein Martin mein liebster Schatz, weil er der meisten Pflege und Sorgfalt bedarf; Johannes und Magdalena können laufen und sprechen und sich fordern wessen sie bedürfen, und haben so große Obhut nicht von Nöten. [176]

So drehte sich nun alles um Martinchen: *Und da er das Kindlein zu sich auf den Schoß nahm, verunreinigte es ihn; sprach er: O, wie muss unser Hergott so manch Murren und Gestank von uns leiden, nicht anders denn eine Mutter von ihrem Kind.*[177]

Ein Jahr später traf rechtzeitig zum Geburtstage als Geschenk der Fürsten von Anhalt ein Wildschwein ein und wurde am 10. November gemeinsam mit den Freunden Jonas, Melanchthon, Bugenhagen und Cruziger verzehrt, *zur Feier des Geburtstags Martins des Heiligen, Martins des Sohnes, Martins des Vaters*, wie der Vater in seinem Dankbrief an die Fürsten schrieb.[178]

Kaum konnte der kleine Martin laufen, spielte er gerne mit dem geduldigen Familienhund Tölpel, etwas größer geworden, wurde eine Puppe sein Lieblingsspielzeug, das er herrlich putzte und gegen alle Angriffe des Vaters, der eine Puppe offenbar für ein für einen Jungen ungeeignetes Spielzeug hielt, tapfer verteidigte. Da der große Bruder Johannes und dessen Freunde Lippus und Jost es wohl unter ihrer Würde hielten, mit den Kleinen zu spielen, zogen Martin und Paul gemeinsam los. Der stolze Vater sah in ihnen die *lieblichsten Närrlein* und *feinsten Spielvögel*. Besonders

Abb. 26 *Luthers Tischrunde prüft die Schüler, Titelholzschnitt der 1571 erschienen Ausgabe der von Aurifaber notierten Tischgespräche Luthers*

Martin tobte durch das große Elternhaus und hat sich mit Holzschwertern mit dem um drei Jahre jüngeren Paul gemessen. Kinder brauchen viel Platz hat ihr Vater einmal beobachtet. Sie ritten auf ihren Steckenpferdchen, spielten Hochzeit, schossen mit Armbrüsten, schlugen Trommeln und bliesen auf verschiedenen Pfeifen. Manchmal stritten sie miteinander, vertrugen sich nach Kinderart zur Freude der Eltern aber rasch wieder.[179]

Neben den Briefen und Tischreden gibt es auch einige wenige Berichte von Gästen über das Leben der Familie Luther. So notierte der schon erwähnte Leibarzt Matthäus Ratzeberger, Luther habe nach dem gemeinsamen Abendessen mit den Tischgenossen gerne aus seiner Schreibstube seine Notenbücher geholt und alle, die Lust dazu gehabt hätten, aufgefordert mit ihm zu musizieren. Luther liebte die Musik der alten Meister besonders und sang auch gerne mit. Seine kleinen Söhne Martin und Paul hatten gute Stimmen und mussten sich am Singen nach dem Abendbrot beteiligen.[180] Martins Fortschritte wurden von den Eltern aufmerksam beobachtet und unterstützt. Doch kamen bald Bedenken über den Charakter des Knaben. Er war kaum sieben Jahre alt, als der Vater meinte, *Martin ist ein kleiner Schalk, um den hab ich Sorge.*[181] Ein späterer Biograf der Mutter formulierte die Sorgen der Eltern, *er sei ein loser Vogel, und Gott möchte verhüten, dass er sich nicht der Rechtsgelehrsamkeit widme.*[182] Martin kam mit seinem Hauslehrer ebenso gut zurecht, wie sein jüngerer Bruder Paul. Als Johannes im Herbst 1543 aus der Torgauer Schule nach Wittenberg zurückkehrte, konnten alle drei Brüder ihre Studien im Melanchthonhaus fortsetzen.

Martin war 14 und Paul zwölf Jahre alt, als sie und ihr großer Bruder Johannes im Januar 1546 den Vater auf seiner letzten beschwerlichen Reise nach Eisleben begleiteten. Beide jüngeren Söhne kehrten nach Abschluss der Verhandlungen des Vaters mit den Mansfelder Grafen vom Besuch der Mansfelder Verwandten nach Eisleben zurück. So haben beide Brüder das Sterben des Vaters miterlebt. Der ebenfalls anwesende Justus Jonas hat in seinem für den Kurfürsten Johann Friedrich verfassten ersten Bericht über den Tod des Reformators die Anwesenheit der jüngeren Söhne und ihres Lehrers Ambrosius Rudtfeldt[183] ausdrücklich erwähnt. Nachdem die Kunde vom Tode des Bruders bei Jacob Luther in Mansfeld eingetroffen war, wird dieser sofort mit Johannes nach Eisleben geeilt sein. Luthers Söhne haben die ehrenvollen Vorbereitungen zur Beerdigung, den Leichenzug und die Beerdigung des Vaters gemeinsam erlebt.

Der Kurfürst hatte vom Tode Luthers durch einen Eilboten des Mansfelder Predigers Michael Coelius Nachricht erhalten und die Wittenberger sofort informiert. Melanchthon, Bugenhagen und Cruziger überbrachten der Lutherin und ihrer Tochter Margarete die traurige Nachricht. Jonas erwähnter erster Bericht wurde wahrscheinlich schon am Morgen des Todestages in Wittenberg gedruckt![184]

In Eisleben porträtierte der aus Halle herbeigeeilte Malerfreund Lucas Furtenagel den Verstorbenen, den man schon in seiner Geburts- und Sterbestadt in einen zinnernen Sarg legte. Während der von Jonas in der Andreaskirche gehaltenen Trauerpredigt waren alle Kinder Eislebens weiß gekleidet. Unter den Trauergästen waren auch Graf Gebhart und seine beiden Söhne Georg (Jörg) und Christoph mit ihren Gemahlinnen. Die Totenwache vom 19. zum 20. Februar hielten zehn Bürger Eislebens in der Kirche. Am Vormittag des 20. Februar ließen die Grafen noch eine weitere Leichenpredigt durch Coelius halten. Sie hätten Luther gerne in der Andreaskirche beigesetzt, folgten aber dem Wunsche von Kurfürst Johann Friedrich, der Luthers Leiche in der Schloss- und Universitätskir-

Abb. 27 *Schlosskirche Wittenberg – die Begräbniskirche für den Reformator Martin Luther, Holzschnitt von Lucas Cranach 1509/10*

che von Wittenberg beisetzen lassen wollte. Nach der Predigt wurde die Leiche aus der Stadt gebracht. Trotz der herrschenden Kälte lagen am Stadttor die weiß gekleideten Kinder Eislebens auf den Knien und sangen. Die Leiche wurde von den Grafen Johann und Hoyer von Mansfeld, den Söhnen Johannes, Martin und Paul sowie von einigen Verwandten des Verstorbenen auf 45 Pferden nach Wittenberg begleitet. Das samtene Leichentuch, das auf dem Sarge lag, wurde bis ins 18. Jahrhundert von Luthers Nachfahren bewahrt.[185] Am 20. Februar zogen die Stadthauptmänner von Wittenberg, Düben und Brehna, Erasmus Spiegel, Gangolf von Heilingen und Theoderich von Taubenheim, als ehrenvolle Abordnung Kurfürst Johann Friedrichs, dem Leichenzug bis Bitterfeld entgegen und begleiteten ihn bis nach Wittenberg. Unterwegs hatte man nachts Pausen einlegen müssen, zuletzt in der Nacht vom 21. zum 22. Februar, als man den Sarg in der Kemberger Stadtkirche aufstellte. Die letzte Ehrenwache wurde durch 50 Edle und angesehene Kemberger Bürger gehalten, die den Leichenzug zuvor begleitet hatten. In allen Städten und Dörfern, die der Leichenzug auf seinem Wege berührte, läuteten die Glocken. Überall lief tief trauerndes Volk herbei.[186] In den Berichten über diese letzte Reise Luthers wird der weiter herrschende tiefe Winter nicht mehr erwähnt. Selbst die noch immer sehr schwierigen Übergänge des Leichenzuges über die vereisten Flüsse waren in Angesicht der überall herrschenden tiefen Trauer keine Notiz wert.

Als man endlich vor dem Wittenberger Elstertor ankam, wurde der Leichenzug durch den Rektor, alle Professoren der Universität, die Studenten, den versammelten Stadtrat und die Bürgerschaft empfangen. In feierlicher Prozession zog man unter dem Geläut aller Glocken vorbei an Luthers Wohnhaus, durch die Collegienstraße, über den Marktplatz und dann durch die Schlossstraße zur Schlosskirche. Dort setzte man die Leiche zur Rechten der Kanzel ab. Der weinende Bugenhagen und nach ihm Melanchthon hielten die Trauerpredigten. Anschließend legte man den zinnernen Sarg mit der Leiche in einen hölzernen. Diesen senkten ausgewählte Magistri feierlich in die Gruft.[187]

Auf dem letzten Wege durch die Stadt schloss sich dem Leichenzug auch die gemeinsam mit einigen Frauen in einem Wagen sitzende Witwe mit der Tochter Margarete an. Die Lutherin hat ihre Söhne nach dem Tode des Vaters erstmals in aller Öffentlichkeit wiedergesehen. Der einzige Trost mag gewesen sein, dass ihre Kinder in den letzten Tagen nicht nur in der fürsorglichen Begleitung ihres Lehrers Ambrosius Rudtfeldt, sondern auch in der ihres Onkels Jacob Luther und ihrer Cousins Cyriakus und Georg Kaufmann waren. Rudtfeldt blieb auch in den folgenden Wochen bei seinen verwaisten Schülern im Lutherhause.

In dieser Zeit gewann die Mutter ihren Kampf um ihre Existenz und um ihre Söhne. Der Kurfürst entschied, wie oben beschrieben, alle drei Söhne durften im Hause bei der Mutter bleiben und die beiden jüngeren mit Hilfe Rudtfeldts weiter lernen. Eine Prüfung ihrer Fähigkeiten hatte ergeben, dass vor allem Martin gut gelernt hatte, Paul hingegen einige Wochen lang krank gewesen sei.[188] Der Kurfürst hatte auch die wirtschaftlichen Verhältnisse der Familie geklärt.

Die Kinder waren bei ihrer Mutter, als sie in Angesicht der heranrückenden Truppen aus der Stadt fliehen musste und bei ihrer Rückkehr vor den zerstörten Gärten und Gütern stand. Unter Aufbietung aller Kräfte führte die

Witwe nicht nur die Landwirtschaft, sondern auch die Burse in ihrem Hause[189] weiter und kämpfte um das materielle Wohlergehen ihrer vier Kinder. Kurfürst Moritz hatte den Bestand und die Privilegien der Wittenberger Universität nach langen Kämpfen am 7. Januar 1548 bestätigt und damit deren Weiterleben gesichert. Studenten, die es noch immer als Ehre empfanden, im Hause des verstorbenen Reformators bei dessen Witwe und Kindern wohnen zu können, zogen wieder im Lutherhause ein und bevölkerten die Studentenburse der Mut-

Abb. 28 *Grabmal der Lutherin in der Torgauer Marienkirche*

ter. Unter ihnen war auch Graf Stanislaus Gorka, der 1554 als Student Melanchthons Erwähnung fand und am 27. Januar 1559 auf dem Petrikauer Reichstag von König Sigismund August von Polen das Patronat über die Kirchen bei Kolo erhielt.

Von Martin hören wir erst 1550 wieder. Johannes Stromer von Auerbach überreichte ihm am 8. Juli eine von Plattner 1539 in Basel gedruckte griechische Ausgabe des Neuen Testaments, die dem Vater gehört hatte und sogar Eintragungen von dessen Hand enthielt. Johannes Stromer, der während seines Jurastudiums mehrere Jahre lang im Hause bei der verwitweten Lutherin gewohnt hatte, wollte dem Luthersohn mit seinem kostbaren Geschenk glücklichen Erfolg für seine Studien wünschen.[190] Nachdem Martin sein Grundlagenstudium abgeschlossen hatte, nahm er nach dem Vorbild des Vaters ein Theologiestudium auf und lebte mit seinen Geschwistern weiter im Haushalt seiner Mutter. 1552 floh er mit der Familie nach Torgau. Unterwegs erlebte er auf dieser Flucht vor der im Lutherhause eingezogenen Pest den Unfall seiner Mutter, die anschließenden drei Monate Krankenlager, ihren Tod und ihre feierliche Beisetzung in der Torgauer Stadtkirche.

Nach ihrer Rückkehr ins Elternhaus mussten sich die Geschwister 1553 einer neuen Lebensprüfung stellen und ein Leben ohne die sie umsorgende Mutter aufbauen. Johannes nahm, nachdem der Nachlass unter den Kindern aufgeteilt war, eine Stelle als Jurist in der herzoglichen Kanzlei zu Weimar an. Die jüngeren Geschwister blieben im Elternhaus zurück und Martin war plötzlich der Älteste unter ihnen. Er und sein jüngerer Bruder Paul setzten ihre Studien der Theologie und Medizin fort. Man musste sich um die Gäste im Lutherhaus kümmern, um den Haushalt, die Gärten, die Burse und das Gut Wachsdorf. Unter den in der Burse der verstorbenen Lutherin untergekommenen Studenten war auch der bereits oben erwähnte recht vermögende Graf Stanislaus Gorka, der 1554 als Student Melanchthons Erwähnung fand und am 27. Januar 1559 auf dem Petrikauer Reichstag von König Sigismund August von Polen das Patronat über die Kirchen bei Kolo erhielt.[191]

Martin zog sich später nach Wachsdorf zurück und hat nie ein besoldetes Amt angenommen. Dort hat er sich offenbar dem Braugewerbe zugewandt. Es war allgemein üblich geworden, dass der Landadel neben der Landwirtschaft auf seinen Gütern besonders durch die einträgliche Bierbrauerei den Städten Konkurrenz machte. Er konnte billigeres und besseres Bier anbieten, da er die nötige Gerste und den Hopfen selbst anbaute und das Bier wegen seines höheren Eigenkapitals länger lagern konnte. 1555 beschwerten sich die Städte Wittenberg, Kemberg und Schmiedeberg deshalb über das Rittergut Wachsdorf.[192] 1558 liehen Luthers Söhne von Lucas Cranach d. J. tausend Gulden und verpfändeten ihm dafür das Gut, das sie ihm später auch verkauften. Dort wohnende Tagelöhner und sonstige Gutspersonen waren nach Pratau eingepfarrt. Darum gelangten später Tote aus der Cranach-Familie auf den Pratauer Friedhof und ein kostbareres Cranachbild in die dortige Kirche. Paul nahm 1558 einen Ruf nach Jena an und verließ Wittenberg mit seiner Familie. Martin zog nach der Verpfändung des Gutes wieder im Elternhaus ein.

1555 vermählte sich die Schwester Margarete mit dem erwähnten ehemaligen Studenten Georg von Kunheim und folgte ihrem Mann nach Ostpreußen. So blieb Martin als einziges Kind des Reformators in Wittenberg zurück. Er heiratete am 2. September 1560 Anna Heilinger, die Tochter des Wittenberger Juristen und Bürgermeisters Thomas Heilinger. Annas Vater stammte aus Mistelbach in Niederösterreich[193] und war offenbar ähnlich der erwähnten Dorothea Jörger aus Toleth mit Luthers Ideen bekannt geworden. Die sich in Österreich bildenden evangelischen Gemeinden wurden in der zweiten Hälfte des 16. Jahrhunderts im Rahmen der Gegenreformation vertrieben. Der 23-jährige Heilinger wurde am 13. Juni 1528 an der Wittenberger Universität immatrikuliert[194] und studierte später Jura. Er ließ sich in Wittenberg nieder, wurde Notar und sogar kurfürstlicher Hofgerichtsnotar.[195] 1547 wählte man ihn erstmals in den Rat und schon 1549 zum Bürgermeister. Die Hochzeit seiner Tochter Anna mit dem jungen Martin Luther dürfte einer der Höhepunkte im Leben des Juristen geworden sein. Leider waren dieser Ehe, die immerhin fünf Jahre dauerte, keine Kinder beschieden. Heilinger musste 1565 den frühen Tod der Tochter und des Schwiegersohnes erleben. Er selbst wurde 66 Jahre alt und ist am 27. April 1571 in Wittenberg verstorben.[196]

Anfang des Jahres 1563 bat Herzog Johann Friedrich von Pommern den aus Stettin stammenden Juraprofessor Georg Cracow um Hilfe bei der Suche nach angemessenem Wohnraum für seine jüngeren Brüder Ernst Ludwig und Barnim[197], die an der berühmten Wittenberger Universität studieren sollten. Die Prinzen benötigten außerdem ein altes ehrliches Weib, das sowohl abwaschen als auch die Wäsche verwahren konnte. Zu den 16 Personen im Gefolge der Prinzen gehörten je ein Küchenmeister, Koch, Hofmeister und ein Barbier. Letzterer sollte sie jeden Sonnabend mit reinlicher Lauge waschen und keine anderen Kranken pflegen, um die Prinzen nicht etwa anzustecken. Cracow handelte mit Luther eine Miete von 100 Gulden aus und die Prinzen zogen am 11. April 1563 mit ihrem Gefolge im Lutherhaus ein. Am 14. Mai 1563 wurden sie als Studenten immatrikuliert. Da das Haus sich in einem erbärmlichen Zustand befand und dem

Abb. 29 und 30 *Nordfassade des Lutherhauses, Kupferstich von G. A. Lehmann 1815 und Lithographie von Eduard Dietrich*

Hausherrn alle Mittel fehlten, musste Hofmeister Christian Kussow die nötigsten Dinge richten lassen. Er bezahlte allein an den Tischler 25 Taler. Zur Versorgung der Prinzen bat er in einem Schreiben nach Stettin um die Zusendung von Betten, Lichten, Butter, Speck, Stockfisch, Wildbret, Lachsen, Stören, Rochen, Schollen und Pelzen. Um seiner Bitte Bedeutung zu verleihen, wies der Hofmeister darauf hin, dass die an der Universität studierenden österreichischen und mährischen Barone zu Pfingsten mit von Atlas überzogenen Marderröcken bekleidet gewesen seien. Da dürften die pommerschen Prinzen nicht zurückstehen. Man benötigte für sie und ihr Gefolge zudem noch Pferde, um standesgemäß zur Kirche reiten zu können. Über den Pommern wohnten in sieben weiteren Stuben Studenten, die dort herumtobten und sich griffen, was sie erreichen konnten. Martin selbst wohnte mit seiner Frau Anna im Erdgeschoß und lud sich zum Ärger des Hofmeisters oft und gerne bei den Prinzen ein. Deshalb zogen sie bald in das leere Haus Cruzigers um und zahlten dort noch 20 Gulden mehr Miete.[198]

Die Luthersöhne mussten nach dem Auszug der pommerschen Prinzen einsehen, dass sie ihr Elternhaus nicht halten konnten. Martin verschuldete sich überall und wurde nach Streitigkeiten mit seinen Brüdern Johannes und Paul, die am Ende zum Verkauf des Elternhauses führten, durch sie von seinen Schulden entlastet. Sie verkauften es mit Vollmacht ihrer Schwester am 27. September 1564 für 3700 Gulden an die Wittenberger Universität. Von der Verkaufssumme haben sie sofort 1700 Gulden *von der Universität vorgezählt empfangen*. Den Rest sollten sie in zwei Raten 1567 und 1572 ausgezahlt bekommen.[199] Anfang des Jahres 1565 lebten noch immer Studenten im

Hause. Am 15. März stürzte der bei dem Studenten Hieronymus Opitz wohnende Petrus Jäger, ein junger Geistlicher aus Mähren, von einer Treppe. Er verletzte sich so stark am Kopf, dass er am folgenden Tag den Verletzungen erlag.[200] Dieser Unfall geschah wenige Tage nach dem Tod Martin Luthers d. J. Der erst 33-Jährige war am 4. März 1565 verstorben. Martin wurde nicht, wie seine Schwestern Elisabeth und Magdalena, auf dem Friedhof vor der Stadt, sondern sehr ehrenvoll auf dem Kirchhof begraben. Sein Grab befand sich etwa in der Mitte zwischen dem Nordturm der Stadtkirche und der Häuserzeile, die den Kirchhof vom Marktplatz trennt.[201] Unter einem Schriftstück, seinen Nachlass betreffend, befindet sich ein Nachsatz seiner Schwester Margarete Luther, verheiratete Kunheim.[202]

Nach der Übernahme des Lutherhauses hatte die Universitätsleitung dieses um 1565 offenbar vor den nun einsetzenden umfangreichen Bauarbeiten entrümpeln und den „Müll" auf die Südseite des Hauses bringen lassen. Die dort in den vergangenen Jahren während Ausgrabungen gefundenen Gegenstände zeigen den Alltag der Lutherfamilie.[203]

PAULUS LUTHER

In der Nacht vom 28. zum 29. Januar 1533 hatte Katharina Luther ihren dritten Sohn, Paulus Luther, geboren. Das Baby soll nicht, wie seine Geschwister in dem berühmten Taufbecken der Stadtkirche, sondern am 29. Januar in einer Schüssel in der Schlosskirche getauft worden sein. Die Liste seiner Paten ist besonders interessant: der erst zwölfjährige Prinz Johann Ernst von Sachsen, Hans von

Löser, Justus Jonas, Philipp Melanchthon und Margarete Lindemann. Sie alle versammelten sich nach der Taufe des kleinen Paulus zu einem Essen im Lutherhause. Das Kind wurde auf den Namen des Apostels Paulus getauft, der von seinem Vater besonders verehrt wurde, weil er *viele große Lehren und Sprüche vorgetragen* habe. An der Tafel soll Luther gesagt haben, er wolle alle seine Söhne hergeben, den der Lust zum Kriege habe, den wolle er Hans Löser geben, den der Lust zu Studieren habe, Jonas und Melanchthon, und den, der Lust zur Arbeit habe, einem Bauern.[204]

Paulus' Pate, Prinz Johann Ernst von Sachsen[205], war ein Sohn des im Vorjahre verstorbenen Kurfürsten Johanns des Beständigen und stand seitdem unter der Vormundschaft seines älteren Halbbruders Kurfürst Johann Friedrich. Die Beziehung zum Herrscherhause konnte kaum enger geknüpft werden als mit dieser Patenschaft!

Mit dem in Pretzsch an der Elbe lebenden Erbmarschall Hans von Löser verband Luther eine lange Freundschaft. Schon 1524 hatte Luther ihn mit Ursula von Porzig[206] getraut. Man ging gerne gemeinsam zur Jagd, wobei sich Luther allerdings mehr der Meditation über Gottes Natur widmete als dem schnöden Waidgeschäft. 1531 widmete er dem Jagdfreund eine in der Dübener Heide entstandene Auslegung des 147. Psalms, *so auf gut jägerisch gestellet*

Abb. 31 *Apostel Paulus, Holzschnitt von Lucas Cranach d. Ä. – Luther wählte den Namens des von ihm besonders verehrten Apostels für seinen jüngsten Sohn*

und wohl zu lesen.[207] Zum Dank erhielt der Schreiber nicht nur einen Hirsch und ein gutes Fass Pretzscher Bieres, sondern auch die Einladung für sich und seine Frau zur Taufe des nächsten Kindes des Jagdfreundes.[208] Am 29. Januar schrieb ihm Luther, er sei in der Nacht Vater geworden und möchte seinen *jungen Sohn* zur Vesperzeit taufen lassen. Er habe diese Zeit gewählt, damit er *desto sicherer würde, E. Gestrengen wolle sich unbeschwert hereinfinden und solch Opfer Gott zu Lob helfen vollbringen.*[209]

Die beiden Professorenkollegen Jonas und Melanchthon wurden schon mehrfach erwähnt. Auch auf die enge Freundschaft zwischen Katharina Luther und Katharina Jonas wurde hingewiesen. Die Patenschaft Melanchthons ist nicht verwunderlich, immerhin hatte Luther schon die Patenschaft für dessen Tochter Anna übernommen und gehörte Melanchthon zu den engsten Mitarbeitern und Vertrauten Luthers.

In den Kreis der Universitätsangehörigen gehörte auch Margarete Lindemann, geborene Thümmel. Sie war die Ehefrau des Arztes und Universitätsprofessors Caspar Lindemann, der erst im Vorjahre nach Wittenberg gekommen war und sich auf die Fachgebiete Anatomie und medizinische Botanik spezialisiert hatte. Margarete Lindemann hatte der Lutherin bei der Geburt ihres Patenkindes beigestanden.[210] Das Ehepaar hatte sich schnell in den Kreis um die berühmtesten Gelehrten der Wittenberger Universität integriert, zumal der Professor über Luthers Mutter Margarete mit diesem weitläufig verwandt war.[211] Der Medizinprofessor starb jedoch schon Anfang September 1536 und wurde am 6. September 1536 in der Stadtkirche beigesetzt. Die Inschrift für sein Epitaph verfasste Melanchthon. Seine Grabtafel wurde von Lindemanns Witwe Margarete Thümmel aus Leipzig, ihrem Vater und seinen Söhnen Lorenz und Friedrich errichtet.[212]

Der kleine Paulus durfte sich auf seine Geschwister Johannes, Magdalena und Martin freuen, die bei seiner Geburt sieben, drei und zwei Jahre alt waren. Besonders Martin und Magdalena konnten mit ihm bald auf erste Entdeckungsreisen gehen, die paradiesische Zeit ihrer Kindheit im Elternhause genießen und dann gemeinsam mit den Geschwistern sowie verwandten Kindern und aufgenommenen Schülern lernen. Paulus, Martin und ihre beiden Schwestern wurden vom Vater gerne zum Singen herbeigerufen. Die Söhne wurden vom Vater härter gehalten als die Töchter. Doch insgesamt hat wohl der Apfel über die Rute gewonnen. Dabei ging es zwischen den vielen Kindern im Hause nicht immer friedlich zu. Im Sommer 1542 unterlag Paulus in einer Auseinandersetzung mit Florian von Bora, der dem neunjährigen Cousin ein Messer weggenommen hatte. Ein Jahr später durfte Paulus gemeinsam mit seinen Brüdern Johannes und Martin sowie dem Freunde Justus Jonas d. J. im Hause Melanchthons weiter lernen und wurde im November 1543 in die Universitäts-Matrikel eingetragen. Sein Vater wünschte, der Sohn möge Medizin studieren.

Die Gemeinschaft der Kinder Luthers wird sich in den folgenden Jahren noch enger zusammengeschlossen haben. Paulus war gerade 13 Jahre alt, als er und seine Brüder den Vater auf seiner letzten Reise begleiteten. Bei der Prüfung des Wissensstandes der verwaisten Söhne wurde dann festgestellt, Paulus wäre nach dem Tode des Vaters lange krank gewesen – kein Wunder, denn er erlebte in diesen Monaten erst den Tod des Vaters und dann den Streit um den Aufenthaltsort und die Vormundschaft der

Söhne, in dem die Mutter, wegen der anhaltenden Krankheit Pauls[213], endlich siegte. Kaum war das überstanden, stand der Krieg vor der Stadt. Das Leben der Kinder des Reformators schien besonders bedroht. So erlebte Paulus seinen 14. Geburtstag auf der Flucht.

Nach der endgültigen Rückkehr standen der Mutter nicht nur die täglichen Kämpfe im Hause und auf ihren durch den Krieg schwer geschädigten Gütern bevor, sondern auch mehrere gerichtliche Auseinandersetzungen. Sie musste sogar gegen den jungen Hans von Löser vor den kurfürstlichen Gerichten klagen, was sie umso mehr traf, als dessen Vater Pate ihres Sohnes Paulus gewesen war und Löser Luthers Patenkind. Infolge der Belagerung Magdeburgs fügten durchziehende Truppen den Gütern der Mutter erneut schweren Schaden zu. Die Söhne haben in diesen Jahren mehrfach miterleben müssen, dass sie vor dem finanziellen Ruin stand. Paulus erwarb später nach dem Vorbild der Mutter Grundstück für Grundstück.

Vorerst tat man trotz aller Nöte alles Mögliche, die Söhne lernen zu lassen. Paulus Lehrer wurden vor allem Melanchthon und Veit Oertel von Windsheim. 1551 beschaffte Melanchthon Paul Luther ein vom Luthersohn offenbar nicht genutztes Stipendium in Tübingen und setzte sich 1555 bei König Christian III. von Dänemark für dessen Unterstützung ein. Der König sandte Paul daraufhin 40 Taler.[214]

Im September 1552 musste die Familie erneut fliehen. Dieses Mal schien sie durch die Pest bedroht. Doch dann hatte die Mutter auf der Fahrt nach Torgau einen Verkehrsunfall. Ihre Kutsche stürzte um und die Lutherin wurde in Anwesenheit ihrer Kinder so schwer verletzt, dass sie ihr Torgauer Krankenlager nicht mehr verlassen konnte. Sie starb am 20. Dezember 1552 in Torgau und wurde dort unter Anteilnahme der Wittenberger Universität in der Stadtkirche beigesetzt.

So musste Paulus seinen 20. Geburtstag als Waise begehen und hatte wenige Tage später, am 5. Februar 1553, in Torgau mit Anna von Warbeck die Ehe geschlossen.[215] Anna war die Tochter des Hofrats und Vizekanzlers Kurfürst Johann Friedrichs Magister Veit von Warbeck und der aus einer Torgauer Patrizierfamilie stammenden Anna Wagner. Die Tochter wurde 1532 geboren.[216] Ihren Vater hat sie nicht mehr kennengelernt, denn er starb schon am 4. Juni 1534 in Torgau.

1535 gab der berühmte Georg Spalatin, der ein enger Freund Warbecks war, dessen deutsche Übersetzung des französischen Romans von *Peter von der Provence und der schönen Magelone* in Augsburg heraus. Die Handschrift des Ritterromans hatte der ehemalige Lehrer der französischen Sprache 1527 seinem Schüler, dem Kurprinzen Johann Friedrich, zu dessen Hochzeit geschenkt. Die Schrift fand nicht nur am kursächsischen Hofe reges Interesse. Sie wurde von Hans Sachs mehrfach bearbeitet, später mehrfach übersetzt und weiter bearbeitet.[217] Anna und ihre beiden ebenfalls noch jungen Brüder hatten einen hochbegabten Vater, dessen Ruhm als Übersetzer ihnen nach

Abb. 32 *Knabenkleidung, Detail aus einem Holzschnitt von Cranach d. Ä.*

seinem Tode blieb. Sie wuchs in wohlhabenden Verhältnissen auf und entwickelte sich zu einer selbst-, mode- und vor allem standesbewussten jungen Frau. Davon zeugt die Strafe des Rates der Stadt Torgau in Höhe *etlicher Gulden* wegen eines Verstoßes gegen die kurfürstliche Kleiderordnung. Anna hatte sich nach Meinung des Rates unstandesgemäß in Samt gehüllt. Aufbegehren gegen die Kleiderordnung und besonders gegen das Verbot des Tragens von Samtschleppen hatte es schon früher gegeben. So hatte sich die Wittenberger Universitätsleitung am 3. April 1546 bei Kurfürst Johann Friedrich beschwert, die neue Landesordnung würde die Magister hinter den Adel zurücksetzen, weil sie ihnen verbietet, Samtschleppen zu tragen. Kleiderordnungen sind niemals durchsetzbar gewesen. So wies auch der Kurfürst darauf hin, er wolle die Magister keinesfalls in ihren Privilegien beschneiden, wisse aber nicht, wie er seine Kleiderordnung in der Wittenberger Bürgerschaft durchsetzen könne, wenn sogar die Universitätsangehörigen dagegen verstießen. Darum schlug er salomonisch vor, die *professores* sollten eine eigene Kleiderordnung schaffen und diese auch durchsetzen.[218] Die junge Anna von Warbeck wollte trotz Strafdrohung weiter ihren schicken Damastrock und die Samtschleppe tragen und wandte sich an Kurfürst Moritz. Der geplagte Landesherr wies den Torgauer Rat in einem Schreiben vom 30. Januar 1552 darauf hin, dass Annas Vater von Adel und fürstlicher Rat gewesen sei. Zudem sei der Damast für den Rock ein fürstliches Geschenk gewesen und vor Ausstellung der Torgauer Kleiderordnung genäht worden. Die Jungfrau möge ihre Röcke in Ehren tragen und ihre Strafe ihr erlassen werden. Zudem möge man sie auch in Zukunft ihrem Stande gemäß behandeln,

Abb. 33 *Paulus Luthers Ehefrau Anna, *von Warbeck (Kupferstich aus David Richter, Genealogia Lutherorum)*

damit sie sich keiner Beschwerung zu beklagen habe ... Der Brief des Kurfürsten blieb in einer zeitgenössischen Kopie im Nachlass Paulus Luthers in Leipzig erhalten.[219]

Da seine wirtschaftlichen Verhältnisse durch das Erbe der Eltern, die Mitgift seiner Frau und das 1555 angekommene Geschenk König Christians gesichert waren, konnte Paulus Luther nach seiner Eheschließung sein Studium in Wittenberg fortsetzen. Dort gehörten den Geschwistern noch das Elternhaus und das Gut Wachsdorf auf der anderen Elbseite. Es ist möglich, dass Paulus mit seiner jungen

Frau in dieser Zeit in seinem Elternhaus gewohnt hat. Er promovierte 1557 unter dem Dekanat des berühmten Arztes Jacob Milich in Wittenberg zum Doktor der Medizin.[220] Als erstes gemeinsames Kind kam Anfang 1554 Sohn Paul zur Welt. Ihm folgte 1555 Töchterchen Margarete.

Im Februar 1557 trafen alle drei Brüder mit ihrem Schwager Georg von Kunheim in Wittenberg zusammen und verkauften das 1541 von ihrem Vater erworbene Häuschen.[221]

Am 29. Juli 1557 promovierte Paulus Luther in der Wittenberger Schlosskirche und erlangte so den Doktorhut der Medizin. Alle bei diesem Akt gehaltenen Festreden hat Melanchthon verfasst und sie vom Dekan der Medizinischen Fakultät Jakob Milich, der über den Unterschied zwischen Speise- und Luftröhre referierte, vortragen lassen. In Milichs Rede wurde zu Anfang des berühmten Vaters gedacht, der *die Lehre von der Natur der Dinge sehr schätzte, in ihr die Spuren Gottes betrachtete und weil er die Trägheit und Rohheit derjenigen ernstlich verurteilte, die keine Anstalten machten, die bewunderungswürdigen Zeugnisse von Gott im Aufbau, der Anordnung und im Nutzen der Körper dieser Welt und in der Natur des Menschen zu betrachten.* Auch Paulus gedachte in seiner Rede des Reformators, *weil mein Vater bemerkte, dass es mich von meiner Veranlagung her zur Erkenntnis der wunderbaren Vielfalt der Dinge zog, die uns die Erde, unsere Wohnstatt, gewissermaßen wie ein Theater bestaunen lässt, und dass sein Junge bei der Betrachtung der Natur einen gewissen Eifer und Vergnügen zu entwickeln begann, freute er sich über meine Neigung und war mir nicht nur Berater, sondern munterte mich auch dazu auf und trieb mich dazu an, dieses Fach mit Eifer zu betreiben.* Die mit goldener Tinte von Melanchthons Schwiegersohn Caspar Peucer geschriebene Promotionsurkunde wurde erst viele Jahre später, am 1. Januar 1570 ausgestellt.[222] Zu dieser Zeit war Paulus Luther schon Leibarzt des Kurfürsten Joachim II. von Brandenburg.

Für das am 23. Februar 1558 im Alter von fast vier Jahren gestorbene Söhnchen Paul fand in Wittenberg die Beerdigung unter allgemeiner akademischer Beteiligung und besonders der des Philipp Melanchthons statt.[223] Der Reformator blieb dem Luthersohn bis zu seinem Tode freundschaftlich verbunden. Paulus Luther würdigte Melanchthon trotz der vielen Angriffe auf ihn und seine angeblich von Luther abweichende Lehre, auch, indem er dessen kurz vor seinem Tode geschriebenen letzten Brief an sich aufgehoben hat.[224] 1558 erging an den 25-jährigen Mediziner ein Ruf für eine Professur an der Universität Jena. Dort kündigte Paulus Luther am 8. Dezember 1558 Vorlesungen über Galens Lehre von der Medizin an[225] und führte sein Interesse an der Medizin in seiner Antrittsvorlesung auf das Wirken seines berühmten Vaters und seiner Mutter Katharina zurück, die, seiner Einschätzung nach, eine gute Arzneikundige und Krankenpflegerin gewesen ist. Als die in Jena wirkenden streng lutherisch-orthodox gesinnten Theologen dann sogar den Luthersohn zur öffentlichen Verteidigung seines rechten Glaubens zwingen wollten, hatte der genug. Er legte seine Professur in Jena nieder und folgte einem Ruf als Leibarzt der Herzöge von Sachsen-Weimar.[226] Am 20. August 1560 wurde in Weimar der Sohn Johann Ernst Luther getauft.[227] Über diesen Sohn setzte sich der Stamm der Nachkommen Martin Luthers bis in 18. Jahrhundert fort. 1562 brachte Anna in Gotha ihren Sohn Johann Friedrich zur Welt und um 1564 Töchterchen Anna. Diese Jahre in Weimar und, seit dem Umzug des herzoglichen Hofes 1561 in Gotha, gaben Paulus Luther erneut die Möglichkeit, eng mit seinem älteren Bruder Johannes zu verkehren, der als Jurist in der herzoglichen Kanzlei arbeitete. 1564 verkauften die Geschwister ihr Elternhaus in Wittenberg an die Universität. Die Quittungsurkunde unterzeichneten 1568 *Paulus Luther Doctor mein handt, Johann Luther mein handt* und der Wittenberger Buchhändler und Verleger *Conrad Rühel*.[228]

Beide Brüder fühlten sich der Herzogsfamilie eng verbunden. Paulus blieb sogar bei Herzog Johann Friedrich dem Mittleren, als der auf der zur Festung ausgebauten *Burg Grimmenstein* bei Gotha von Truppen Kurfürst Augusts von Sachsen belagert wurde und war bei der Übergabe der Stadt am 13. April 1567 noch immer bei seinem Landesherrn. Erst als der Herzog inhaftiert wurde, sah sich Paulus Luther nach einer neuen Wirkungsstätte um.

Er hatte schon seit längerem mit dem Brandenburger Kurfürsten Joachim II. in Verbindung gestanden.[229] Nun folgte er seinem Ruf und ging als Leibarzt des Kurfürsten nach Berlin. So wurde der jüngste Sohn Paulus Luthers und seiner Ehefrau Anna am Palmsonntag 1569 in Berlin geboren und in der Kirche des Berliner Schlosses auf den programmatischen Namen Johann Joachim Luther getauft.[230] Kurfürst Joachim II. von Brandenburg ehrte seinen Leibarzt hoch und übernahm gemeinsam mit seiner Tochter, der verwitweten Herzogin Magdalena Elisabeth von Braunschweig-Lüneburg, die Patenschaft über den kleinen Lutherenkel.[231]

Nur ein Jahr nach der Geburt des jüngsten Kindes schloss Paul Luthers inzwischen 15-jährige Tochter Margarete Luther 1570 die Ehe mit dem Magdeburger Möllenvogt Simon Gottsteig.[232] Die Bezeichnung *Möllenvogtei* stammt aus der Mitte des 15. Jahrhunderts und bezieht

Abb. 34 *Magdeburg, colorierter Holzschnitt von Braun-Hogenberg, 1572*

sich auf eine dort befindliche Mühle und den in der Nähe
wohnenden erzbischöflichen Vogt. Die erstmalige Erwähnung des Vogteigartens stammt aus dem Jahr 1377. Damals
mussten die Magdeburger Bürger hinter der *Möllenvogtei*
einen kleinen Hafen anlegen, damit der Erzbischof einen
eigenen Hafen zur Verfügung hatte. Im Westen der Anlage
befindet sich heute das einzige noch erhaltene Stadttor
Magdeburgs. Es wurde 1493 errichtet. Paul Luthers Schwiegersohn Simon Gottsteig war als Vogt des Administrators
des Erzstiftes Magdeburg Joachim Friedrich von Brandenburg (Sohn Kurfürst Joachim II. und seiner Ehefrau Hedwig von Polen) in der altehrwürdigen Elbestadt tätig. Der
Administrator des Magdeburger Erzstiftes residierte jedoch meist auf der *Moritzburg* in Halle oder frönte in der

Abb. 35 *Paulus Luther, Leibarzt der Kurfürsten Joachim II. von Brandenburg und August I. von Sachsen*

Letzlinger Heide seiner Jagdlust.[233] Die Abwesenheit des Administrators ließ die Bedeutung des Magdeburger Vogtes zusätzlich zu seinem Arbeitskreis steigen. Paulus Luther musste 1592 den Tod seiner Tochter Margarete verkraften. Sie wurde nur 37 Jahre alt. Margarete starb nach 22-jähriger Ehe und hinterließ ihrem Witwer *einige Kinder*.[234] Die Beziehung der Familie Luther zum Schwager in Magdeburg brach nach dem frühen Tod Margaretes nicht ab, wie ein Kaufvertrag für Pferde aus dem Jahre 1595 beweist.[235]

Die Wertschätzung Paulus Luthers durch Kurfürst Joachim bot den Märkern Anlass zur Legendenbildung. Kurfürst Joachim war am 28. Dezember 1570, kurz vor seinem plötzlichen Tode, bei Paul Luther zu Gast. Er lehrte mit einem Zuge einen silbernen Becher, den dessen Vater Martin Luther einst von König Gustav Wasa von Schweden als Geschenk erhalten hatte.[236]

Kurfürst Joachim II. war, wie sein Sohn, ein leidenschaftlicher Jäger und ließ sich dabei gern von seinen illegitimen Söhnen und anfangs auch von ihrer Mutter, seiner Geliebten Anna Sydow, begleiten. Anfang Januar 1571 hielt er sich in Schloss Köpenick auf. Dort hatte er bei großer Kälte an einer Wolfsjagd teilgenommen und speiste am Abend mit seinen Räten, dem Kanzler Distelmeier, Matthias von Saldern, Albrecht von Thümen und dem General-Superintendenten Wolfgang Musculus. Anwesend war auch Paul Luther. Obwohl sich der Kurfürst unwohl fühlte, war man fröhlich. Auf seinen Befehl hin wurde die Predigt Martin Luthers über die Weissagung des alten Simeon verlesen. Dann sprach der Kurfürst über Christi Tod und Auferstehung und über seine eigene Christusliebe. Er zeichnete ein Kruzifix auf den Tisch und ging dann zu Bett. Gegen Mitternacht wurde er von großer Schwäche befallen und starb in Anwesenheit der rasch geweckten Räte.[237]

Nach dem Tode des Kurfürsten von Brandenburg wurde Paulus Luther von Kurfürst August von Sachsen als Leibarzt nach Dresden berufen. Die erhaltene *Bestallung* datiert auf den 20. Juli 1571.[238] Wenige Tage vor der Anstellung des Arztes hatte die sächsische Kurfürstin Anna am 8. Juli ihr 14. Kind geboren. Das Baby wurde auf den Namen Adolf getauft. Das sächsische Kurfürstenpaar hat von seinen 15 Kindern elf beerdigen müssen. Der berühmte Arzt kam gerade recht, denn auch dieses Baby erkrankte. Er erwies sich als guter Kenner der damals üblichen *Dreckmedizin* und erklärte, *er wolle ihm ein Säcklein aus Löwenmist, Turteltauben- und Riekenmist selbst fertigen; es sei gut, ihm in den Brei einzumischen die Küchlein manus Christi mit dem frischen Anisöl; auch solle er bekommen Infusion der Lindenblüte, Hintlaufwurzeln, littauischen frischen Honig.* Der kleine Herzog wurde nur sieben Monate alt und starb am 12. März 1572.[239] Sein Tod minderte die Anerkennung des Leibarztes keineswegs. Das Kurfürstenpaar war selbst pharmazeutisch gebildet. Gemeinsam mit seinem Leibarzt Paul Luther und anderen machte es in geheimen Gewölben der von 1571 bis 1573 erbauten neuen Residenz *Annaburg* alchemistische Experimente. Die Frage, ob einer der Luthersöhne etwa ein Alchemist geworden sei, lässt sich eindeutig bejahen. Interessanterweise fand man vor einigen Jahren in Wittenberg die größte und älteste bisher gefundene Alchemistenküche, die im Winterhalbjahr 2016/17 im Landesmuseum Halle erstmals präsentiert wurde. Wir können noch etliche neue Erkenntnisse aus der mit Wittenberg und der Reformation zusammenhängenden Geschichte der Alchemie, Chemie und Pharmazie erwarten.

Kurfürst August hatte bei seinen Experimenten, wie alle Alchemisten, ein großes Ziel, er wollte Gold machen.[240] Auch hier war Paulus Luther der rechte Partner. Er hatte in seiner Berliner Zeit unter anderem trinkbares Gold erfunden. Man meinte schon damals, teure Medizin helfe besser als preiswerte. Mit Gewürzen geschmacklich aufgepepptes Goldwasser wurde seit dem Ende des 16. Jahrhunderts vor allem in Danzig hergestellt und galt lange Zeit als einer der Verkaufsschlager der alten Hansestadt. *Danziger Goldwasser* mit flirrenden kleinen Goldplättchen findet sich noch heute in den Schnapsregalen der Kaufhallen.

Paulus Luther galt *als der Artzney Doctor* und hat als Pharmazeut neue Medikamente entwickelt, darunter auch aus Pflanzen gewonnene Medikamente. Matthäus Dresser nannte in seinen Aufzeichnungen das von diesem entwickelte *unguentum de nitro*, eine aus Salpetersäure gewonnene Salbe zur Behandlung von Ausschlägen und syphilitischen Erkrankungen sowie *magisterium perlarum, corallum*, ein Arzneimittel extrahiert mit einem sauren Liquor aus zerstoßenen Perlen und Korallen und unter Verwendung des sehr kostbaren kohlensauren Kalks, und *aurum potabile*, eine alchemische Universalmedizin. Außerdem erfand Luther Heilmittel aus Benediktenkraut/Heildistel, Bibernelle, Skabiose und aus Engelwurz.[241] Einer 1626, lange nach seinem Tode, in Leipzig veröffentlichten Schrift zufolge soll Paulus Luther sich auch mit dem *diätischen Verhalten in Pestzeiten* beschäftigt haben.[242] Auch wenn es in Annaburg nicht gelang, Gold zu machen, genoss Paulus Luther bei seinem Dienstherrn höchste Wertschätzung.

Nicht einmal zwei Jahre nach seiner Indienststellung belehnte Kurfürst August seinen Arzt auf Bitten von dessen Onkel Clemens von Bora als Mitbesitzer von *einigen Stü-*

cken im Städtchen Dohna.[243] Die kleine Stadt Dohna befindet sich im Süden Dresdens und gilt als Tor ins Osterzgebirge. Das Paulus Luther durch den Kurfürsten verliehene Lehen war ein ehemals burggräfliches *Freigut* (Freigut bedeutet, es mussten keine Steuern an die Stadt bezahlt werden) am heutigen Markt 10. Es war von 1549 bis 1594 im Besitz des Onkels und nach dessen Tod im Besitz des Cousins Siegmund von Bora.[244] Paulus Luther war von 1573 bis zu seinem Tode im Jahre 1593 Mitbesitzer. Doch dieser Besitz brachte ihm keine wirtschaftlichen Verbesserungen, dafür anhaltende Streitigkeiten mit den immer mehr verarmenden Verwandten seiner Mutter.

Das Leben der deutschen Protestanten in der zweiten Hälfte des 16. Jahrhunderts wurde durch die ständigen Auseinandersetzungen zwischen den Theologen bestimmt. Der Kampf um die rechte lutherische Lehre forderte viele Opfer, die bis hin zu Tod und Vertreibung gingen. Hatte Paulus Luther so schon die Lust an seiner Professur an der Universität Jena verloren, stand er bald wieder vor neuen Anschuldigungen. Im Herbst 1574 verklagte ihn der aus Italien nach Leipzig gekommene Arzt Simon Simonius, der dem Calvinismus anhing, bei Kurfürst August: *Mit gutem Gewissen kann ich schwören, daß mir von keinem Gelehrten in der Arzenei, welche ich denn zweihundert gekannt und sich ... wohl mit mir vertragen haben, dergleichen geschehen sei, wie von diesem Mann Dr. Luther.*[245] Der Kurfürst ließ sich im Falle des Luthersohnes nicht beirren und sorgte für weitere einträgliche Ehrungen. 1576 wurde Paulus Luther der erste Träger der *Marchionalpräbende* des Stiftes Zeitz, die die sächsischen Landesherren bis 1756 an Nachkommen Martin Luthers vergeben haben[246]. Dem folgte am 12. Juli 1577 bei einem weiteren Aufenthalt in Annaburg eine *Verschreibung*

wegen Paul Luthers Haus zu Dresden.[247] Am 18. März 1579 be-
fahl Kurfürst August in Annaburg der Wittenberger Universität, eine Anzahl Bedienstete von ihren lebenslängli-
chen Verpflichtungen, die sie als Studenten oder bei ihrer
Promotion gegen die Universität eingegangen waren, los-
zusprechen, denn das sei ein Missbrauch. Dem Befehl lag
eine Liste von immerhin 45 Räten und Bediensteten des
Kurfürsten bei. Unter ihnen war auch Dr. Paul Luther.[248]
Höhepunkt der kurfürstlichen Ehrungen für den Leibarzt
sollte wohl das am 7. November 1581 ausgestellte *Document
über die vom Churfürsten August gemachte Schenkung des Kloster-
gutes Sornzig bei Meissen an Paul Luther und seine Nachkommen*
werden.[249] Das Gut gelangte niemals in die Hände der
Lutherfamilie, auch wenn der Kurfürst sich deswegen per-
sönlich mit dem Meißner Domkapitel auseinander-
setzte.[250] Dr. Paulus Luther wurde dennoch wohlhabend
und hat mehrfach anderen Darlehen gegeben, wie die erhaltenen Verträge in seinen hinterlassenen Akten zeigen.
Am 28. Dezember 1582 erwarb er in Dresden ein Haus von
Gregor Richter.[251]

Über all diesem Tun sind die Kinder Paul Luthers erwachsen geworden. Das Jurastudium des Sohnes Johann
Ernst in Wittenberg wurde vom Vater aufmerksam ver-
folgt. Pauls Nachlass enthält seinen Briefwechsel mit dem
Sohn bis 1580. Im Jahre 1582 berichtete ihm der Hofrat
Professor Joachim Beust über die Fortschritte des Sohnes
in seinem Jurastudium. Schon 1581 wählte man Johann
Ernst Luther zum Kanonikus des Domkapitels Zeitz, eine
einträgliche Stelle, die ihm sogar größere Reisen gestattete
und ihn ein neues Angebot am kurfürstlichen Hof in Dresden ausschlagen ließ.

Am 22. Juli 1583 wurde in Dresden ein Ehevertrag für die um 1564 geborene Tochter Anna unterschrieben. Sie vermählte sich am 15. November 1584 im kurfürstlichen Jagdschloss Nossen mit Nikolaus Freiherr Marschall von Bieberstein auf Oberschaar zu Arnsfeld.[252] Arnsfeld war ein Dorf mit schriftsässigem Rittergut und einer zur Parochie St. Annaberg gehörenden Kirche im zum Meißnischen Erzgebirge gehörenden Amt Wolkenstein.[253] In Arnsfeld besaß ihr Vater Paul Luther das verpachtete Obergut samt dem Igelstein. Es fiel nach seinem Tode an Anna und sollte nach ihrem Tode ihrem Witwer und seinen Kindern zufallen. Allerdings hat man bisher keine Kinder des Paares nachweisen können. Ihre Hochzeit hat ihren Vater viel Geld gekostet. In seinen Akten befindet sich eine Liste der *Ausgaben, so Doctor Paul Luther hat auf Nicol Marschalchs beylager mit Anna Luther auf dem Schlosse zu Nossen gehalten, aufgewendet.*[254]

Einträge im Kirchenbuch aus den Jahren 1596 und 1600, wonach die Ehepartner die Patenschaft über Kinder übernommen haben, zeugen vom sozialen Leben der Enkelin des Reformators und ihres Gatten.[255] Annas Bruder, der 1562 geborene Johann Friedrich Luther, starb am 30. Januar 1599 und wurde in Arnsfeld beigesetzt.[256]

Kaum einen Monat nach seiner Eheschließung mit der blutjungen Prinzessin Agnes Hedwig von Anhalt starb der inzwischen 80-jähri-

Abb. 36 *Paul Luthers Sohn Johann Ernst, über den sich die Lutheriden [!] im männlichen Stamm bis Anfang des 18. Jahrhunderts fortgepflanzt [!] haben*

ge Kurfürst August am 11. Februar 1586 in Dresden. Nachfolger wurde sein zum Calvinismus neigender Sohn Christian I., der den angesehenen Leibarzt in seinen Diensten behielt, obwohl der Luthersohn lebenslang der Lehre seines Vaters Martin Luther verhaftet blieb. Wenige Monate nach dem Tode seines kurfürstlichen Gönners stand Paulus Luther am Sterbebett seiner Ehefrau. Anna verschied am 15. Mai 1586 und wurde in Dresden beigesetzt. Der Witwer zog sich 1590 ins Privatleben zurück. Er verließ den calvinistisch gesinnten Hof in Dresden und siedelte in das lutherisch orthodoxe Leipzig über.[257] Dort soll er als praktischer Arzt tätig gewesen sein und *felix in praxi gewest*.[258] Kurfürst Christian I. starb, kaum 30-jährig, am 29. September 1591 während einer Jagd. Da sein Sohn Christian II. noch unmündig war, gelangte Kursachsen unter die Regierung eines Administrators. Herzog Friedrich Wilhelm von Sachsen-Weimar wurde Vormund des Prinzen, ließ die Calvinisten aus dem Kurfürstentum vertreiben und förderte die Lutherisch-Orthodoxen in jeder Weise.

Schwere Auseinandersetzungen gab es in diesen Jahren auch in der Wiege der Reformation, der Lutherstadt Wittenberg und ihrer Universität. Ständige Gewissenserforschung und Zensur waren gang und gäbe. Man wechselte nach je-

Abb. 37 *Der verschollene Grabstein von Paul Luthers Ehefrau Anna, * von Warbeck, in Dresden*

dem Regierungswechsel Pfarrer und Theologieprofessoren aus. Die Stadtwache stand wiederholt vor deren Häusern und *zog* die eben noch hoch angesehenen Hausherren *gefänglich ein*. Niemand schien sicher. Selbst die Kinder des großen Reformators sahen sich immer wieder neuen Angriffen ausgesetzt.

1592 stellte der Administrator Paulus Luther für sich und die kurfürstlichen Kinder als Leibarzt ein und zahlte ihm ein sehr ansehnliches Gehalt. Diese Stelle hatte der Arzt nur noch kurze Zeit inne – er war kurz nach seinem 60. Geburtstag am 8. März 1593 in Leipzig gestorben. Bis zuletzt soll er der väterlichen Lehrmeinung gefolgt und *in Christus friedlich verschieden* sein. Seine Leiche wurde in der als Universitätskirche genutzten *Paulinerkirche* unter Anteilnahme der Universität Leipzig sehr ehrenvoll bestattet.[259] Die Leichenpredigt hielt der Pfarrer der Thomaskirche und spätere Rektor der Leipziger Universität Georg Weinrich.[260] Der Historiker Matthäus Dresser, den der Verstorbene wohl schon aus seiner Zeit in Jena gekannt hatte, machte über die letzte Krankheit und das Sterben des jüngsten Sohnes von Martin Luther und dessen Frau Katharina Aufzeichnungen, die von der Hand Paul Luthers Sohn Johann Ernst ergänzt worden sind.[261] Die Kinder Paul Luthers fanden im Nachlass des Vaters seine testamentarischen Verfügungen über Kostbarkeiten und Bücher sowie medizinische Aufzeichnungen, anatomische Zeichnungen und in Wittenberg gedruckte anatomische Tafeln des Verstorbenen.[262]

MARGARETE LUTHER

Am 17. Dezember 1534 wurde Luthers Frau Katharina von ihrem sechsten Kinde entbunden. Das Töchterchen wurde am folgenden Tage auf den Namen ihrer Mansfelder Großmutter Margarete getauft. Paten des kleinen Mädchens waren Fürst Joachim von Anhalt und Luthers ehemaliger Klosterbruder Dr. Jakob Propst. Luther hatte sich im Juli mehrfach in Dessau aufgehalten und versucht, den am Fieber erkrankten und von Anfechtungen oder Depressionen heimgesuchten Fürsten zu trösten. Dabei wird der Plan der Patenschaft gereift sein. Kurz nach der Geburt Margaretes schrieb der Vater dem Fürsten, dass eine Tochter das Licht der Welt erblickt habe und bat ihn, wie versprochen, die Patenschaft, *das christliche Amt geistlicher Vaterschaft*, zu übernehmen *und dem armen Heiden von seiner sündlichen tödlichen Geburt zur neuen heiligen und seligen Wiedergeburt helfen und geistlicher Vater sein durch das heilige Bad der Taufe.* Da das Wetter für den Fürsten womöglich sehr *ungeschickt* sei, bat Luther, er möge sich durch jemand anderen vertreten lassen. Es eilte, denn *morgens wollt ich es gern taufen lassen.*[263] Wegen des kalten Wetters ließ Fürst Joachim sich wirklich durch seinen Hofprediger Nikolaus Hausmann vertreten. Auch der nunmehrige Pfarrer und Superintendent von Bremen, Jakob Propst, hatte nicht kommen können, verfolgte aber den Werdegang seines Patenkindes aufmerksam.

Die Geschwister des kleinen Täuflings waren acht, vier, drei und beinahe zwei Jahre alt. So werden Frau Katharina und das Dienstpersonal mit der kleinen Rasselbande alle Hände voll zu tun gehabt haben. Da Luther genau wusste, dass man die Erziehung seiner Kinder ganz genau beobachtete und der kleinste Fehler schwere Diskussionen unter Freunden und Feinden zur Folge haben konnte, setzte er seine Frau ganz besonderen Belastungen und Ansprüchen aus. Noch war die Mutter im Wochenbett. Weihnachten und Neujahr standen bevor. Das Haus war, wie immer, voller Gäste. Zum Glück ging es dem Hausherrn gut. Margarete war gerade einen Monat alt, als Luther dem ehemaligen Hausgenossen Hieronymus Weller ein frohgemutes Dankschreiben nach Freiberg sandte. Der Musikfreund dankte Weller nicht nur für die Übersendung einer neuen Komposition, sondern auch für eine Lieferung leckerer Borsdorfer Äpfel und teilte ihm über das fröhliche Treiben im Lutherhause mit, dass sie nach Tisch nach besten Kräften sängen. Vergnügt berichtete er weiter, da ihre Künste nicht so weit reichten, wie die des Freiberger Komponisten, machten sie *etliche Säue* darunter und könnten es *böse genug singen.*[264]

E ine der schönsten und herrlichsten Gaben Gottes ist die Musika. Satan ist ihr feind, weil man mit ihr viele Anfechtungen und böse Gedanken vertreibt. Musika ist eine der besten Künste. Die Noten machen den Text lebendig. Sie verjagt den Geist der Traurigkeit. Die Musik habe ich allzeit lieb gehabt. Wer diese Kunst kann, der ist guter Art und zu allem geschickt.[265]

Kurz nach der Geburt Margaretes stand das Weihnachtsfest vor der Tür. Vielleicht war es 1534 wirklich der Anblick der Wiege der kleinen Tochter, der den Vater anregte, die Choralmusik und den Text für das wohl berühmteste protestantische Weihnachtslied *Vom Himmel hoch, da komm ich her* zu schreiben. Grundlage dafür war ein altbekanntes Volks- und Spielmannslied. Der Reformator verband das von alters her in den Kirchen gebräuchliche *Kindelwiegen*, bei dem das Christuskind feierlich in die Gemeinde aufgenommen und ihm deutsche Lieder gesungen wurden, mit dem protestantischen Krippenspiel, das ohne dieses Lied nicht denkbar scheint. Das von den evangelischen Pädagogen geförderte Theaterspiel verband sich hier mit alten Weihnachtsbräuchen. Luthers Lied wurde 1535 erstmals im *Klug'schen Gesangbuch* abgedruckt. Es soll 1535 beim Weihnachtsfest im Lutherhause gesungen worden sein und wird in Verbindung mit der Bescherung der Kinder gebracht. Auch wenn es den glänzenden Weihnachtsbaum mit seinen Lichtern in der Lutherstube nur in der Fantasie der Maler des 19. Jahrhunderts gegeben hat, kann man sich die Gestaltung des Weihnachtsfestes mit Krippenspiel, Gesang und Bescherung der Kinder Luthers gut vorstellen.[266] Er soll das Lied seiner neugeborenen Tochter, *der lieben Matulla* gewidmet haben.[267] Die Kinder Martin, Paul und Margarete hatten die musikalischen Anlagen des Vaters geerbt und mussten schon im frühen Kindesalter mit ihm singen. Die erst fünfjährige Margarete beherrschte z. B. das Lied *Kommt alle her zu mir*.[268]

Der Tochter wurde nun besonders in den Briefen an ihren Paten Jacob Propst gedacht; so am 15. September 1538: *Meine Frau Käthe und dein Patchen, meine Tochter Margarethlein, der du nach meinem Tode einen frommen Mann verschaffen wirst, grüßen dich.*[269] Die Sorge des Vaters, der sich dem Tode immer wieder nahe fühlte, galt immer seinen Kindern. Er wusste, im Notfall werden sie jede nur mögliche Hilfe brauchen. Da war es selbstverständlich, wenn er seine Freunde und die Paten seiner Kinder immer wieder an seine Sorgen erinnerte und an seine Hoffnung, dass sie helfen werden.

Das Töchterchen erfuhr, wie die älteren Geschwister, eine Kindheit in Geborgenheit. Besonders die ersten Lebensjahre wurden von den Eltern für die Kinder bewusst als paradiesische Zeit der Kindheit gestaltet. Sie mündete bald in die Zeit des Lernens. Dabei wurden die Mädchen nicht so streng gehalten wie die Jungen. Doch auch sie mussten *bei Tisch beten und lesen*.[270] Dafür wurden Mädchen relativ früh in die Verrichtungen von Haus, Küche, Garten und Viehzeug eingeführt. Dieses gilt gewiss auch für die kleine Margarete. Auch ihre Kindheit wurde durch die besondere Rolle, die der Vater spielte, besonders farbig. Im Gegensatz zu ihren Brüdern wird die Anwesenheit der Töchter bei Besuchen von Freunden nicht erwähnt. Auch sie erlebten die vielen Gäste im Elternhaus.

Margarete war im achten Lebensjahr, als ihre Schwester Magdalena erkrankte und starb. Der von den Eltern schwer getragene Tod der Schwester gehörte wohl zu ihren ältesten Kindheitserinnerungen. Da die Tochter nicht mit auf Reisen genommen wurde, erlebte sie auch die letzte Reise ihres Vaters und seinen Tod in Eisleben nicht mit.

Abb. 38 *Die Wittenberger Gemeinde, Detail aus der Predella des Reformationsaltars in der Stadtkirche von Lucas Cranach d. J., 1548*

Die Elfjährige war bei ihr, als die Mutter Besuch von Melanchthon, Bugenhagen und Cruziger erhielt, die ihr die traurige Nachricht vom Tode des Gatten brachten. Schon Tage zuvor war die Mutter in finanzielle Schwierigkeiten geraten. Es war nicht genügend Bargeld im Hause, um Fleischer und Fischer bezahlen zu können. Katharina hatte schon am 15. Februar 1546, drei Tage vor dem Tode ihres Mannes, bei Melanchthon 20 Taler leihen müssen. Von nun an schien es ohne den väterlichen Freund nicht mehr zu gehen. Melanchthon war immer zur Stelle, wenn die Familie Hilfe benötigte.

Margarete saß im Wagen der Mutter, als man am 22. Februar 1546 den Leichenzug des Vaters am Wittenberger Elstertor erwartete und mit ihm ihre Brüder. Sicherlich hat man der Witwe einige Minuten zur Begrüßung ihrer Söhne gelassen. Sie liefen hinter der Kutsche mit Mutter, Schwester Margarete und einigen Matronen, als der Zug sich durch die Stadt zur Schlosskirche bewegte. So waren alle vier Kinder und die Mutter am Grabe des Vaters vereint und hörten gemeinsam die Leichenpredigten Melanchthons und Bugenhagens. Anschließend begann der Streit um die weitere Ausbildung der Brüder. Sogar deren Aufenthalt im Elternhause war stark umstritten. Doch die Kinder durften erleben, dass die Mutter sich durchsetzte. So konnten sie auch die Trauerzeit um den Vater gemeinsam durchstehen. Wenig später kam neue Not auf die Familie und das Land zu. Das Leben der Lutherin und ihrer Kinder schien ebenso schwer bedroht, wie das Melanchthons und Bugenhagens. So musste man im November 1546 einen Fluchtwagen packen und auf die Reise ins Ungewisse gehen. Margarete erlebte ihren 14. Geburtstag auf der ersten Flucht, der schnell auch noch die zweite Flucht folgte. Am Ende geriet der die Familie beschützende Kurfürst in Gefangenschaft des Kaisers. Niemand wusste, ob die Wittenberger Universität vom neuen Landesherrn erhalten würde. Die Mutter stand nach der Rückkehr vor ihren zerstörten Ländereien und verbrachte die folgenden Jahre in schweren existenziellen Kämpfen. Dennoch haben alle drei Söhne in dieser Zeit studiert. Für Margarete kam ein Studium nicht in Frage. Mädchen waren längst aus dem Universitätsbetrieb verdrängt. Auch über die Schulausbildung Margaretes verlautet nichts. Wir wissen, auch sie konnte lesen und schreiben – im Lutherhaus wird eine kurze Notiz Margaretes aufbewahrt. Im Mai 1549 verließ der große Bruder Hans das Elternhaus und zog zum Studium nach Königsberg. Er kam im September 1551 nach Hause zurück. Inzwischen waren die finanziellen Sorgen der Mutter immer bedrohlicher geworden. Am 6. Oktober 1550 bat sie König Christian III. von Dänemark in einem Brief vergeblich, ihr die ihrem verstorbenen Mann zugesagten 50 Taler auszuzahlen. Sie und ihre Kinder fänden kaum noch Hilfe und hätten durch die Unruhen starke Beschwerungen.[271]

Die Wittenberger beobachteten besorgt, dass im Juli 1551 Kugeln und Pulver aus Wittenberg und Dresden auf der Elbe zur Belagerung Magdeburgs transportiert wurden.[272] Der Krieg stand erneut vor ihrer Türe, denn Moritz sollte im Namen des Kaisers Magdeburg unterwerfen und die Reichsacht gegen die Stadt durchsetzen. Die Menschen konnten noch nicht wissen, dass man im Herbst Frieden schließen würde. Wittenberg hatte sich noch kaum von den Zerstörungen des *Schmalkaldischen Krieges* erholt. Damals hatte man die Vorstädte und Gärten abgebrannt, die Spitzen der Türme der Stadtkirche heruntergenommen und auf den entstehenden Plattformen Kanonen aufgestellt. Im März 1546 hatte Eisgang die Elbebrücke beschädigt[273], so dass man zumindest teilweise wieder Fähren benutzen musste. Das Land Sachsen war 1551 noch voller Einquartierungen fremder Truppen, die sich nicht immer freundlich gegen die Bevölkerung verhielten. Auf dem Lande und in den kleinen Landstädten hatte der Krieg schwer gewütet. Viele Menschen waren getötet worden. Die Überlebenden hatten oft alles verloren. Viele von ihnen vagabundierten im Lande herum und nahmen in ihrer Not, was sie greifen konnten. Auch die Festung Wittenberg strotzte noch von Soldaten. Kurfürst Moritz traf sich im Oktober 1551 in Lochau, dem späteren Annaburg, mit König Heinrich II. von Frankreich.[274] Die protestantische Union konnte sich in der Folge gegen Kaiser Karl V. durchsetzen, ihm im Juli 1552 im Passauer Vertrag die Entscheidung über die kirchlichen Verhältnisse nehmen und den Augsburger Religionsfrieden vom 25. September 1555 begründen.

Als sich die Verhältnisse im Sommer 1552 endlich entspannten, kam die Pest nach Wittenberg zurück und zog im September im Lutherhaus ein. Die Lage spitzte sich derart zu, dass die Lutherin beschloss, gemeinsam mit ihren Kindern der Universität nach Torgau zu folgen. Auf dieser Reise hatte sie im Beisein ihrer Kinder einen Unfall mit ihrer Kutsche. Sie wurde so stark verletzt, dass sie krank in Torgau ankam. Dort konnte die Mutter ihr Krankenlager nicht mehr verlassen und starb am 20. Dezember 1552 vielleicht auch an Entkräftung. Margarete und ihre Brüder waren Waisen geworden und mussten nun selbständig durch das Leben gehen.

Paul hatte sich noch zu Lebzeiten der Mutter in Torgau mit Anna von Warbeck verlobt und heiratete sie am 5. Februar 1553 in Torgau. Johannes vermählte sich wahrscheinlich noch im selben Jahre in Wittenberg mit Elisabeth Cruziger. Zuvor hatte sich der Jurist um das Erbe der Mutter gekümmert. Da Wachsdorf als Mannlehen nur den Söhnen zufiel, sollte Margarete ihren Anteil bei ihrer Hochzeit ausgezahlt bekommen. Bis dahin erhielt sie jährlich 30 Gulden. Aus dem Hopfen- und Baumgarten am Saumarkt zu Wittenberg wurden ihr 375 Gulden angerechnet. Aus der Hinterlassenschaft der Mutter stand ihr als Tochter die *Gerade* zu. So durfte sie sich von den Haushaltsgegenständen das jeweils beste und schönste Stück aussuchen. Erst dann teilten die Geschwister den Rest unter sich auf. Johannes ging 1553 mit seiner jungen Frau und ihren Kindern nach Weimar. Paul, seine Frau Anna und die Schwester Margarete blieben im Lutherhaus. Hier wurde die Studentenburse der Mutter weitergeführt. Paul setzte sein Medizinstudium fort. Martin kümmerte sich offenbar mehr um das Gut Wachsdorf.

Margarete lernte 1554 im Melanchthonhaus den aus Ostpreußen stammenden Studenten Georg Wilhelm von Kunheim kennen und lieben. Georg war zwei Jahre älter als sie und im Juli 1532 in Wehlau geboren worden. Er wird als friedfertiger, rechtschaffener, sehr sozial eingestellter und besorgter Mann beschrieben. Georg war noch nicht fünf Jahre alt, als seine Mutter starb. Nach dem Tode seines Vaters im Jahre 1543 hatte sich Herzog Albrecht von Preußen der Waise angenommen. Georg besuchte erst das akademische Pädagogium in Königsberg und wurde dann zum Studium nach Wittenberg geschickt. Der Herzog bat am 2. April 1550 den seit 1536 in Wittenberg studierenden Georg Venediger sich Georgs anzunehmen und sich vor allem um seine finanziellen Belange zu kümmern. Zudem bat er Melanchthon, sich um den jungen Preußen zu kümmern. Georg wurde am 15. August 1550 immatrikuliert. Sein älterer Bruder Erhard hielt sich schon seit 1540 zum Studium in Wittenberg auf und berichtete dem Herzog rege über alle Vorgänge in der Stadt und ihrer Umgebung. Auf seine Initiative hin dürfte nach dem Tode des Reformators dessen Porträt aus der Cranach-Werkstatt in die Mühlhäuser Kirche seiner Familie gelangt sein. Erhard brachte den jüngeren Bruder auf Anraten Melanchthons im Hause Paul Ebers unter und speiste gemeinsam mit

Georg in der Herberge des Universitätsprofessors Georg Maior.[275] Als die Pest 1552 nach Wittenberg kam, verließ auch Georg die Stadt und studierte zeitweise an der Viadrina in Frankfurt/Oder weiter. 1554 studierte er wieder in Wittenberg und wurde jeden Monat durch Melanchthon einer Prüfung unterzogen. Hier lernte er die unter Melanchthons Vormundschaft stehende 19-jährige Margarete Luther kennen. Beide verliebten sich und Georg bat die junge Frau um ihre Hand. Sein Entschluss, die einzige lebende Luthertochter zu heiraten, stieß bei seiner adelsstolzen Familie und bei Herzog Albrecht auf ebenso große Abwehr, wie vorher die Beziehung seines Bruders Erhard zu einer Tochter des Professors Maior. Doch Georg und Margarete hatten das Glück auf ihrer Seite. Einen Tag nach Margaretes zwanzigsten Geburtstag beantwortete Melanchthon ein Schreiben Herzog Albrechts und endete: *Ich gebe mich der Hoffnung hin, dass Eure Hoheit von Mitleid gegen die tugendsame und gut beanlagte Tochter Luthers erfüllt werde.* In einem Brief vom 10. April 1555 fragt er: *Was kann Er aber größeres versprechen, als eine solche Liebe, die noch die glühendste Mutterliebe übertrifft.*[276] Nun erhielten Margarete und Georg die Erlaubnis zur Eheschließung. Ihre Hochzeit fand am 5. August 1555 in Wittenberg statt. Sie wurde im Beisein der Familie Margaretes und vieler Grafen und Herren gefeiert. Unter ihnen waren auch Melanchthon, der im Sommersemester 1555 amtierende Rektor der Wittenberger Universität, Graf Christoph von Barby und Mühlingen, und alle anderen Universitätsprofessoren. Es war die vielleicht schönste Hochzeitsfeier, die einem der Lutherkinder vergönnt gewesen ist. Das Studium Georgs war noch nicht abgeschlossen. So blieb das Paar vorerst in Wittenberg, wohl noch im Lutherhaus. 1556 kam ihre Tochter Marga-

reta zur Welt. Sie ist leider früh verstorben und in Wittenberg beigesetzt worden.[277] Im Februar 1557 unterzeichnete
Georg gemeinsam mit den Brüdern seiner Frau den Ver-
kaufsvertrag für das kleine Häuschen, das einmal Witwen-
sitz der Lutherin hatte werden sollen. Vor ihrer Abreise
porträtierte Lucas Cranach d. J. die junge Ehefrau. Auch
dieses Porträt gelangte später in die Kirche zu Mühlhau-
sen/Ostpreußen und von dort in das 1711 von der Familie
von Kunheim erbaute Schloss Juditten bei Bartenstein.[278]

Beim Verkauf des Elternhauses 1564 konnten die Brüder Margaretes ihre Vollmacht vorlegen. Nach dem Tode
Martins am 2. März 1565 eilten alle Geschwister nach Wittenberg. Unter dem Schriftstück, mit dem sie den Nachlass des Bruders regelten, befindet sich ein Nachsatz von
der Hand Margaretes.[279] Das Ehepaar Margarete und Georg von Kunheim verehrte das Andenken von Margaretes
berühmtem Vater zeitlebens. Zu ihrer Erbschaft aus dem
Besitz der Eltern gehörte ein vergoldeter Silberring, den
der Vater im Jahre 1525 erhalten haben soll. Georg ver-
machte seiner Kirche testamentarisch neben anderen
theologischen Büchern *alle Werke Luthers*. 1557 zogen er und
seine Frau auf Georgs Gut Knauten, *das Gut mit den 99 Tei-
chen*.[280] Neben der Gutswirtschaft arbeitete er als Landrat,
Landrichter und später auch hoch geachteter Amtshauptmann von Bartenstein. Seine Frau hatte sich nach Vorbild
ihrer Mutter auf die Gutswirtschaft gestürzt. Hier konnte
sie ihre im Lutherhause erworbenen Kenntnisse über
Landwirtschaft, Brauerei, Vieh- und Fischzucht sowie
Gartenbau gut verwenden. Doch die Arbeit war nicht
leicht. Das Amt litt seit Jahrzehnten unter den Folgen der
Kriege der Ordensritter und war wirtschaftlich verarmt.
Das Gesinde bekannte sich zwar zum Christentum, übte

aber die alten heidnischen Bräuche weiter aus. Zudem waren nach Aussage des Pfarrers Faulheit und Trunksucht weit verbreitet. Die sehr angesehene Familie von Kunheim hatte im benachbarten Örtchen Mühlhausen das Patronat über die dortige Kirche inne. Verstorbene Familienmitglieder wurden hier bestattet.

So wie früher die Väter beider Ehepartner, unterstützte Georg Hilfsbedürftige, wie einen alten und kranken Schulmeister. Das Paar richtete auf dem Gut *eine feine Hausapotheke* ein und ergänzte deren Inhalt jährlich durch die Bestellung *zahlreicher* Medizinen.

Abb. 39 *Margarete Luther, Ehefrau Georg von Kunheims, Kupferstich aus Davide Richter, Genealogia Lutherorum, nach dem erwähnten und in Ostpreußen verschollenen Porträt Cranach d. J.*

Immerhin hatte Georg auch mehrere Semester Medizin studiert und seine Frau sicherlich Unterricht ihrer Mutter Katharina genossen. Die Armen im Hospital St. Georg in Königsberg wurden jedes Jahr auf Kosten der Kunheims mehrere Tage lang verköstigt. Das Paar nahm sich armer Verbannter sowie ihres evangelischen Glaubens wegen Vertriebener an. Sein Gut galt als *eine Zufluchtsstätte in schweren Fällen.*

Pfarrer der Kirche war 1560 bis 1589 Caspar Henneberger, der später als Kartograph und Chronist der Geschichte Preußens bekannt geworden ist und mehrere Bücher herausgegeben hat. Hennebergers Sohn Johann wurde 1563 in Mühlhausen geboren und trat 1593 als Hof-

Abb. 40 *Die bemalte Decke der Kirche von Mühlhausen/Preußen, in der Margarete Luther und ihre verstorbenen Kinder von ihrem Gatten Georg von Kunheim bestattet wurden*

maler in die Dienste des Landesherrn. Pfarrer Henneberger wurde ein enger Freund der Kunheims, die ihn animierten, im Winter jede Woche in ihrem Hause zu Knauten eine Andacht abzuhalten. Nach seiner Predigt fand immer eine Besprechung über biblische Themen statt. Georg war stolz darauf, dass er jeden Tag etliche Kapitel der Bibel las und mit Fleiß bedachte. Margarete und Georg taten dies gemeinsam. Pfarrer Henneberger hat 1564 Margaretes Sohn Volmar und ihre folgenden Kinder Anna, Daniel, Erhard, Georg, Anna und Katharina getauft. Die vier jüngsten sind früh gestorben. Damals war es in Ostpreußen üblich, das die Mütter ihren toten Kindern zum Abschied Seidenbänder ins Haar wanden. Der Pfarrer musste dem Elternpaar immer wieder in seiner Trauer um die Kinder beistehen. 1559 hatte Margarete in Ostpreußen ihr zweites Kind geboren, wieder eine kleine Tochter, die, wie das verstorbene erste Kind, auf den Namen der Mutter und Großmutter getauft wurde. Diese Tochter wurde die Stammmutter der Familie von Saucken.[281]

Insgesamt hat die Luthertochter in kaum 15 Ehejahren neun Kindern das Leben geschenkt, von denen sechs im Kindesalter gestorben sind. Ihre Ehe mit Georg von Kunheim soll eine sehr glückliche gewesen sein. Der 1564 geborene Sohn Volmar wurde nach dem Tode des Vaters der Herr auf Knauthen und Perkhuinen zu Mühlhausen und Seeseinen. Er starb unvermählt und damit ohne Nachkommen zu hinterlassen. Im Frühjahr 1566 konnte sich das Paar des Besuchs von Margaretes ältestem Bruder Johannes Luther erfreuen. Hans hatte eigens für die Reise zu seiner Schwester bei seinem Weimarer Dienstherrn Urlaub beantragt. Auch sonst ist er wiederholt auf Knauten zu Gast gewesen, besonders in der Zeit seiner Anstellung durch Herzog Albrecht in Königsberg, und war mit Pfarrer Henneberger befreundet. Die 35-jährige Margarete starb im Jahre 1570 im neunten Kindbett und wurde in einer Gruft vor dem Altar der Mühlhäuser Kirche beigesetzt.[282]

Georg heiratete 1573 ein zweites Mal und bestimmte in seinem Testament, er wolle in der Mühlhäuser Familiengruft zwischen seinen beiden Frauen bestattet werden. Seine Nachkommen ermahnte er zur Beständigkeit in der Religion.

DIE FEHLGEBURT

Fünf Jahre nach der Geburt Margaretes erwarteten Luther und seine Käthe ihr siebentes Kind. Katharina war inzwischen vierzig Jahre alt. Es wäre sicherlich angebracht gewesen, dass sie während dieser Schwangerschaft endlich einmal weniger Belastungen ausgesetzt gewesen wäre als bei den vorigen Schwangerschaften. Doch es gelang nicht. Wieder zog die Pest in die Stadt. Wieder mussten zumindest zeitweise Kinder aufgenommen werden. Dieses Mal verlief die Entbindung nicht glücklich. Das Kind wurde am 22. Januar 1540 tot geboren und die Mutter war *dem Tode näher als dem Leben*. Man mühte sich sehr, um der Lutherin zu helfen. Doch sie wurde immer wieder ohnmächtig und verfiel zusehends. Alles schien vergebens. Luther wich in dieser lebensbedrohlichen Situation nicht

Abb. 41 *Die Lutherin, Holzschnitt von Hans Brosamer*

von der Seite seiner geliebten Frau. Er sagte sogar eine wichtige Dienstreise ab und versuchte, sie gesund zu beten. Die Wittenberger Freunde zitterten mit ihm, war ihnen doch die Bedeutung seiner Frau für ihn und seine Kinder sehr bewusst. Melanchthon schrieb in einem Brief, dass er für die Lutherin bete und bat viele Freunde um Unterstützung in deren Gebeten. Am 24. Januar schrieb Jonas an Fürst Georg von Anhalt und berichtete über die Sorgen um die Lutherin: *Wenn dieser mein Brief stumpf und wenig heiter ist, vielmehr ziemlich traurig, ja sehr bekümmert, so liegt die Schuld an der angstvollen Unruhe, in der wir gehalten werden.* Katharina gleiche schon einer Leiche und er wünschte ihr durch ein Wunder Gottes Genesung.[283] Der Biograf Thoma schrieb: *Sie lag da wie eine atmende Leiche. Das Gesicht entstellt, die Gestalt verfallen.*[284] Am 10. Februar traf als Geschenk des besorgten Kurfürsten für die kranke Lutherin ein Reh ein.[285] Sie war zwei Tage später noch immer nicht außer Gefahr.[286] Dann erholte sie sich langsam, konnte wieder essen und trinken und verließ am 26. Februar erstmals ihr Krankenlager. Sie war noch immer so schwach, dass sie sich nur an Tischen und Bänken festhaltend durch das Haus bewegen konnte.[287] Erst am 8. April konnte Luther Melanchthon mitteilen, dass seine Käthe wieder gesund sei. Einige Wochen später erwarb er das von seiner Frau schon lange gewünschte Gut Zülsdorf[288], das immerhin zwei Tagesreisen entfernt lag. Die Freunde sahen in ihrer wunderbaren Genesung ein Sinnbild für die Genesung der kranken Kirche.[289]

 ## Kapitel 2

Vom Ehepaar Luther ins Lutherhaus aufgenommene Kinder

KINDER VÄTERLICHERSEITS

Cyriakus Kaufmann
Von den Geschwistern des Reformators Martin Luther sind nur sein Bruder Jakob und drei Schwestern erwachsen geworden. Zu Lebzeiten der Eltern waren die Beziehungen zwischen den Geschwistern offenbar sehr gut. Wir wissen zum Beispiel, dass der Vater Hans Luther, Bruder Jakob Luther und der Schwager Georg Kaufmann am 19. April 1529 im Lutherhause zu Gast gewesen sind.[290] Zu diesem Zeitpunkt stand die Hausfrau kurz vor der Entbindung ihrer Tochter Magdalena. Möglicherweise wurde bei diesem Besuch die Aufnahme von Schwager Georgs ältestem Sohn Cyriakus Kaufmann besprochen. Allerdings wurde der junge Mann nicht, wie allgemein in der Literatur angegeben, am 29. November 1529, sondern erst am 29. November 1530 an der Universität immatrikuliert.

Die Aufnahme in Wittenberg verfolgte zu Anfang andere Ziele als ein Studium des Hüttenmeistersohnes. Cyriakus wurde 1530 von Luther zu den Großeltern nach Mansfeld geschickt, wie wir aus einem Briefe Luthers vom 15. Februar 1530, wissen, in dem er seinem Vater mitteilte: *Es hat mir Jakob, mein Bruder, geschrieben, wie daß ihr fährlich krank sein sollt ... Darauf hab ich Cyriakus zu euch abgefertiget, zu besehen, ob es euer Schwachheit halben möglich wär,* nach Wittenberg zu kommen, wo Luther und Katharina ihn pflegen könnten.[291] Cyriakus kam schnell von seinem letzten Besuch bei seinem todkranken Großvater nach Wittenberg zurück und gehörte im April zu denen, die Luther auf die Coburg begleitet haben. Er war bei Luther, als dieser auf der Burg die Nachricht vom Tode seines Vaters erhielt. Am 3. August wurde Cyriakus erneut auf Reisen geschickt. Der Onkel meinte, er solle nach Augsburg reisen, damit er einmal in einer großen Stadt das Treiben eines Reichstages sähe. Mit der Reise hat der Onkel seinem Neffen sehr viel Vertrauen bewiesen. Sie dürfte auch als Beleg dafür gelten, dass Cyriakus die in Augsburg notwendigen Verhaltensregeln durchaus beherrschte und von ihm als Neffen Luthers keine Peinlichkeiten zu erwarten waren. Auf der Rückreise von Augsburg erwarb er in Nürnberg für den kleinen Hans Luther das erwähnte Buch aus Zucker.

Cyriakus Kaufmann und sein Cousin Johannes Pollner/ Polner, ein Sohn einer weiteren Lutherschwester, wurden am 22. November 1530 vom amtierenden Rektor der Wittenberger Universität, Jacob Postomius aus Torgau, in die Matrikel der Universität eingetragen.[292] Auch Johannes Polner befand sich schon vor seiner Immatrikulation seit einiger Zeit in Wittenberg. Um diese Zeit müssen die Mütter beider gestorben sein. Das Erbe der Großeltern wurde in fünf gleiche Teile geteilt. Dennoch gab es schon 1531 darüber zwischen den Geschwistern Streitigkeiten. Jedenfalls hat sich Luther bei Tische 1531 sehr heftig darüber ausgesprochen, dass Familienmitglieder versuchten, ihn zu übervorteilen, was ihn aber nicht davon abhielt, nach dem Tode ihrer Eltern alle sechs Kaufmann-Geschwister, den jungen Polner usw. in sein Haus aufzunehmen.

Das ging nicht ohne Schwierigkeiten ab. Selbst der vom Onkel so freundlich behandelte Cyriakus bereitete Luther schon wenige Tage nach seiner Immatrikulation schlaflose Nächte. Am 1. Dezember 1530 schrieb er an Johann Fesel in Coburg: *Cyriakus ist in Trauer, weil ich seiner Liebe entgegentrete und gegen ihn mein Urteil gefällt habe. Da ist Jammer und Not, solange ich nicht diese auf beiden Seiten brennende Flamme erstickt habe.*[293] Für die Töchter der Wittenberger Bürger waren die in der Liebe meist ungeübten Studenten eine willkommene Möglichkeit, gut situierte Ehemänner zu finden, die ihnen einen gesellschaftlichen Aufstieg ermöglichten. Die Stadt geriet als Heiratsmarkt in Verruf. So plagten sich die Reformatoren mit dem Problem der heimlichen Verlobungen. Selbst Söhne Melanchthons und des Kanzlers Dr. Christian Beyer verlobten sich gegen den Willen der Eltern. Die Verlobung unseres Cyriakus wurde von Juristen als gültig anerkannt.[294]

Cyriakus Kaufmann gehörte 1546 zu jenen Familienangehörigen, die den verstorbenen Reformator von Eisleben nach Wittenberg geleiteten. Auf dieser letzten Reise des Onkels werden sie dessen drei Söhnen in ihrer Trauer beigestanden haben. Die Angehörigen waren auch bei der Beisetzung Luthers in der Schlosskirche zugegen. Cyriakus Kaufmann wurde in seiner Heimatstadt Mansfeld Schultheiß und gehört 1554 zu jenen Familienmitgliedern, die als Leiter eines Hüttenfeuers im Mansfeldischen nachweisbar sind.[295]

Fabian Kaufmann

Fabian war ein jüngerer Bruder des Cyriakus Kaufmann. Er und sein zweiter Bruder Andreas sind seit 1533 im Lutherhause nachweisbar. Sie kamen zu einer Zeit, in der ihr Onkel Jakob Luther in Mansfeld noch mit der Erbteilung der Hinterlassenschaft der Großeltern befasst war und Erbstreitigkeiten die Familie belasteten. Am 8. Juni 1533 wurden er, Andreas und ihr achtjähriger Cousin Johannes Luther in die Matrikel eingetragen und auf diese Weise akademische Bürger.

Fabian scheint ein verwegener Bursche gewesen zu sein. Zwei seiner Abenteuer sind belegbar. Damals galt die *Specke*, ein kleines Wäldchen nordöstlich der Stadt, als ein Ort besonderer Vergnügungen der Studenten und manchmal auch der Dozenten. Doktor Johann Faust soll hier, einer Legende nach, erstmals den Teufel beschworen haben. Fabian hatte in der *Specke* ein ganz anders geartetes Abenteuer, das er, prächtig ausgeschmückt, daheim erzählte. Als er dorthin spazierte, um sein Mittagsschläfchen zu machen, sei er auf ein Nest voller Schlangen getreten. Sie lagen über einem Haufen und zischten ihm gefährlich entgegen. Er habe sein Schwert gezogen (!) und unter sie gehieben, bis das Nest ganz zerstört gewesen sei.[296]

Im Mai 1543 kam es mehrere Tage lang zu Studentenunruhen. Sie begannen, laut Bericht der Universität an den Kurfürsten, in der Fischerei mit Streitigkeiten zwischen Fischern und Studenten. Es wurde berichtet, dass man auf dem Platz vor dem Schlosstor abends wie üblich Bälle geschlagen habe und dabei plötzlich die gewalttätigen Auseinandersetzungen begannen. Man schlug sich mit Spießen (!) und warf Steine. Es wurde geprügelt. Später kam es zu schweren Übergriffen innerhalb der Stadt, von denen auch Bürger betroffen waren. Unter den namentlich genannten Studenten befand sich auch Luthers Neffe Fabian Kaufmann.[297]

Er und andere Verwandte sowie Tischgenossen begleiteten die Lutherin und ihre Kinder 1547 auf der Flucht. Die Tante konnte ihm vertrauen und hatte ihn später zurückgeschickt. In Wittenberg sollten sich die dort während des Krieges zurückgebliebenen Theologen Bugenhagen, Cruziger und Paul Eber um den jungen Mann kümmern. Fabian sollte offenbar Wolf Sieberger dabei helfen, das Lutherhaus und die Gärten vor Schaden zu bewahren.[298]

Fabian Kaufmann wurde 1548 von Justus Jonas dem Fürsten Georg von Anhalt für eine Anstellung empfohlen. Danach verliert sich seine Spur.[299]

Andreas Kaufmann

Andreas wurde am 8. Juni 1533 gemeinsam mit seinem Bruder Fabian und dem achtjährigen Hans Luther als Student und akademischer Bürger in die Universitätsmatrikel eingetragen.

Die Anwesenheit des Andreas im Lutherhaus wurde für lange Zeit Anlass zu Verleumdungen. Er sei ein kurz nach der Eheschließung Luthers mit Katharina geborener Sohn und damit schon vor der Ehe gezeugt worden. Das Paar hätte wegen der Schwangerschaft heiraten müssen. Selbst auf einem Kupferstich *D. Luther, Frau Käth und liebe Jugendt,* der 1726 einer in Straßburg erschienenen Schrift Weißgerbers[300] beigegeben wurde, wird der zur Türe eintretende *Andresel* dargestellt. Noch in den 30er Jahren des 20. Jahrhunderts wurde eine Variante des Kupferstichs verbreitet; hier hatte man jedoch den legendären Hintergrund vergessen und wollte wirklich die Lutherfamilie zeigen.

Wie jedes Kind hat auch Andreas mal über die Stränge geschlagen. Luther erzählte einmal von seinen Erziehungsmaßnahmen: *Wenn ich meinen Enders nicht mit der Rute*

Abb. 42 *D. Luther, Frau Käth. und liebe Jugendt, Nachdruck, um 1933*

gestrichen hätte, als er bei Tisch vorlaut gewesen ist, sondern ihm Zucker und Mandelkerne gegeben hätte, so hätte ich ihn schlimmer gemacht.[301]

Bei Andreas haben die Maßnahmen des Onkels offenbar gefruchtet, denn er war sehr wahrscheinlich der Neffe, den Luther, ohne einen Namen zu nennen, an Joachim Camerarius an die Universität Tübingen empfohlen hat. Dort wurde Andreas am 22. Juni 1544 immatrikuliert.[302]

Georg Kaufmann

Die Zehntlisten für das Jahr 1534 weisen den Sohn des langjährigen Geschäftspartners und Schwiegersohns von Hans Luder – Georg Kaufmann – als Betreiber dieser Bergwerks- und Hüttenbetriebe aus[303]. Georg Kaufmann d. J. arbeitete die Betriebsschulden seines Großvaters Hans Luther ab und war wohl nur angestellter Faktor der Schwarzer Seigerhandelsgesellschaft. Um 1500 war Hans Luther als Schauherr einer der höchsten Bergbeamten in der Grafschaft Mansfeld. Hüttenmeister wie er verkauften das Rohkupfer an die Seigerhütten, deren Inhaber die Preise bestimmten und so die Hüttenmeister von sich abhängig machten. Finanzgeschäfte erledigte man auf den drei Leipziger Messen pro Jahr (Neujahrs-, Oster- und Michaelismarkt). Das Silber wurde von den Seigerhütten in Nürnberg, Frankfurt/Main und Antwerpen für Goldgulden verkauft. Dieser lukrative Gewerbezweig zog die Grafen von Mansfeld an, die nun versuchten, die Hüttenmeister auszuschalten und den Seigerhandel an sich zu bringen.[304]

1521 erweiterten sie die erste Berg- und Hüttenordnung des Mansfelder Landes zur *Großen Ordnung*. Seitdem gerieten die Mansfelder Hüttenmeister in finanzielle Abhängigkeit von Seigerhandelsgesellschaften. Schuldverschreibungen führten zum Beispiel dazu, dass der sehr angesehene Hans Luder in seinen letzten Lebensjahren als Angestellter in seiner ehemaligen Hütte arbeiten musste. Der Vater des Reformators erhielt nun nicht mehr 80 Gulden Jahreslohn wie vor 1520 als Schauherr, sondern nur noch 50 Gulden. Der Jahreslohn eines Hauers lag bei 30 Gulden. Hans Luther hatte aber noch seine Einnahmen aus Landbesitz und Geldverleih. Er hinterließ 1530 Güter im Wert von 1250 Gulden. Ihm war es gelungen, seinen Privatbesitz aus den Pfändern herauszuhalten.[305] 1529 wiesen die Grafen von Mansfeld in einem Schreiben an Kurfürst Johann darauf hin, dass nicht alle Hüttenmeister reich geworden sind und führten als Beispiel *Hans Luder* an. 1529/30 erwähnten die Mansfelder Grafen mit Bezug auf Hans Luther die Problematik lebenslanger Schulden.[306]

Bei einem Besuch von *Jakob Luther, Bürger zu Mansfeld und seine lieben Schwäger und Vettern Samuel Mackenroth und Georg Kaufmann in*

Abb. 43 *Georg Agricola, Die verschiedenen Arten der Fahrungen, zeitgenössischer Holzschnitt*

Wittenberg, setzte Martin Luther am 10. Juli 1534 einen Erbvertrag über ihr Vaterhaus in Mansfeld auf. Jakob Luther hatte inzwischen allen Geschwistern und auch Hans Polner und dessen Geschwistern ihre Anteile am Nachlass des Hans Luther abgekauft. Ihrer gemeinsamen Schätzung nach war der Nachlass 1350 Gulden wert, jedes Kind sollte 350 Gulden erben. Jakob Luther versprach nun, mit Ausstellung dieses Briefes 200 Gulden zu bezahlen, danach jährlich um diese Jahreszeit auch 200 Gulden, bis er die anderen Erben befriedigt habe. Dabei stehe ihm frei, nach Vermögen mehr zu zahlen. Man hatte beschlossen, angesichts *seiner Bitte und Not* solle Samuel Mackenroth als Erster seinen Teil erhalten, danach aus ähnlichen Gründen Georg Kaufmann d. Ä. Alle Verwandten wurden aufgefordert, mit diesem Beschluss allen Hader beizulegen und sich wie es *natürlichen Blutsfreunden insonderheit geziemt, brüderlich, freundlich, christlich einander zu lieben und zu fördern, Amen.*[307]

Im Herbst 1536 wohnte Luthers Neffe Georg Kaufmann im Lutherhaus und wurde bei der Rückkehr mit seinen Zechgenossen einmal von dem Onkel hart auf die Folgen der Trunksucht hingewiesen.

Sauft, dass euch das Unglück ankomme! – Diese wollen nicht alte Leute werden. Die meisten Menschen richten sich durch ihre Trunksucht zugrunde.[308] Inwieweit er mit diesem harten Urteil über den Neffen recht hatte, wissen wir nicht. Immerhin hat dieser junge Mann die Schulden des Großvaters übernehmen müssen. Von seinem Vater ererbte Trunksucht sagte der Reformator auch seinem Neffen Johannes Polner nach. Trunksucht war zur Lutherzeit ein großes gesellschaftliches Thema. Der Reformator predigte sogar vor Kurfürst Johann Friedrich wiederholt gegen die Trunksucht der Höflinge. Das mussten sich auch Joachim II. von Brandenburg und Bischof Matthias von Jagow in Torgau von ihm gefallen lassen.[309] Trunksucht galt in Handwerkerkreisen als eine der Ursachen für sozialen Abstieg.[310] Einen drastischen Fall mit einem Angestellten erlebten die Luthers in ihrem Hause. Am 10. Februar 1538 prahlte ein sonst sehr fleißiger, nun aber betrunkener Tagelöhner der Lutherin den ganzen Sonntag über in der Stadt damit herum, ein Diener des Glaubenshelden zu sein und erschlug am Ende in seinem Rausch einen Menschen. Wieder zu Bewusstsein gekommen, nahm er Abschied von seiner Frau und seinen drei Knaben und verließ sie. Die Sorge um die Familie verblieb zu Katharinas Schmerz den Dienstherren.[311]

Am 22. Februar 1546 befand sich Georg Kaufmann mit seinem Bruder Cyriakus und dem Onkel Jakob Luther unter jenen Mansfeldern und Angehörigen, die mit Luthers Leichenzug nach Wittenberg gekommen waren, um die Leiche des Reformators auf Befehl Kurfürst Johann Friedrichs in der Schlosskirche beizusetzen.

Abb. 44 *Das 1579 von der Familie verlorene Lutherhaus in Mansfeld im Jahre 1883*

Am 1. Juni 1554 sind Jakob Luther, Georg, Martin und Cyriakus Kaufmann als Leiter von Hüttenfeuern in Talmansfeld und Annarode nachweisbar.[312] Sie haben den Besitz ihrer Familie nicht zurückgewinnen können. Jakob Luther, der Bruder des Reformators, starb 1569. 1579 mussten die Nachkommen der Familie Luther wegen schwerer Finanzprobleme auf *Fürstlich Magdeburgischen Befehl* das Lutherhaus in Mansfeld abtreten. Die Familie war so verarmt, dass 1575 ein Mitglied Geschworener, zwei Steiger und drei Bergknechte in den ehemaligen Zechen Bader und Hirschwinkel Hans Luthers waren.[313]

Magdalena Kaufmann

Mit den Brüdern Kaufmann scheinen auch die beiden Schwestern ins Lutherhaus gekommen zu sein. Die noch sehr junge Magdalena gefiel dem 1506 geborenen Famulus Luthers Veit Dietrich 1534 so sehr, dass er um sie freite. Die Verheiratung eines sehr jungen Mädchens war damals möglich, wie die Verlobung von Luthers zwölfjährigem Patenkind Anna Melanchthon mit dem Poeten Georg Sabinus zeigt. Doch Luther wies den Freier ab.

… es wäre nicht ratsam, dass junge Leute so bald in der ersten Hitze und plötzlich freiten; denn wenn sie den Fürwitz gebüßt hätten, so gereute sie's bald hernach und könnte keine beständige Ehe bleiben; es käme das Hündlein Reue, dass viele Leute beisst.[314]

Luthers Besorgnis galt aber auch dem Wohl des Freiers, denn *das weiß ich wohl, dass meine Muhme mit Euch wohl versorget wäre; weiß aber nicht, ob Ihr mit ihr versorget würdet. Sie muß noch besser gezogen werden. Will sie nicht gehorchen, so will ich sie einem schwarzen Hüttenknecht geben und keinen frommen gelehrten Mann mit ihr betrügen.*[315] Dietrich, der sowieso immer wieder mit der Hausfrau wegen seiner Zöglinge in Streit geriet, empfand seine Zeit im Lutherhaus als abgelaufen und verließ es mit sechs Schülern Mitte Oktober 1534. Nachdem Abstand gewonnen war, blieben er und die Luthers stets freundschaftlich verbunden. Luther und Katharina blieb der Teenager Magdalena, der sich nun natürlich besonders bockig zeigte, so sehr, dass Luther meinte, *man sollte sie mit einem guten Knüttel züchtigen, dass ihr das Mannnehmen verginge.*[316]

Doch auch dieses schwierige Alter der Ziehtochter war irgendwann überstanden. Das Problem der Partnersuche blieb und das, zwischen all den jungen Männern, die das Haus als Schüler, Studenten und Gäste bevölkerten. 1538 waren nicht nur Magdalena und ihre Schwester Else im heiratsfähigen Alter, sondern auch Anna Strauß.[317] Am 11. November 1538 feierte Luther seinen Geburtstag mit seinen Freunden Jonas, Cruziger, Melanchthon, Camerarius, Bucer und dem Vizekanzler Dr. Franz Burkhart sowie dem Professor Ambrosius Berndt, der den Anlass nutzte und glücklich vor allen Gästen um Luthers Nichte Magdalena anhielt.[318] Ambrosius Berndt war um 1500 in Jüterbog geboren worden, hatte seit 1520 an in Wittenberg studiert und nach mehreren kurzen Tätigkeiten in Breslau, Schweidnitz und Görlitz im Jahre 1535 eine Professur an der Wittenberger Universität erhalten. Berndt hatte das Unglück, dass ihm seine erste Ehefrau, Barbara von Bora, schon 1532 und die zweite, deren Namen unbekannt ist, im November 1537 samt Söhnchen im ersten Kindbett gestorben waren.[319] Nun galt es wieder einmal eine Hochzeit im Lutherhause vorzubereiten. Hausfrau Katharina sorgte für ein prächtiges Brautkleid, das am Hals mit golddurchzogenen Borten besetzt war. Nicht einmal König Salomo oder Julius Cäsar hätten solche Kleider gehabt: *Es muss jetzt alles Gold sein! Was man früher zu Kirchenschmuck gegeben hätte, hängt man jetzt an den Hals,*[320] moserte der Onkel und widmete sich dem Probieren der Getränke, die die Hochzeitsgäste fröhlich machen sollten. Der anhaltische Fürst wurde wieder einmal rasch gebeten, einen Frischling oder einen Schweinskopf zu senden, er habe *sein Waislein,* seiner Schwester Tochter, zu verheiraten. Als Luther das Brautpaar in diesen Tagen einmal die Welt vergessend fand, kam kein Donnerwetter sondern ein Scherz.

I *ch wundere mich, was ein Bräutigam mit der Braut also viel sollt' zu reden haben! Und, sie haben besonderes Recht, das geht über alles Recht und Gewohnheit.*[321]

Der Wittenberger Schulmeister Johann Kalckofen sollte die Hochzeitsmusik machen und dann waren auch noch die Verwandten einzuladen: Jakob Luther, der wie Martin ein Onkel der Braut war, die Brüder des Großvaters der Braut, Veit und Heinz Luther, und andere Blutsverwandte und Freunde inklusive des Mansfelder Schlosspredigers Michael Coelius, dazu die Wittenberger Freunde. Der Wittenberger Rat sandte als Geschenk Frankenwein und Wein aus der Geburtsstadt des Bräutigams Jüterbog, die damals noch erhebliche Mengen produzierte. Magdalenas Hochzeit fand am 27. November 1538 im Hause von Onkel und Tante statt und wurde zu einer vergnügten großen Feier, bei der es an nichts fehlte.

B *ei einer Hochzeit soll man die Braut schmücken, soll essen, trinken, schön tanzen und sich darüber kein Gewissen machen, denn der Glaube und die Liebe lässt sich nicht austanzen noch aussitzen, so du züchtig und mäßig darin bist.*[322]

Doch was so glücklich begann, endete schon am 12. Januar 1542 mit dem Tod von Magdalenas Gatten. Über seinen Tod berichtete Bugenhagen in der Leichenpredigt. Er und Luther betrachteten Berndts Sterben als Beispiel für einen seligen Tod. Die junge Witwe Magdalena Kaufmann kehrte nach nur dreijähriger Ehe ins Lutherhaus zurück, das gerade die Hochzeit ihrer Cousine Anna Strauß vorbereitete.

Der Kummer Luthers mit der jungen Frau setzte sich zu seinem Lebensende hin fort. Die Witwe verlobte sich 1545 heimlich mit dem 20-jährigen Medizinstudenten Ernst Reuchel aus Geising. Luther und Melanchthon waren über diese erneute heimliche Verlobung eines Studenten ihrer Universität entsetzt. Wie musste doch das Ansehen unter diesen Vorgängen leiden! Ihr massives Eingreifen gegen die Verbindung hatte zur Folge, dass das junge Paar erst nach Luthers Tod heiraten konnte und lange in großer Armut leben musste, obwohl Lene ein kleines Vermögen besaß. Erst 1549 wurde Reuchel in Stendal als Medicus angestellt und lebte noch in den 70er Jahren als bestellter Medicus in Lübeck.[323]

Else Kaufmann

Im Gegensatz zu ihrer Schwester Magdalena scheint Else Kaufmann ein sehr ruhiges Mädchen gewesen zu sein. Sie wird mit den Geschwistern nach dem Tod der Eltern ins Haus gekommen sein. Ihre Anwesenheit wird 1538 und 1545 bezeugt. In diesen sieben Jahren ist sie unauffällig geblieben und fand keinen Freier. Ihr späteres Leben ist unbekannt.

Johannes (Hans) Polner

Eine der Schwestern des Reformators und Jakob Luthers hatte den Mansfelder Polner geheiratet. Auch dieses Ehepaar ist früh gestorben. Ihre verwaisten Kinder Johannes und Magdalena wurden, wie die Kinder der Kaufmanns, im Lutherhause aufgenommen und großgezogen.

Hans kam gemeinsam mit seinem Cousin Cyriakus Kaufmann ins Lutherhaus und wurde während seines Coburgaufenthaltes 1530 von Luther dem ins Haus gekommenen Peter Weller anbefohlen. Seine Hausfrau Käthe wurde von Luther gebeten, zuzusehen, *dass er sich gehorsamlich halte.*[324] Sie sorgte für ihn ebenso gut, wie für alle im Hause lebenden Kinder. In den ersten Jahren seines Aufenthaltes mussten sich seine Zieheltern öfters wegen seiner vom Vater geerbten Trunksucht und seines Jähzorns sorgen. Hans schien seine Probleme jedoch in den Griff bekommen zu haben. Er wurde gemeinsam mit Johannes Luther am 22. November 1530 immatrikuliert, studierte Theologie und wartete dem Onkel als *Famulus* auf.

Nach seinem Studium predigte Hans Polner wiederholt in der Stadtkirche. Nach einer Predigt meinte die Tante einmal, sie habe ihn besser verstanden als sonst Bugenhagen, der oftmals weit vom Thema abkomme. Luther hatte seiner Frau darauf geantwortet: *Polner predigt, wie ihr Weiber pfleget zu reden; denn was ihnen einfällt, das sagen sie auch. Doktor Jonas pfleget zu sagen: Man soll die Kriegsknecht nicht alle ansprechen, die einem begegnen! Und ist wahr, Doktor Pommer nimmt bisweilen etliche mit, so ihm begegnen. Aber das ist ein närrischer Mensch, der da meinet, er will alles sagen, was ihm einfällt. Einer sehe zu, dass er bei dem Thema bleibe und verrichte das, was er vor ihm hat, dass man das selbige wohl verstehe. Und gemahnet mich derselbigen Prediger, die alles wollen sagen, was ihnen einfällt,*

Abb. 45 *Elbtor und Stadtkirche von Wittenberg, Detail aus einem Holz-schnitt von S. Münster*

gleich wie die Mägde, die zum Markt sollen gehen: Wenn ihnen eine andere Magd begegnet, so halten sie einen Ständerling; begegnet ih-nen die andere, halten sie mit der auch eine Sprach, also mit der dritten und vierten, und kommen so langsam zum Markt. So tun die Prediger auch, die zu weit vom Thema abkommen; meinen, sie wol-len alles gern auf einmal sagen, aber es tuts nicht.[325]

Magdalena Polner
Magdalena Polner war offenbar ein patentes junges Mäd-chen. Das hat sie bewiesen, als Katharina Luther die Jung-frau, die offensichtlich in der Krankenpflege sehr bewan-dert war, in Begleitung von Justus Jonas zur Pflege ihres kranken Mannes nach Tambach entsandte.

Der schon leicht erkrankte Luther war gemeinsam mit Melanchthon und Bugenhagen im eigenen Pferdewagen nach Thüringen abgereist. In Schmalkalden trafen sich vom 31. Januar bis zum 14. März 1537 18 Fürsten und Gesandte der Könige von Frankreich und Dänemark, der kaiserliche Vizekanzler Matthias Held, der Nuntius van der Vorst und der Bischof von Aquisi, um sich gemeinsam auf das von Papst Paul III. für den 23. Mai 1537 einberufene Konzil zu Mantua vorzubereiten. Luther hatte für die Verhandlungen die *Schmalkaldischen Artikel* vorbereitet, die in Schmalkalden nur von geistlichen Vertretern unterschrieben wurden. Er wohnte im Hause des hessischen Rentmeisters Balthasar Wilhelm, konnte aber wegen seines schlechten Gesundheitszustandes nicht an den so hoch angebundenen Verhandlungen teilnehmen. Alle Bemühungen der fürstlichen Leibärzte halfen nichts. Der Kranke wollte zurück zu seiner Frau. Er reiste am 26. Februar 1537 in einer kurfürstlichen Kutsche ab, obwohl ihm ein Arzt wegen einer Steinkolik zu Fasten und Bettruhe geraten hatte. Bei ihm war der anhaltische Hofprediger Johann Schlaginhausen. Bei einer Rast in Tambach ließ sich Luther, trotz aller diätischen Anordnungen der Ärzte, kalte Erbsen und Bratheringe servieren, worauf er in der Nacht den Stein verlor. Am folgenden Tage schrieb er seiner Frau, dankte ihr für die Zusendung von Medikamenten und Hausmitteln und meinte, nicht die Mischung von Pferdemist und Knoblauch habe ihm geholfen, sondern Gott. Sie möge dem Herrn für seine Genesung danken und die Kinder und die Muhme Lene ebenfalls für den Erhalt des Vaters danken lassen. Schlaginhausen kehrte nach Schmalkalden zurück und verkündete dort: *er lebt!*

Die Lutherin, der der Landvogt auf Befehl Kurfürst Johann Friedrichs bei der Reise half, eilte zu Spalatin nach Altenburg. Dort bereitete sie ihrem Mann ein Krankenlager und wartete die Ankunft des Gatten, der Nichte Magdalena Polner und des Freundes Justus Jonas ab. Mitte März verließen sie das gastliche Haus der Freunde in Altenburg und reisten, um den Kranken zu schonen, langsam ab, nicht ohne unterwegs im Kloster Nimbschen bei Grimma eine kleine Rast einzulegen.[326]

Die anstrengendsten Pflegearbeiten erwarteten die Frauen jedoch zu Hause – die erkrankte Kurfürstin Elisabeth von Brandenburg. Auch hier wird die Lutherin nicht ohne die Hilfe der Pflegetochter Magdalena Polner zurechtgekommen sein.

Martin Luther (Sohn Jakob Luthers, Neffe des Reformators)
Um 1538 soll Jakob Luthers Ehefrau Barbara (*Meme) in Mansfeld gestorben sein. Das Ehepaar hatte 1515 in Hettstedt geheiratet.[327] Der gemeinsame Sohn Martin Luther kam wohl wegen des Todes der Mutter nach Wittenberg. In älteren Quellen wird eine Ehefrau Jakob Luthers erwähnt, die eine geborene Reinecke gewesen sein soll, vielleicht eine Stiefmutter. Veit und Johannes werden neben Martin als Söhne Jakob und Barbara Luthers erwähnt. Beide Brüder haben geheiratet und Kinder hinterlassen.[328] Obwohl der Vater Jakob in Trauer war und schwer um seine Existenz kämpfen musste, ließ er den Sohn Martin studieren und im Lutherhause in Wittenberg wohnen. Im April 1539 schrieb Rektor Caspar Cruziger *Martinus Luther, filius Jacobi Lutheri Mansfeldensis* in die Matrikel ein.[329] Er, Florian von Bora und die Kinder des berühmten Onkels wurden gemeinsam unterrichtet. Dieser Neffe hat Luther einmal so

sehr *erzürnt und getötet, dass er ganz von seines Leibes Kräften gekommen sei.*[330] Wir hören von Martin noch einmal, als sein Vater Jakob am 12. August 1547 in einem Brief schrieb, er könne das Studium seines Sohnes nicht mehr finanzieren. Es ist die Zeit, in der die Lutherin mit ihren Kindern zum zweiten Male von der Flucht nach Wittenberg zurückkehrte und ihren Besitz außerhalb der Stadtmauern verwüstet vorfand.

Luthers Neffe Martin Luther soll Martha Döring geheiratet haben, eine Tochter des Wittenberger Goldschmiedes, Verlegers und Fuhrwerkbesitzers Christian Döring, der zum Freundeskreis um Cranach d. Ä. und Martin Luther gehörte. Nach dem frühen Tode ihres Gatten soll sich die junge Witwe mit dem berühmten Zwickauer Musiker Jodokus Schalreuter († 22. September 1550 in Magdeburg) vermählt haben.[331] Gegen diese Theorie spricht der Tod Martins in seiner Heimatstadt Mansfeld, wo er laut Leichenpredigt Vater einiger Töchter und Söhne geworden ist.[332] Die Döringfamilie spielte im Leben der Luthers immer wieder eine Rolle, wie wir beim Tischgenossen Johann Schneidewein sehen werden.

Anna Strauß

Anna Strauß war die Enkelin (?) einer Schwester Luthers. Sie gehörte zu den drei heiratsfähigen Mädchen, die 1538 im Lutherhause gelebt haben. Im Frühjahr 1540 wurde vom herzoglich sächsischen Hofprediger Dr. Jakob Schenk um Anna angehalten. Die Werbung wirkte ehrenvoll, doch unter den Wittenberger Reformatoren galt der hochbegabte Mann als anrüchig, stolz und eitel. Er hatte sich mit Melanchthon um die Abendmahlfrage gestritten und vom *Lehrer Deutschlands* in diesem Zusammenhang den Spottnamen *Kuckuck* erhalten. Luther bezeichnete ihn lieber als *Jäckel*. Die Lutherin wollte *dem Doktor Kuckuck die Tochter nicht geben, denn er predigt das Evangelium nicht lauter.* Für Anna wurde es wirklich ein Glück, dass der Hofprediger abgewiesen worden war, denn der holte sich auch noch in den Häusern Bugenhagens und von Melanchthons Schwager Hieronymus Krappe Körbe. Es war ihm nie um die Braut, sondern immer nur um die Ehre gegangen, möglichst enge familiäre Verbindungen zu den Wittenberger Reformatoren zu haben. Nachdem er den Bräutigam abgewiesen hatte, äußerte Annas Pflegevater, *wenn meine Strauß heiraten wollte und ich sähe, dass die Ehe nicht zu ihrem Besten wäre, würde ich sie zu ihren Verwandten schicken.*[333] Das hätte klappen können, denn Anna hatte in der Heimat noch Verwandte, die sie im Notfall aufnehmen und sich um sie kümmern würden.

Doch das war nicht nötig. Am 11. Januar 1542 wurden die anhaltischen Fürsten erneut um eine Spende von Wildbret für eine Verwandte des Reformators gebeten: *Wiewohl ich E. F. G. ganz ungern beschwere, so zwingt's doch die Sache und Notdurft. Und ist die, daß ich E. F. G. ganz demütiglich bitte, sie wollten mich, sofern es möglich und tunlich ist, etwa mit Wildbret begaben. Denn ich einer Hausjungfrau, meiner Freundin, soll zu Ehren helfen in den heiligen göttlichen Stand der Ehe. Und ist hier wenig zu bekommen. Denn die Menge und viel mehr die Ämter und Hoflager haben schier alles ausgefressen, daß weder Hühner noch ander Fleisch wohl zu bekommen, daß, wo es sehr fehlet, ich mit Würsten und Kaldaunen muß nachfüllen. Ich hab auch E. F. G. noch nicht gedankt für das Schwein, mir geschenkt, danke aber jetzt schriftlich, der ich zuvor mündlich und herzlich gedankt habe. Denn ich vielfältig spüre, daß E. F. G. einen großen gnädigen Willen gegen mich Unwürdigen tragen. Und wäre die selbige Sau nach dem Ver-*

löbnis kommen, so hätte sie müssen auf die Hochzeit gespart sein, damit ich E. F. G. dies Mal hätte unbeschwert gelassen. E. F. G. wollten mit mein Geilen gnädiglich zu gut halten. Der Hochzeitstag soll sein Montag nach St. Pauli Bekehrung oder am 30. Januar. Hiermit dem lieben Gotte befohlen. Amen[334]. So konnte man im hochzeitsfeiererprobten Lutherhause die Eheschließung der *Hausjungfrau* Anna und des Magisters Heinrich Schillingstadt aus Kölleda in Thüringen mit einem köstlichen Essen feiern. Das Fest wird dennoch nicht sehr fröhlich verlaufen sein, war man doch erst vor wenigen Tagen vom Grabe von Magdalenas Ehemann Ambrosius Berndt zurückgekehrt.

KINDER MÜTTERLICHERSEITS

Florian von Bora

Florian war der Sohn von Katharinas Bruder und dessen Ehefrau Christine. Florian kam um 1539 ins Lutherhaus und wurde gemeinsam mit Martin Luther aus Mansfeld und den Lutherkindern unterrichtet. Unter den Kindern musste er beinahe privilegiert erscheinen, da seine Eltern noch lebten. Sein Vater starb 1542.

Katharinas Neffe wurde im Herbst 1542 gemeinsam mit seinem etwa gleichaltrigen Cousin Johannes Luther zu Markus Crodel[335] in die Torgauer Schule geschickt. Bei seiner Abreise hatte Florian dem kleinen Paul Luther ein Messer entwendet und dann dem Schulmeister vorgelogen, er habe es von Luther erhalten. Luther war darüber so zornig, dass er den kleinen Dieb und Lügner drei Tage lang mit der Rute streichen ließ. Ungehorsame Kinder und ungehorsames Gesinde eines Pfarrers gaben nach des

Reformators und seiner Frau Erleben anderen Gemeinde-
gliedern *ein Ärgernis und Privilegium zu sündigen.*[336]

Wenn Kinder böse sind, Schaden und Schalkheit anrichten, so soll man
sie darum strafen, sonderlich wenn sie täuschen und stehlen lernen;
jedoch muss man in der Strafe auch Maß halten; denn was Knabenstreiche
sind, wie Kirschen, Äpfel, Birnen, Nüsse, so muss man's nicht also strafen,
als wenn sie Geld, Rock und Kasten angreifen wollten: da ist denn Zeit, ernstlich zu strafen. Meine Eltern haben mich gar hart gehalten, dass ich darüber
gar schüchtern wurde. Die Mutter stäubte mich ein Mal um einer geringen
Nuss willen, dass das Blut hernach floss, und ihr Ernst und gestrenges Leben,
das sie mit mir führten, das verursachte mich, dass ich darnach in ein Kloster lief und ein Mönch wurde; aber sie meinten's herzlich gut.
Man muss also strafen, dass der Apfel bei der Rute sei.
Es ist ein böses Ding, wenn um der harten Strafe willen Kinder den Eltern gram werden,
oder Schüler ihren Lehrern feind sind. Denn viele ungeschickte Schulmeister verderben
feine Anlagen mit ihrem Poltern, Stürmen, Streichen und Schlagen, wenn sie mit Kin-
dern anders nicht denn gleich wie ein Henker oder Stockmeister mit einem Diebe umge-
hen. Ich bin einmal vor Mittag in der Schule fünfzehn Mal nach einander mit der Rute ge-
strichen worden. Man muss Kinder stäupen und strafen, aber gleichwohl soll man sie
auch lieb haben.[337]

Die verwitwete Lutherin hat Florians seit 1542 verwitweter
Mutter Christine von Bora am 2. April 1546 in einem Brief
für deren Beileidsschreiben gedankt. In ihrer tiefen Trauer
schrieb sie der Schwägerin, vor Kummer um ihren Martin
könne sie *weder essen noch trinken, auch dazu nicht schlafen.*[338]

1546 bis 1547 gab es einen regen Briefwechsel zwischen
der Lutherin, ihren Verwandten und dem ihr befreundeten Heinrich Hildebrandt von Einsiedel. Einsiedel setzte
sich danach für die Gewährung eines Stipendiums für

Katharinas Neffen Florian von Bora für ein Jurastudium an der Leucorea ein.[339]

KINDER VON FREUNDEN

Hanna von der Saale
Hanna kam schon 1527 in das Lutherhaus. Luther schrieb am 29. Dezember 1529 an Justus Jonas in Nordhausen: *Hanna von der Sala haben wir gestern getraut,* und: *Am Neujahrstag abends kannst du, wenn du willst, der Hochzeitsfeier beiwohnen.*[340] Die junge Frau heiratete den aus der erzbischöflichen Residenzstadt Halle an der Saale stammenden Geistlichen Peter Eisenberg.[341]

Die Familie von der Saale wurde für die hessische Landesgeschichte und die Reformationsgeschichte bedeutsam. Im Jahre 1522 wurde *Hans von de Saale* und seiner Frau Anna von Miltitz eine Tochter geboren und auf den Namen Margarete getauft. Margarete fand 1539 das Wohlgefallen des Landgrafen Philipp von Hessen, der die junge Frau unbedingt heiraten wollte. Die geforderten Gutachten über *Bigamie* des mit Christine von Sachsen verheirateten Landgrafen versetzten Luther und besonders Melanchthon in schwere seelische Konflikte. Die aus dieser Zweitehe hervorgegangenen Kinder begründeten das hessische Grafenhaus Dietz.[342]

Am 29. Juni 1534 schrieb Luther an seinen inzwischen schwer leidenden Freund Dr. Johann Rühel in Mansfeld: *Mir ist wahrlich Euer Schwachheit von Herzen leid und viel leider, daß ich aus Eures Just's Schrift vermerket, daß Ihr Euch solcher Schwachheit so hart annehmet. ... Eure Söhne werde ich halten, wie meine eignen.*[343] Er wollte die Söhne des erkrankten Rates der Mansfelder Grafen in sein Haus aufnehmen und bestens ausbilden lassen. Seine Hinwendung zu den Kindern aus seiner mansfeldischen Heimat und dem angrenzenden Harz zeigt sich dann auch bei den in seinem Hause aufgenommenen Stipendiaten.

Die Münsterer-Kinder

Zu den Freunden des Hauses zählten der aus Nürnberg stammende Jurist Sebald Münsterer und seine Frau Anna, eine Schwester von Melanchthons Frau Katharina. Der Professor hatte während seines Rektorates im Wintersemester 1533/34 seine Söhne Sebald und Leonhardus in die Wittenberger Universitätsmatrikel eingetragen.[344] Doch die glückliche Zeit der Familie ging mit der Pest 1539 zu Ende. Zugereiste Studenten brachten sie ins Haus.[345] Die Mutter musste zu allgemeinem Schmerz am Sonnabend, dem 25. Oktober zu Grabe getragen werden.[346] Luther eilte hinzu und fand den Vater mit Pestbeulen vor, soll ihn sogar berührt haben. Vier Kinder, drei Söhne und eine Tochter waren offenbar von der Krankheit verschont geblieben. Sie wurden zum Entsetzen der Wittenberger ins Lutherhaus mitgenommen und der schwangeren Lutherin in Obhut gegeben. In der Stadt erscholl überall das Geschrei, er wolle den Erbarmungslosen und Furchtsamen ein Exempel geben.[347] Am nächsten Tage musste auch der Vater begraben werden. Dann verloren noch drei weitere Hausbewohner ihr Leben.[348] Die Kinder der Münsterers blieben etwa einen Monat im Lutherhaus. Am 27. November 1539 wurden sie als im Melanchthonhaus aufgenommen erwähnt.[349]

Erst 1566 wurde eine *Abrede zwischen der Universität, dem Amtsschösser und dem Rat, wie es in diesen gefährlichen Sterbensläuften soll gehalten werden* getroffen und kümmerte man sich gemeinsam um die Seuchenbekämpfung in der Universitätsstadt. Erst seit 1566 wollte man *Verdächtige* an den Stadttoren abweisen, *vergiftete Häuser* kennzeichnen und schließen und einen besonderen Geistlichen sowie Arzt und Pestbarbier einstellen, die sich um die Betroffenen kümmern sollten. Bis dahin hatte man die Erkrankten und ihre Familien sich selbst überlassen. So konnte es gesunden Kindern, deren Eltern erkrankten, durchaus passieren, dass sich ihrer niemand annahm und sie womöglich verhungerten.

Der etwa einmonatige Aufenthalt der Kinder im Lutherhaus kann auch durch eine Art Quarantäne begründet sein. Selbst heute wird bei ansteckenden Krankheiten eine Quarantäne verhängt.[350] Was das Erleben der durch den Reformator geretteten Kinder in deren Seelen hinterlassen hat, mag man sich gar nicht vorstellen. Selbst die im Lutherhause lebenden Kinder werden im Angesicht dieser unglaublichen Not, wie die Erwachsenen, seelisch betroffen gewesen sein.

Auch Melanchthon war ein Freund von Kindern, führte im Hause eine Burse und unterrichtete etliche Schüler, wie Johannes und Paul Luther und den kleinen Justus Jonas, den er sogar aufnahm. Die Söhne seiner an der Pest verstorbenen Schwägerin Anna wurden von ihrer Schwester getrennt und zu Verwandten nach Nürnberg gebracht. Das Töchterchen Anna blieb im Melanchthonhaus und erlebte während des *Schmalkaldischen Krieges* die Flucht der Reformatoren mit ihren Familien mit. Anna Münsterer heiratete am 20. August 1548 den Wittenberger Dozenten Ulrich Sitzinger.[351] 1546 hatte die verwitwete Lutherin aus dem Erbe der Münsterer das Gut Wachsdorf erworben.

Weitere im Lutherhaus geborene und gestorbene Kinder
Am 31. Dezember 1527, kurz nach der im Kapitel über Johannes Luther beschriebenen Pestepidemie, brachte Walpurga Bugenhagen ihren Sohn Johannes Bugenhagen d. J. im Lutherhaus zur Welt. Die Hausfrau selbst hatte kaum drei Wochen vorher entbunden. Die Babys Johannes Bugenhagen und Elisabeth Luther konnten das Lutherhaus um die Wette mit ihrem Geschrei füllen. Helfen konnten ihnen dabei ihre ebenfalls noch kleinen Geschwister Michael und Sara Bugenhagen und natürlich Hänschen Luther. Der Stadtpfarrer und seine Frau hatten um ihre Kinder ähnlich viel zu leiden wie die Luthers. Erst ihr dritter Sohn namens Johannes überlebte die Kindheit und wurde als einziger Sohn neben Tochter Sara erwachsen. Die Väter wünschten sich Söhne, die ihren Namen und Töchter, die den Namen der Mutter weitertrugen. Verlor der trauernde Vater seinen Johannes, wurde der nächstgeborene Sohn wieder auf den Namen des Vaters getauft. Bugenhagen wurde von Braunschweig, Lübeck, Hamburg und dem dänischen König eingeladen, für ihren Herrschaftsbereich das Kirchenwesen neu zu ordnen und eine Kirchenordnung zu schaffen. Der *Pommer* wurde zum Reformator des Nordens und reiste immer mit seiner Familie. Offenbar konnte er ohne Frau und Kinder nicht zurechtkommen. Für ihn und seine Frau bedeutete das Reisen während der Schwangerschaft, Geburt und Tod von Kindern in der Fremde. Auch Bugenhagens Kinder erlebten die vielen, auch hoch gestellten Gäste des Vaters und das Ansehen, das er in der Welt genoss. Auch sie waren bei Tisch anwesend und wurden von den Gästen und Freunden des Vaters als Kinder des Gelehrten wahrgenommen. Mit seinen Kindern und Freunden dankte Bugenhagen seit

dem Erscheinen der Erstausgabe von Luthers gesamter Bibelübersetzung im Jahre 1534 jedes Jahr in seinem Hause bei einem von ihm gestifteten Fest *Translationis Bibliorum* seinem Gott für diesen teuren und seligen Schatz der verdeutschten Bibel[352], zu dem er maßgeblich beigetragen hat.

Im Sommer des Jahres 1535 erlebte das Lutherpaar wieder einmal eine sehr ungewöhnliche Geschichte, die nur in einem so offenen Haushalt, wie dem ihren geschehen konnte: Eine offensichtlich aus wohlhabenden Verhältnissen stammende Frau, die sich Lorche/Loricha nannte, wurde auf ihrer abenteuerlichen Reise in Wittenberg von ihrer Niederkunft überrascht und im Lutherhause aufgenommen. Sie war in erster Ehe mit Wolf Kämmerer von Worms, genannt Dalberg, verheiratet. Nach dessen Tod verliebte sie sich in den reichen Juden Jakob, der sie entführte und heiratete. Die Angehörigen fanden ihre Spur in Erfurt wieder und stachen den Juden nieder, als er ihnen zu Pferde begegnet war. Lorche floh nach dem Mord an ihrem jüdischen Ehemann vor der Familie und traute sich nicht mehr, ihren Namen anzugeben. So war die adelige Tochter zu einer Art von fahrender Frau geworden, Abschaum auf der Straße. Luther hob das Neugeborene aus der Taufe, ohne zu wissen, wer die Mutter ist. Nach einigen Wochen wies er sie an Pfarrer Justus Menius nach Eisenach, da sie ihre offensichtlich wohlhabende Herkunft weiterhin nicht bekannt gab und doch wirtschaftlich abgesichert werden sollte. Erst als der Ritter Hartmut von Cronberg bei Luther eintraf, wurde die Identität der Lorche offenbar und Luther vermittelte glücklich zwischen den Geschwistern.[353]

Luthers Bericht an Jonas über den Fortgang der Pest in seinem Hause enthält eine Stelle, in der er den Tod einer

Gebärenden und ihres Kindes in seinem Hause auf erschütternde Weise festgehalten hat: *Am Sonnabend wäre ich beinahe verzweifelt, als die Frau Georgs, des Kaplans (Georg Rörer), eine Frühgeburt hatte. Sie starb bald nach dem Kind einen zweifachen Tod, zuerst infolge der Schmerzen bei der Geburt, dann vom Gift der Pest aufs Furchtbarste zugerichtet. Christus hat damals weder unsere Tränen noch unsere Gebete, sie zu bewahren, erhört, aber er hat Trost gegeben, dass sie ein gutes Ende hatte, dass heißt im Glauben und erfüllt vom Hl. Geist zu ihm gegangen ist.* [354]

Im 16. Jahrhundert war die Geburtenrate hoch und damit auch die Mütter- und Kindersterblichkeit. Der Tod war allgegenwärtig und brachte den Familien viel Leid.

E in Kind unter sieben Jahren stirbt am allerfröhlichsten und leichtesten, ohne Furcht des Todes; aber alsbald wir erwachsen, groß und alt werden, da hebt sichs an, dass wir den Tod und die Hölle fühlen und uns davor fürchten. [355]

Nicht nur der Tod der eigenen Töchter ging Luther, der als Vater und Hausherr für so viele Kinder sorgte, ans Herz, sondern auch der Tod von im Hause lebenden Schützlingen. Am 20. April 1532 starb im Lutherhaus nach vierwöchiger Krankheit Veit Dietrichs Zögling Johannes Zink. Sein Tod tat Luther sehr weh, denn das Kind war ihm ans Herz gewachsen. Luther schrieb zwei Tage später dem Vater Thomas Zink in Hofheim einen mitfühlenden Trostbrief und vergaß nicht, darin zu erwähnen, dass seine Frau Katharina besonders hingebungsvoll um das Leben des Knaben gerungen habe, auch an Medikamenten sei nicht gespart worden sei: *Denn er uns allen fast ein lieber Bube gewesen, sonderlich mir, (dass ich viel Abend sein gebraucht habe, zu singen in meinem Hause) darum, dass er fein still, züchtig und im Studieren sonderlich fleißig war, das uns allen wehe geschehen ist durch seinen Abschied, und wie es immer möglich hätte können sein, gar gern errettet und erhalten hätten; aber er ist Gott noch viel lieber gewesen, der hat ihn wollen haben.*[356]

Im Lutherhaus starb auch der junge Hieronymus Hösel, Sohn des Marienberger Bergschreibers Georg Hösel. Hieronymus ist im September 1544 in Wittenberg immatrikuliert worden und starb schon Anfang Dezember 1544 am Fieber. Luther teilte dem Vater am 13. Dezember den Tod seines Sohnes mit und schrieb: *Ich bin auch ein Vater und habe meiner Kinder etliche sterben sehen, auch ander größer Elend, denn der Tod ist, gesehen und weiß, daß solche Sachen wehe tun. Wir sollen aber dem Schmerzen widerstehen und uns mit der Erkenntnis der ewigen Seligkeit trösten. Gott will, daß wir unsere Kinder liebhaben und daß wir trauern, wann sie uns genommen werden hinweg, doch soll die Traurigkeit mäßig und nicht zu heftig sein, sondern der Glaube der ewigen Seligkeit soll Trost in uns wirken. Von Eures Sohns Krankheit wisset, daß er an einem Fieber gelegen, daran etliche mehr eine Zeitlang gestorben, und doch bei Eurem Sohn guter Fleiß geschehen durch die Ärzte, wie uns neulich ein wohlgeschickter Knabe von Lüneburg und ein Straßburger also gestorben.*[357]

Katharina hatte nach dem Tode ihres Gatten die Burse im Lutherhause erhalten. Sie musste im September 1548 und erneut im November 1550 den Tod von Schützlingen hinnehmen.[358] Auch die Burse Martin Luther d. J. hatte mindestens einen Todesfall zu ertragen. Am 15. März 1565 stürzte im Lutherhaus der bei dem Studenten Hieronymus Opitz wohnende Petrus Jäger, ein junger Geistlicher aus Mähren, von einer Treppe und verletzte sich so stark am Kopf, dass er am folgenden Tag den Verletzungen erlag.[359]

 **Kapitel 3**

Stipendiaten

HEINRICH SCHNEIDEWEIN

Heinrich Schneidewein war ein Sohn des Rentmeisters Schneidewein der Grafen von Stolberg-Wernigerode-Roßla. Als Rat der Grafenfamilie hatte der Rentmeister vor allem die reformatorische Gesinnung der Söhne Ludwig (1505–1574) und Wolfgang von Stolberg (1501–1552) zu fördern geholfen. Beide Grafen studierten in Wittenberg. Graf Wolfgang wurde 1521 sogar zum Rektor gewählt.[360] Luther war den Angehörigen der Grafenfamilie und des gräflich-stolbergischen Rates Schneidewein allezeit herzlich gesinnt und hocherfreut, als auch dessen Söhne ihr Studium in Wittenberg aufnahmen.

Martinus und *Henricus Schneidebein* (!) *ex opido Stolberg fratres* schrieb Universitätsrektor Johann Apel am 20. März 1524 in die Universitätsmatrikel. Heinrich Schneidewein soll schon seit 1523/24 im Augustinerkloster gewohnt haben und dürfte dort dann Luthers Hochzeit und die damit verbundenen Veränderungen vom Kloster zum Lutherhaus erlebt haben. Er studierte bei Hieronymus Schurff, Kilian Goldstein und Melchior Kling Jura. Nach Abschluss seiner Studien in Wittenberg erwarb Heinrich Schneidewein 1537 im italienischen Pavia die Doktorwürde eines Juristen. Obwohl Luther immer gegen Juristen eingestellt gewesen ist und dies auch wiederholt zum Ausdruck gebracht hat, erkannte er doch Heinrichs Talent für die Jurisprudenz und förderte es. Schon 1534 reisten Luther und Melanchthon mit ihm nach Torgau und empfahlen ihn beim Kurfürsten für eine angemessene Stelle.[361] So erhielt Heinrich nach seiner Rückkehr aus Italien im Jahre 1538 eine Berufung von Kurfürst Johann Friedrich an dessen Hof in Torgau und stieg bald zum Hofrat auf. Ähnlich den Luthersöhnen Johannes und Paul blieb auch Heinrich Schneidewein dem ernestinischen Hause treu und folgte dem ehemaligen Kurfürsten Johann Friedrich nach dessen Rückkehr aus der Gefangenschaft nach Weimar. Der Jurist war beinahe 42 Jahre lang fast ununterbrochen in den Diensten der Ernestiner. 1558 gehörte er als einer der Ersten zu den Juraprofessoren an deren neueingerichteter Universität Jena. Die dort ausbrechenden theologischen Streitigkeiten veranlassten auch ihn, seine Professur 1569 niederzulegen. In Arnstadt wurde er Kanzler der Grafen von Schwarzburg und kam 1573 zurück nach Weimar, als Kurfürst August die Vormundschaft über die Kinder des verstorbenen Herzogs Johann Wilhelm übernommen hatte. Dieses *beschwerliche Amt* hatte er fünf Jahre lang inne. Am 7. Mai 1580 ist Heinrich Schneidewein, ähnlich seinem jüngeren Bruder Johannes im Jahre 1568, auf einer Dienstreise, in Jena gestorben. Seine Leiche hat man neben der seiner Frau in der Arnstadter *Barfüßerkirche* beigesetzt. Heinrichs Frau war die Tochter des letzten *Antoniter-Präzeptors* der *Lichtenburg* bei Prettin, Dr. Wolfgang Reißenbusch, dem Luther in einer berühmten Druckschrift zur Eheschließung geraten hatte.[362]

JOHANNES SCHNEIDEWEIN

Johannes Schneidewein wurde am 20. Dezember 1519 als jüngstes von 15 Geschwistern geboren. Er wurde schon als Zehnjähriger in Wittenberg immatrikuliert und lebte nun beinahe zehn Jahre lang im Lutherhause. 1530 gehörte er zu den jungen Tischgenossen, denen Luther von der Coburg einen gemütvollen Brief aus dem Reich der Dohlen sandte. In Wittenberg führte Johannes' Hauslehrer Veit Dietrich den Jungen sowohl in die Grundlagen der Wissenschaften als auch in die Anfänge der Jurisprudenz ein. Beide Brüder Schneidewein genossen die Zuneigung des Hausvaters, der ihren Berufswünschen, im Gegensatz zu den gleichen Wünschen von zweien seiner Söhne, keine Steine in den Weg legte, sondern diese sogar förderte. In seiner 1577 von Juraprofessor Joachim Beust gehaltenen Gedächtnisrede erwähnt Beust, Schneidewein habe sich an Dietrichs Aufzeichnungen der Tischreden beteiligt und eigenhändige Zusätze eingebracht. Als Veit Dietrich im Oktober 1534 das Lutherhaus verließ, war sein talentierter Schüler erst 15 Jahre alt.

1539 gelang es Luther, nach einem längeren Briefwechsel mit dessen verwitweter Mutter Ursula, den jungen Mann mit Anna Döring zu verheiraten. Anna war trotz des Konkurses ihres Vaters Christian Döring eine reiche Erbin. Der Vater war gelernter Goldschmied, handelte aber auch mit diversen Waren, betrieb Geldverleih und ein Fuhrgeschäft. Gemeinsam mit seinem Freund Lucas Cranach d. Ä. hatte Christian Döring eine Buchdruckerei und einen Verlag gegründet. Einige Jahre lang haben sie beide das Buchgeschäft in Deutschland mit Luthers Schriften und vor allem seiner Übersetzung des *Neuen Testamentes* beherrscht. Als Luther zum Reichstag nach Worms geladen wurde, reiste er mit einem vom Rat der Stadt bezahlten Wagen aus dem Fuhrgeschäft Dörings. Döring war, wie auch Cranach, Ratsmitglied. Anna Dörings Mutter Barbara war die Tochter des 1481 gewählten Bürgermeisters von Berlin, Thomas Blankenfelde. Er hatte um 1490 die einem Berliner Patriziergeschlecht entstammende Margarete von Buch geheiratet, Barbaras Mutter. Der Bürgermeister starb im Jahre 1504. Anna hat ihren Großvater nicht mehr kennengelernt. Ihre 1494 Mutter Barbara Döring wurde 70 Jahre alt und starb am 15. Mai 1564 in Wittenberg.[363]

Das Paar Johannes Schneidewein und Anna Döring wurde am Sonntag, dem 27. Juli 1539 von Luther in der Stadtkirche getraut.[364] Durch die Eheschließung mit Anna wurde Johannes Schneidewein 1539 Eigentümer des großen Hauses in der Schlossstraße 4. Er zeugte mit seiner Frau 16 Kinder.

Zu Anfang seiner Ehe musste auch er weiter studieren und fiel wegen seines *sonderbaren Fleißes* auf. Schneideweins wichtigste Lehrer wurden die Juraprofessoren Hieronymus Schurff, Kilian Goldstein und Melchior Kling. Er promovierte 1551, erhielt eine Juraprofessur, wurde Beisitzer des *Schöppenstuhls*, des Hofgerichts und des Konsistoriums. Einem Ruf als Kanzler der Schwarzburgischen Grafen folgte er mit Blick auf die Ausbildung seiner vielen Kinder nicht, da diese in Wittenberg leichter zu bewerkstelligen wäre. 1554 setzte der Jurist den Erbteilungsvertrag für Luthers Kinder auf. 1557 entsandte ihn Kurfürst August zum Reichstag nach Speyer, später zu Verhandlungen im Streit mit dem Landgrafen von Hessen. 1558 wählte man ihn erstmals zum Prorektor der Universität. Zusätzlich zu seinen Lehraufgaben übernahm er mehrfach das Dekanat der Juristischen Fakultät, führte im Auftrage verschiede-

Abb. 46 *Johannes Schneidewein, Holzschnitt von Lucas Cranach d. J. (Werkstatt?)*

ner Fürsten, Städte und Adliger Verhandlungen und Gutachten aus.

Schneidewein war wohl infolge der hohen Arbeitsbelastung, die er sich auferlegen ließ, oftmals krank und erhielt sogar von Melanchthon Ermahnungen zu einem weniger arbeitsreichen Leben. Doch der Jurist ließ sich nicht beirren und hat gottergeben in seinen möglichen frühen Tod weitergeschuftet. Im anhaltischen Zerbst, wo er helfen sollte, Streitigkeiten zwischen dem Rat der Stadt und dem *Schöppenstuhl* zu schlichten, erlag Johannes Schneidewein am 4. Dezember 1568 einem Schlagfluss. Seine Leiche wurde mit Ratspferden nach Wittenberg gebracht und unter akademischer Beteiligung in der Schloss- und Universitätskirche dicht beim Grabe seines Ziehvaters Martin Luther beigesetzt.

Das Hauptwerk der nach seinem Tode erschienenen Schriften bildet der Institutionen-Kommentar, der zuerst 1571 in Straßburg erschien. Er wurde in 200 Jahren mehr als 80-mal aufgelegt und fand auch in Italien und Frankreich Verbreitung.[365]

JOHANN WILHELM REIFENSTEIN

Am 24. August 1533 trug Rektor Caspar Cruziger die Brüder *Johannes Reifenstein, Albertus Reifenstein und Wilhelm Reifenstein, Söhne Wilhelm Reifensteins aus Stolberg,* in die Universitätsmatrikel ein.[366] Ihre Mutter war eine Schwester der Ehefrau Jacob Luthers. Die Reifensteins waren somit ebenfalls mit Martin Luther verwandt. Ihr wichtigster Lehrer wurde dennoch Philipp Melanchthon. Als 1535 in Wittenberg eine ansteckende Krankheit grassierte, verließen die begüterten Studenten die Stadt und setzten ihre Studien unter Aufsicht ihres Hofmeisters in Wernigerode fort. Den um 1520 geborenen Johann Wilhelm[367] zog es jedoch schnell zurück. Er wollte unbedingt weiter bei Melanchthon studieren, konnte sich durchsetzten und disputierte am 26. November 1536 erstmals in Wittenberg. Die Stadt und die hier wirkenden Theologen wurden von nun an zum Zentrum seines Lebens. 1543 machte Jonas ihm ein kostbares Geschenk, einen stattlichen Band des *Plinius* mit eigenhändig geschriebener Widmung.

1545 wurde bei Hofe ein im Lutherhause lebender Student verdächtigt, Melanchthon anzuregen, eine Widerlegung gegen die Schweizer zu verfassen und meinte den Studenten Reifenstein. Luther hatte im Vorjahr in einer Schrift heftige Äußerungen gegen die Schweizer Theologen veröffentlicht und damit eine 1545 erschienene anonyme Schrift provoziert, von der Buchführer Kilian Krumpfuß zwei Exemplare nach Wittenberg brachte. Eines dieser Exemplare hatte der Student Reifenstein erworben. Es wurde ihm auf Befehl des Kurfürsten Johann Friedrich, der neue Streitigkeiten im Angesicht der sich zwischen Protestanten und dem Kaiser zuspitzenden Lage vermeiden musste, durch Doktor Matthäus Ratzeberger *abgefordert.*

Johann Wilhelm Reifenstein wurde ausgerechnet wegen einer Federzeichnung bekannt, die er angeblich 1545 während einer Vorlesung Luthers angefertigt haben soll und die den Reformator darstellt. Die sogenannte Reifenstein-Zeichnung befindet sich in Melanchthons Handexemplar einer lateinischen Ausgabe des Neuen Testaments, die Robert Stephanus 1541 in Paris gedruckt hat. Melanchthon hat um das Porträt herum in lateinischer Sprache geschrieben: *Im Leben, Papst war ich dir die Pest. Im*

Sterben werde ich dein Tod sein. Im Jahre 1546, in seinem 63. Lebensjahr, ins 64. gehend ist er gestorben. Er starb am 18. Februar, in der Nacht zwischen zwei und drei Uhr, und wurde am 22. Desselben Monats in Wittenberg in der Schlosskirche begraben. Und mag er tot sein – er lebt. Heute gehört das Buch, wegen dieser Studenten-Zeichnung und der Melanchthon-Handschrift zu den Kostbarkeiten der Luther-Stiftung.[368]

Johann Wilhelm genoss bei Luther großes Ansehen. Ihm wurde von seinem Gastherrn 1545 eine mit einer eigenhändigen Widmung versehene deutsche Bibel geschenkt, die in der Werkstatt von Luthers Bibeldrucker Hans Lufft 1545 entstanden ist.

Abb. 47 *Die Reifensteinzeichnung mit einer Umschrift Philipp Melanchthons zum Tode Martin Luthers*

Nach Luthers Tod kehrte Reifenstein für einige Zeit in den Harz zurück und hielt sich in Wernigerode und Stolberg auf. Im Spätsommer und Herbst 1547 sammelte er in Wittenberg in seinem Stammbuch Gedenkworte seiner hier verbliebenen Freunde und Lehrer, darunter Stadtkirchenpfarrer Johann Bugenhagen und der Universitätsrektor Caspar Cruziger.

HIERONYMUS WELLER UND SEINE GESCHWISTER

Hieronymus Weller wurde 1530 der erste Lehrer des kleinen Johannes Luther. Er blieb im Lutherhause und erwarb am 14. September 1535 den theologischen Doktorhut. Hieronymus hat, wie alle anderen Erzieher von Luthers Kindern auch, weiter studiert und akademische Würden erlangt. Er und sein gleichfalls 1530 ins Haus gekommener Bruder, der Jurastudent Peter Weller, waren ebenso wie der dritte Bruder Matthias Weller hochbegabt und zur großen Freude des Hausherrn sehr musikalisch. Sie haben an den Abenden mit Luther gesungen. Peter Weller ging 1535 mit einem weiteren Hausgenossen auf Pilgerreise nach Jerusalem. Beide starben zur Jahreswende in der heiligen Stadt an einem Fieber.[369] Hieronymus Weller beteiligte sich neben seinen Studien- und Lehraufgaben auch an den berühmten Aufzeichnungen der Tischgespräche. Sein Bruder Matthias wurde in ihrer Heimatstadt Freiberg Kantor und schickte dem musikbegeisterten Luther selbst komponierte Lieder. Die Beziehungen zwischen den Brüdern Weller und dem Ehepaar Luther blieben stets sehr freundschaftlich. Da beide Brüder und die Schwester Barbara (verh. Lißkirchen) an Depressionen litten, gab es immer wieder Aufmunterungen durch die Luthers. Als Hieronymus Weller im Herbst 1535 seine Doktorpromotion absolvierte, genoss er ihre volle Unterstützung. Anfang September suchten Luther, Bugenhagen, Weller, Nikolaus Medler und der Landvogt Hans von Metzsch im kurfürstlichen Keller im Wittenberger Schloss den besten Wein für Wellers und Medlers bevorstehende Promotion aus.[370] Am nächsten Tage wurde der ausgesuchte Wein ins Lutherhaus geliefert. Die Promotion Hieronymus Wellers und Nikolaus Medlers fand am 11. September statt und am 14. September 1535 der Doktorschmaus im Lutherhause. Die Lutherin hatte ihrem Weller dafür so viel Bier gebraut, das alle sieben oder acht Tische mit Gelehrten gut versorgt werden konnten. Jonas sandte sie sogar einen Taler mit der Bitte, Geflügel und Hasen zu schicken, keine Raben und Sperlinge, denn davon hätten sie genug.[371] Singvögel aß man in Deutschland noch im 19. Jahrhundert. In Mansfeld konnte man vor einiger Zeit bei Ausgrabungen Überreste von Singdrosseln, Dorngrasmücken, Goldammern, Rotkehlchen und Buchfinken nachweisen.[372] Am Doktorschmaus nahmen auch Jonas, Melanchthon und Freunde aus Jena, wo sich die Universität wieder einmal der Pest wegen aufhielt, teil.

1536 heiratete Hieronymus Weller die Freibergerin Anna vom Steig. Die Hochzeitsfeier fand auf Anraten Luthers in Freiberg statt.[373] Nur so konnte der junge Doktor der Theologie der üblichen großen Hochzeitsfeier unter Einladung der halben Universität entgehen, die große Kosten verursacht hätte, die der junge Theologe nicht aufbringen konnte. Nach einem kleinen Hochzeitsessen im Lutherhaus zog Weller nun in ein Nachbarhaus um und folgte 1539 einem Ruf in seine Heimatstadt.

 **Kapitel 4**

Patenkinder

In Wittenberg war es üblich, jedem Kinde zu seiner Taufe viele Paten zu geben. Damit konnte man ein soziales Netzwerk knüpfen und stärken, das sowohl dem Kinde als auch den Eltern zugutekommen konnte.[374] Die vielen Patenschaften, die das Ehepaar Luther übernahm, waren nichts Ungewöhnliches. Doch hat die Anzahl der Patenschaften, die Luther angetragen wurden, wohl alles überstiegen. Der Legende nach, waren es so viele, dass der Doktor die Übersicht verlor und einen Diener losschicken musste, der vorsichtig erkunden sollte, wem er eine Patenschaft versprochen habe. Jede dieser Patenschaften war mit dem Geschenk eines Silberbechers oder einer großen Münze verbunden und erforderte auch weiterhin Geschenke und Mitbringsel für die Kinder. So haben sie im Haushalt der Familie, neben den vielen im Hause auszurichtenden Hochzeiten, einen bedeutenden Posten Geldes ausgemacht. Da alle Patenschaften gar nicht nachweisbar sind, wollen wir hier nur einige wenige erwähnen und damit eine Seite des Netzwerks um das Lutherhaus zeigen.

ANNA CRANACH

Anna Cranach wurde 1527 als fünftes und jüngstes Kind von Lucas Cranach d. Ä. und seiner aus Gotha stammenden Ehefrau Barbara Brengebier geboren. Als Cranachs Töchterchen zur Taufe in die Stadtkirche getragen wurde, war auch Cranachs Freund Martin Luther unter ihren Paten.[375]

Die Cranach-Kinder wuchsen in einer durch den umtriebigen und geschäftstüchtigen Vater immer wohlhabender werdenden Familie im Hause Schlossstraße 1 in Wittenberg behütet auf. Dort befanden sich auch die Malerwerkstätten des Vaters. Auch die Töchter dürften den Unterricht durch die für die Söhne eingestellten Hauslehrer erhalten haben. Lesen, Schreiben, Singen, Rechnen und zumindest etwas Latein gehörten zur Grundbildung der Kinder der gehobenen Wittenberger Kreise. Der Vater verkehrte an verschiedenen Fürstenhöfen und auch die Kinder hatten die Grundbegriffe der Etikette und den Umgang mit Kunden und dem Personal zu erlernen. Als Hofmaler hatte Lucas Cranach d. Ä. auch repräsentative Pflichten. Das Wichtigste jedoch, was jedes Kind, auch die Mädchen, zu erlernen hatte, waren die Grundbegriffe des Glaubens. Die Töchter wurden aber auch in der Haushaltsführung unterrichtet. Dazu gehörten neben dem Kochen, Backen, Brauen, Wein anbauen und keltern, Putzen und Nähen auch die Erzeugung der für den Haushalt notwendigen Lebensmittel durch Ackerbau, Viehzucht, Gärten und das Pflegen von Kranken. Der Wittenberger Immobilienbesitz der Cranachs im 16. Jahrhundert ist eindrucksvoll. Neben Wohn- und Miethäusern besaßen sie auch Ackerland und Gärten. Die kleine Anna musste den Umgang mit den Kunden und hochgestellten Gästen des Vaters genauso erlernen, wie die Anleitung und Überwachung des Personals.

Als Anna fast zehn Jahre alt war, heiratete ihre älteste Schwester, die etwa 17-jährige Ursula. Dazu fand in Wittenberg ein großes Fest statt, an dem Anna gewiss ihre

Abb. 48 *Christus segnet die Kinder, Gemälde von Lucas Cranach, nach 1537*

Freude hatte. Doch nicht nur Ursula verließ das Elternhaus, sondern auch der große Bruder Hans. Der als Maler
hochbegabte Hans zog kurz nach Ursulas Hochzeit mit Erlaubnis der Eltern zu weiteren Studien der Malerei nach
Italien und starb dort schon im Herbst. Annas Patenonkel
Martin Luther kam als Seelsorger in das Trauerhaus und
hatte mit den Eltern lange, tröstende Gespräche. Nun galt
Annas ebenfalls hochbegabter und als Maler ausgebildeter
Bruder Lucas als Nachfolger des Vaters in dessen Werkstatt,
in der nun immer mehr neue biblische Bildmotive auf-
tauchten, darunter *Jesus segnet die Kinder*. Dieses Motiv, das
etwa 34-mal in vielen Varianten dargestellt und weit verbreitet wurde, zeigt die alten Apostel, Männer, die den
jungen Frauen die Segnung ihrer Kinder verweigern.
Doch Christus bat die Frauen, die Kinder zu ihm kommen
zu lassen und forderte gleichzeitig die Apostel auf, von den
Kindern zu lernen und das Reich Gottes so anzunehmen,

Abb. 49 *Cranach-Hof, Markt 4*

wie die Kinder es tun. Christi Zuneigung und Nähe zu den Kindern wiederholt sich im Verhältnis zwischen den Frauen und ihren Kindern.[376] Die Bilder spie-
geln auch Luthers Verhältnis zu
den Kindern, der meinte, nur sie
würden den Glauben nicht hin-
terfragen, sondern einfach für
sich annehmen. Die Erwachsenen
könnten von ihnen lernen. In diese Richtung geht ja auch die be-
schriebene Berichterstattung über
das Leben und den Tod seiner geliebten Tochter Magdalena.

In der Weihnachtszeit 1540 starb Annas Mutter Barbara Cranach. Anna war damals 13 Jahre alt. Ihr Bruder Lucas heiratete wenige Wochen später die in der Nachbarschaft aufgewachsene Tochter Barbara des Kanzlers der sächsischen Kurfürsten Gregor Brück und brachte so eine neue Hausfrau in die Familie. 1544 heiratete die inzwischen verwitwete Ursula erneut, und der Vater übergab die Leitung der Malwerkstatt immer mehr Annas Bruder Lucas.

Die Cranachfamilie blieb während des *Schmalkaldischen Krieges* offenbar in Wittenberg. Der Vater wurde, in einer berühmt gewordenen Audienz vor den Wittenberger Stadttoren, durch den Kaiser in dessen Feldlager empfangen und hat dort Karl auch von seiner Familie erzählt.[377] 1547 war der Vater angesichts des Krieges so krank, dass er sich durch seinen Sohn beim in Gefangenschaft geratenen Fürsten entschuldigen ließ. Damals fiel die Kurwürde an Herzog Moritz; Wittenberg bekam eine neue Herrscherfamilie, aller Besitz schien gefährdet. Lucas wandte sich 1550 an den neuen Kurfürsten und bat um Bestätigung seines Apothekenprivilegs.

Von Anna Cranach hören wir erst wieder, als sie Caspar Pfreundt, Apothekergeselle und Freund ihres Bruders Lucas, im Herbst 1550 die Hand zur Ehe reichte. Ihr Mann stammte aus Saalfeld und war 1539/40 in die Dienste ihres berühmten Vaters getreten, der für seine Apotheke einen geschulten Mann als Angestellten benötigte. Caspar hatte sich sehr schnell mit dem im Lutherhaus lebenden Studenten Valerius Cordus angefreundet, der schon von früher Jugend an als genauer Kenner des Apothekenwesens und Arzneischatzes galt. Es ist bezeugt, das Cordus in der Cranachapotheke ein und aus ging.[378] In dieser Zeit ent-

stand das nach dem frühen Tod von Cordus herausgege-
bene *Dispensorium*, dass 1546 in Sachsen als erstes amtli-
ches Arzneibuch in Deutschland eingeführt wurde. Offenbar stieß zu ihrem Freundeskreis auch der Student Johann
Kentmann. Kentmann wurde ein berühmter Botaniker,
war ein Jahr lang Kustos des Botanischen Gartens der Universität Padua und richtete in Torgau einen Heilkräuter-
garten ein.[379] Caspars Botanikkenntnisse reichten so weit,
dass der Apotheker die Medizinstudenten der Leucorea in
Pflanzenkunde und Naturheilkunde unterrichten konnte.
Caspar hatte nicht nur an der Arbeit seines Freundes Cordus regen Anteil genommen, sondern war im Cranach-
hause rasch zu einem vertrauenswürdigen Mitarbeiter
aufgestiegen. Er wurde schon im Mai 1541 und im Januar
1542 im Auftrage seines Dienstherrn zur Leipziger Messe
geschickt und empfing dort für diesen hohe Zahlungen
aus der kurfürstlichen Kasse.[380] Pfreundt war offensichtlich schon als Geselle und Faktor recht begütert. Als
Cranach den in Gefangenschaft geratenen Johann Friedrich 1547 um die Rückzahlung von vor einigen Wochen
vorgeschossenen 5000 Gulden, die der Kurfürst wohl für
die Durchführung des *Schmalkaldischen Krieges* benötigt
hatte, bat, war Caspar Pfreundt mit 200 Gulden in der Liste der Gläubiger vertreten.[381]

Anna Cranach und Caspar Pfreundt haben zwischen
dem 14. September und dem 13. Dezember 1550 den Bund
der Ehe geschlossen.[382] Durch ihre Hochzeit gelangten die
Cranachapotheke und das Cranachhaus, Markt 4, in die
Hände von Annas Gatten. Er verlegte die Apotheke in sein
Haus und begann mit dessen Umbau. Anfang 1552 wurde
Pfreundt in den Rat gewählt und hat sich hier, wie schon
sein Schwiegervater und sein Schwager Lucas Cranach in

verschiedenen Funktionen und auch als Bürgermeister um die Geschicke der Stadt gekümmert. Die beiden Schwager gehörten 1573 zu den reichsten Bürgern der Stadt, wenn auch weit hinter den großen Buchhändlern Barthel Vogel, Konrad Rühel und Samuel Selfisch. Am 12. September 1554 erneuerte Kurfürst August das Apothekenprivileg für Caspar Pfreundt, dem die Cranachapotheke im Erbgang zugefallen war. Annas Bruder Lucas erhielt auch von dieser sächsischen Herrscherfamilie sehr viele Aufträge und einige Privilegien, wurde aber kein Hofmaler, wie es der Vater gewesen ist.

1556 bis 1558 erbauten reiche Wittenberger Bürger eine Röhrwasserleitung, die durch Eichenrohre ihre Häuser und einige öffentliche Röhrbrunnen mit frischem Quellwasser versorgten. Zu den Bauherren gehörten natürlich Annas Bruder Lucas und ihr Ehemann Caspar, der das Rechnungsbuch führte und Rechnungen beglich. Dabei wurde er von seiner Frau unterstützt, die ihn vertrat, wenn er durch seine Geschäfte verhindert war.

Seit 1567 waren die Ehemänner der in Thüringen lebenden Schwestern der Anna in die *Grumbachschen Händel* verwickelt, bei denen es Herzog Johann Fried-

Abb. 50 *Röhrwasserbrunnen auf dem Cranach-Hof, Schlossstraße 1, gestiftet zur Erinnerung an den Bau des Wittenberger Jungfernröhrwassers 1556 durch Melanchthons Schwager, Bürgermeister Hieronymus Krappe, die Ratsherren Christoph Kellner (Niemegk) (Viehhändler), Christoph Schramm (Buchhändler), Lucas Cranach d. J., Caspar Pfreundt, Konrad Rühel (Buchhändler) und Hans Lufft (Buchdrucker)*

rich II. darum ging, die verlorene Kurwürde von Sachsen zurückzubekommen. Einer der beiden Schwager der Cranachs, der Kanzler Christian Brück, wurde in der Folge auf brutalste Weise in Gotha hingerichtet, das Leben des anderen war bedroht; das Erbe der Schwestern in Gefahr. Annas Bruder Lucas stand ihnen bei und geriet nun selbst beim Kurfürsten in Verdacht, noch immer auf der Seite des Herzogs zu stehen und in dessen Machenschaften verwickelt zu sein. Als der Rat der Stadt Wittenberg 1568 für seine erneute Wahl zum Bürgermeister um die übliche Bestätigung bat, verweigerte sich Kurfürst August, ließ aber zu, dass Caspar Pfreundt anstelle Cranachs dieses hohe Amt ausführte. Innerhalb der Stadt versuchten damals etliche Neider, die Gelegenheit zu nutzen, Cranach auch wirtschaftlich auszuschalten. Die Familie um Anna hatte in diesen Jahren viel Böses erlebt und verkraften müssen.

Doch es gab auch Schönes in ihrem Leben: Anna und Caspar wurden Eltern einer Tochter, die nach der Mutter Anna genannt wurde. Diese Enkelin Cranach d. Ä. heiratete 1569 zur Freude ihrer Eltern den Apothekergesellen Konrad Fluth, der nach dem Tode ihres Vaters die Apotheke weiterführen konnte. Der erst 57-jährige Apotheker Caspar Pfreundt verstarb am 16. Juni 1574. Am 30. Juni 1577 ist ihm seine 50-jährige Witwe Anna ins Grab gefolgt.[383]

ANNA MELANCHTHON

Am Nachmittag des 24. August 1522 brachte Melanchthons Ehefrau Katharina Krappe als erstes Kind ihre Tochter Anna zur Welt. Luther, der schon auf der Hochzeit der Eltern getanzt hatte, wurde einer der Taufpaten. Er berichtete seinem Freunde Georg Spalatin begeistert von Annas Geburt.[384] Der junge Vater, der sich lange gegen eine Ehe gesträubt hatte, weil er fürchtete, Frau und Kinder würden ihn bei seiner Arbeit stören, entdeckte seine große Liebe und Zuneigung für den Nachwuchs. Am 15. August 1523 erwähnte er voller Stolz in einem Brief an seinen Diener Johannes Koch, das Töchterchen könne schon laufen. Er ließ der Tochter später eine für diese Zeit vollkommen unübliche gute Ausbildung zukommen. Anna lernte sogar Latein und konnte die Sprache, wie alle im Hause lebenden Brüder und Schüler, fließend sprechen. Sie war zweieinhalb Jahre alt, als ihr Bruder Philipp am 21. Februar 1525 geboren wurde. Am 25. November 1527 kam das Brüderchen Georg zur Welt, dessen früher Tod im Jahre 1529 die Eltern und deren Freunde schwer erschütterte. Am 19. Juli 1531 kam noch ein Schwesterchen, Magdalena.

Auch Anna Melanchthon wuchs in einem Hause auf, in dem sich stets viele Fremde aufhielten, sei es, um berufliche Fragen zu klären, den berühmten Vater zu besuchen, von ihm Empfehlungsschreiben zu bekommen usw. So lernte das Kind Gelehrte und Diplomaten aus allen Herrenländern kennen und sah die Freigebigkeit der Eltern gegen jedermann. In den Häusern der Wittenberger Verwandten ihrer Mutter lernte sie ein anderes Leben kennen. Hier mühte man sich, das Geld beisammenzuhalten. Doch sie sah auch, wie der Vater mit dem Onkel Hieronymus Krappe und anderen Wittenberger Ratsherren durch die Straßen der Stadt ging und sich hier z. B. um Bausachen kümmerte. Kommunalpolitik gehörte für Melanchthon, anders als für Luther, zu seinem Leben. Überhaupt unterschied sich das alltägliche Leben der beiden gerade in seiner Bürgerlichkeit. Man kann das schon an der Größe ihrer Häuser und Grundstücke ablesen. Melanchthon lebte sehr viel bescheidener und hatte durch die Verwandten seiner Frau einen viel engeren Umgang mit den Einheimischen, als der über allem schwebende Luther oder der zu Reichtum gelangte, umtriebige Malerfreund Cranach. Seine Kinder hatten, im Gegensatz zu denen Luthers, das große Glück, ihren Vater lange zu haben und damit soziale Sicherheit, die auch durch die Existenz der wohlhabenden und großen Familie der Mutter weiter gestärkt wurde. Andererseits gehörte Melanchthon, wieder im Gegensatz zu Luther, offenbar nicht zu den besonders sinnesfreudigen Menschen. Am 1. August 1529 schrieb der Stadtrichter und Inhaber des Gasthauses *Zum Adler* am

Abb. 51 *Giebel des Melanchthon-Hauses von Süden*

Markt, Urban Kranepul, an den Zwickauer Stadtschreiber Stephan Roth sehr erstaunt: *ich hab Melanchthonen mit der prebstin* (Katharina Jonas) *sehen tantzen, es ist mir wunderlich gewesen.*[385]

Der Vater war sehr oft auf Reisen. Er diente ja nicht nur der Universität, sondern auch dem Landesherrn und wurde immer wieder zu Organisation und Aufbau des Lebens in Schulen und Universitäten zugezogen. Mitunter reiste er mit seiner Frau und sogar mit den Kindern – so hielten sich Melanchthon und seine Familie mit der Universität 1527 in Jena auf, denn in Wittenberg ging die Pest um.

Zu den Spiel- und Studiengefährten der Anna Melanchthon gehörte unter anderem der seit 1523 oder 24 im Hause lebende Georg Schuler aus Brandenburg[386], der seinen Namen während seines Aufenthaltes nach Melanchthons Vorbild latinisierte und sich Sabinus nannte. Er hatte auf Anna neben all den anderen im Hause lebenden Schülern und Gästen des Vaters einen besonders großen Eindruck gemacht. Ihr Vater liebte es, bei Tisch und zu anderen Gelegenheiten in lateinischer Sprache gedichtete Verse vortragen zu lassen. Der 15- oder 16-jährige Georg tat sich in dieser Kunst besonders hervor und fand sicherlich den Beifall seines Professors. Anna und ihre Eltern waren durch Georg Sabinus so stark beeindruckt, dass sie dem Werben des jungen Mannes nachgaben, obwohl das Mädchen bei seiner Verlobung im Jahre 1534 erst zwölf Jahre alt war. Georg genoss so sehr das Vertrauen des Reformators, dass der ihn sogar auf seine Reisen zu den Reichstagen nach Speyer und Augsburg mitnahm. Nach dem Abschluss seines Studiums im Jahre 1533 reiste der außerordentlich begabte junge Mann durch Deutschland, Polen und Italien und wurde in Venedig mit der Ritterwürde eines Dichters (gekrönter Dichter) bedacht. Erasmus von Rotterdam fand nach einem Besuch des jungen Gelehrten lobende Worte und Kurfürst Joachim II. von Brandenburg nahm ihn in seine Dienste und setzte ihn in schwierigen diplomatischen Situationen ein. So nahm 1534 die Zustimmung Melanchthons zur Ehe seiner Tochter nicht Wunder. Dem zukünftigen Schwiegersohn standen durch seine Begabungen, seine Ausbildung und seine besondere Verbindung mit dem berühmten Gelehrten in Wittenberg alle Türen offen. Das junge Paar heiratete zwei Jahre nach der Verlobung am 6. November 1536. Die Eltern der Braut waren wenige Tage zuvor in Melanchthons neues Haus eingezogen.[387] Es war eine Zeit größter Freude für die Familie, zumal der Kurfürst für Melanchthon noch den hinter dem Hause am Wall gelegen Garten erworben hatte. Die Hochzeit Anna Melanchthons wurde außerordentlich glanzvoll gefeiert. Kardinal Albrecht von Brandenburg entsandte seinen Kanzler Dr. Thürk zur Feier, Kurfürst Joachim II. von Brandenburg ließ der jungen Braut ein kostbares Geschenk überreichen, Melanchthons Freund Camerarius schickte eine gleichfalls kostbare Gabe und ein lateinisches Gedicht usw. Man kann wohl davon ausgehen, dass die Reformatoren auf dieser Hochzeit ausgelassen getanzt haben, bis auf Luther vielleicht, dessen Frau am folgenden Tag den jüngsten Sohn, Martin Luther d. J., gebar.

Das junge Paar reiste kurz nach seiner Hochzeit an den prächtigen Hof des Kurfürsten Kardinal Albrecht nach Halle. Man muss hier anmerken, dass Melanchthon ihm 1532 seinen Römerbrief gewidmet und dafür einen Becher mit 30 Goldgulden erhalten hatte. Der sich einer umfassenden humanistischen Bildung erfreuende Kardinal (Kurfürst und Erzbischof von Mainz, Erzbischof von Magdeburg und Bischof von Halberstadt), der Halle zu seiner wichtigsten Residenz erhoben hatte, blieb Melanchthon auch dann noch gewogen, als er in den Folgejahren in einen weiteren schweren Konflikt mit Luther geriet.

Anna kehrte schon in der zweiten Jahreshälfte aus Halle nach Hause zurück und brachte im *Melanchthonhaus* ihr erstes Kind, Anna, zur Welt. Am 8. April 1538 war die 15½-Jährige mit ihrem Baby bei ihrem Ehemann in Halle. Anna, sehr schnell zum zweiten Male schwanger, brachte Anfang 1539 ihre Tochter Katharina zur Welt. Melanchthon erhielt die Nachricht von der Geburt seiner zweiten Enkelin, die nach seiner geliebten Ehefrau genannt wurde, am 2. März 1539 durch den sehr erfreuten Luther.[388] Pfingsten 1538, während des Aufenthaltes der jungen Familie in Halle, erschien unter Umgehung der Zensur in Wittenberg der erste Gedichtband des Schweizers Simon Lemnius, den Lemnius Kardinal Albrecht gewidmet hatte. Annas Gatte Sabinus wurde am sächsischen Hof verdächtigt, in diesen Skandal verwickelt zu sein, der zum endgültigen Bruch Luthers mit dem Kardinal führte, Melanchthons gutes Verhältnis zu diesem gebildeten Mann aber nicht beeinträchtigte.[389] Sabinus wurde nun an die *Viadrina* in Frankfurt/Oder berufen und gehörte seit 1540 zu einer aus vier Superintendenten bestehenden Visitationskommission, die dafür sorgte, dass dort regelmäßig Vorlesungen gehalten und nachlässigen Professoren das Gehalt gekürzt wurde.[390] 1541 befand sich Annas Gatte im Gefolge von Kurfürst Joachim auf dem Reichstag in Regensburg und traf seinen Schwiegervater Melanchthon wieder. Zuhause in Frankfurt/Oder brachte seine junge Frau ihre dritte Tochter, Magdalena, zur Welt. Doch das Töchterchen starb schon wenige Tage nach seiner Geburt. Die junge Frau litt in Frankfurt offenbar Höllenqualen. Ihr Gatte hatte zwar ein Haus gebaut und einen Garten erworben, doch wuchsen auch seine Schulden stetig an. Dass ihre Ehe gar nicht gut lief, wusste inzwischen wohl jeder. Als endlich ihre Mutter sie im Juni und Juli 1541 in Frankfurt besuchen konnte, kam sie gerade mit der vierten Tochter, Sabine Sabinus, nieder. Anna war zu diesem Zeitpunkt noch keine fünf Jahre verheiratet und wurde im August 1541 erst neunzehn Jahre alt. Ihren Eltern stand immer deutlicher vor Augen, dass sie einen gewaltigen Fehler begangen hatten, als sie der Ehe ihres Kindes zugestimmt hatten. Anfang August 1543 reiste Sabinus zu Camerarius nach Leipzig und ließ seine Frau in Wittenberg zurück. Der hoch erfreute Melanchthon fand die Tochter dort noch vor, als er am 15. August 1543 von einer Reise zurückkehrte.

Doch zu allen Sorgen um die Tochter trat im Dezember 1543 auch noch die Sorge um den Sohn Philipp, der sich heimlich mit der Tochter des verstorbenen Leipziger Goldschmiedemeisters und Buchhändlers Kuffner verlobt hatte. Wieder reagierten die Eltern falsch: die sich Liebenden durften nicht heiraten, mussten ihre Verbindung lösen. Der Sohn ging nach Abschluss seines Jurastudiums in Leipzig nach Marburg und betrat sein Elternhaus nicht wieder. Der von seinem Vater ungeliebte Sohn kam nicht einmal in Melanchthons Testament vor und kehrte wohl erst nach dem Tod des Vaters in die Dienste der *Leucorea* nach Wittenberg zurück.

Ende des Jahres 1543 bat Herzog Albrecht von Preußen, der mit den Wittenbergern seit Jahrzehnten eng verbunden war, Melanchthon um Empfehlungen eines neuen Rektors für seine in Königsberg geplante Universität. Melanchthon, der darum von seinem Schwiegersohn hart bedrängt wurde, hielt diesen für ungeeignet und sorgte sich um die Tochter. In diesem Zusammenhang schrieb er klagend: *Ich habe sie ja schon lange verloren und empfehle sie Gott, der sie bisher gnädig regierte.* Am Ende kreuzten sich sein Empfehlungsschreiben und die Nachfrage des Herzogs nach Sabinus. Anna klagte im Februar 1544 in einem Brief über die wachsenden Schulden ihres Mannes, bat aber, nichts davon dem Vater zu sagen. Ihrem Mann dauerten alle diese Verhandlungen viel zu lange und er reiste im März mit kühlen Empfehlungsschreiben des Schwiegervaters und des Camerarius nach Königsberg. Dort gelang es ihm rasch, den Herzog für sich einzunehmen und wurde am 19. März 1544 zu sehr günstigen finanziellen Bedingungen zu seinem Rat und Diener ernannt.[391] Anfang April kehrte er zurück und brachte, noch immer wütend auf den Schwiegervater, seine Frau und die Kinder nach Wittenberg. Er plante nun eine Reise zum Reichstag in Speyer, um dort seinen Dienstherren Kurfürst Joachim II. von Brandenburg zu bitten, ihn aus seinen Diensten zu entlassen und seine Bezüge weiter zu bezahlen.

Vor seiner Abreise versöhnte er sich mit seiner Frau und man glaubte in Wittenberg an diese Versöhnung, bis ein Brief ankam, in dem Anna beschuldigt wurde, die Ehe gebrochen zu haben. Offenbar war Sabinus seiner Frau endgültig überdrüssig geworden und wollte nach neun Jahren Ehe die Scheidung. Melanchthon war vollkommen niedergeschlagen und schrieb am 19. Mai dem Freunde Camerarius nach Leipzig, die Schande sei ungeheuer groß, doch nachdem so lange alle Schmach auf die Tochter gekommen sei, wäre es wohl gut, sie zurückzubekommen. Bei seiner Rückkehr vom Reichstag in Speyer sandte Sabinus von Leipzig aus, mit dem Namen eines fremden jungen Mannes, einen Brief an seine Frau und einige Geschenke. Dann kam er nach Wittenberg und behauptete, Anna habe heimliche Briefe und Geschenke von anderen erhalten und verlangte im Hause Melanchthons deren Herausgabe. Als er nach wenigen Tagen abreiste, überließ er es dem Schwiegervater, ihm seine Frau hinterherzusenden oder auch nicht. So konnte er später behaupten, sie sei ihm aufgedrängt worden, oder, sie sei ihm vorenthalten worden. Melanchthon war außer sich und nicht zu beruhigen. Als Sabinus dann doch brieflich nach seiner Frau verlangte, antwortete ihm Melanchthon, in Absprache mit den Freunden, am 4. Juni 1544 – wenn er mit ihr leben wolle, so solle er sie liebevoll abholen, ihre Entbindung jedoch möglichst abwarten, wenn nicht, solle er sie in Wittenberg lassen. Als Antwort kam, Melanchthon solle Anna und ihre Kinder nach Belzig im Fläming bringen. Dort wolle er, Sabinus, sie abholen. So brachte Melanchthon die schon wieder schwangere Tochter mit den kleinen Mädchen Anna und Sabina am 10. Juni 1544 nach Belzig, die kleine Katharina blieb wieder in Wittenberg zurück. Obwohl eine der Töchter krank wurde, schickte Sabinus die sie betreuende Magd zurück. Anna war voller Gram und in Erwartung ihres frühen Todes. Ihr Vater blieb betrübt zurück. In den kommenden Wochen bereute er fast, die Tochter aus dem Hause gegeben zu haben. Ende Juni/Anfang Juli trat die Familie mit einer in Leipzig gedungenen Haushälterin von Frankfurt/Oder aus die Reise nach Königsberg an und Melanchthon fiel in Wittenberg aufs Krankenlager.

Familie Sabinus traf Mitte Juli 1544 in Königsberg ein. Am 17. August 1544 wurde die Universität Königsberg feierlich begründet und Sabinus durch Herzog Albrecht von

Preußen als ihr erster Rektor in die Aula geleitet. Die *Fundation* erfolgte nach Wittenberger Muster und die meisten Dozenten stammten aus Wittenberg. Doch Sabinus hatte nur zu Anfang eine gute Hand. Es entwickelte sich nicht nach seinen Wünschen. Dazu traten Neider und Missgünstige auf. Das anfängliche Aufblühen der Universität hatte auch eine Besserung der Situation im Hause ihres ersten Rektors zur Folge. Das häusliche Klima war Anna, laut ihren Briefen an die Eltern, gerade so erträglich. Ihr Mann setzte ihr weiter zu, wenn auch in gemäßigterer Form. Sie genoss den Umgang mit den aus

Abb. 52 *Königsberger Dom mit Blick auf das Epitaph für Herzog Albrecht von Preußen im 19. Jahrhundert*

Wittenberg kommenden Gelehrten und ihren Familien, besonders als im Juni 1546 der Theologe Staphylos eintraf, der 16 Jahre lang in Wittenberg gewirkt hatte. Bald verband sie mit dessen Haus eine liebreiche Unterstützung und Freundschaft. Der Königsberger Hof bereitete der jungen Frau schöne Stunden. Herzogin Dorothea, die den Verlust von zwei Söhnen und drei Töchtern zu tragen hatte, nahm sich ihrer besonders an. Die Herzogin hatte die Heilkunde studiert und galt in Königsberg als der beste Arzt. Sie besuchte Kranke und Wöchnerinnen und bereitete ihnen in der Not auch mal selbst eine Mahlzeit zu. Sie unterrichtete ihre Damen in Pflanzen- und Heilkunde und pflegte schöne Gärten. Anna wurde in ihre Umgebung gezogen und erhielt sogar Einladungen zur Tafel. 1545 brachte sie eine weitere Tochter, Martha Sabinus, zur Welt und 1547 einen Sohn, den Herzog Albrecht im April aus der Taufe hob und der darum den Namen Albrecht Sabi-

195

nus erhielt. Vom frühen Tod des Sohnes hat die junge Mutter nichts mehr erfahren. Anna erkrankte kurz nach seiner Geburt und starb am 27. Februar 1547. Joachim Camerarius schrieb über die Reaktion ihres Vaters: *In dieser Nacht war dem Vater im Schlaf das Bild der gestorbenen Tochter begegnet, und er selbst hatte auch geglaubt, dass ihm durch dieses Traumbild dieses Unglück angezeigt worden sei, was der Ausgang ja auch glaubhaft machte. Die Meldung von ihrem Tod nahm der sie so sehr liebende Vater gelassener auf, als die meisten dies für möglich gehalten hatten, sei es, weil seine Vernunft gleichsam die ausbrechenden Bewegungen des Herzens in den Kreis zurückführte, sei es, weil er im Lauf der Zeit härter geworden war, alles zu ertragen.*[392] Melanchthons Tochter Anna ist nur 24 Jahre alt geworden, von denen sie zehn Jahre lang unglücklich verheiratet gewesen ist und in denen sie sieben Kinder geboren hat.

CORDATUS

Konrad Cordatus[393] ist 1524 erstmals nach Wittenberg gekommen und hatte hier den Doktorhut erworben. Der um 1480 geborene Österreicher hatte mehrfach versucht, die reformatorischen Ideen Luthers auch in Ungarn zu verbreiten und war darum zweimal in Gefangenschaft geraten. Dieser Glaubensheld fand natürlich in Wittenberg freundliche Aufnahme. Luther beherbergte ihn immer wieder in seinem Hause, half mit Geld und neuen Anstellungen. 1528 heiratete der nun 48-jährige Cordatus eine Frau namens Christina. Im Frühjahr 1529 verschaffte Luther ihm eine Pfarrstelle in Zwickau. Am 13. Januar 1530 konnte er den Freund dort zur Geburt eines Sohnes beglückwünschen und übernahm selbstverständlich die Patenschaft für das Kind, auch wenn er nicht selbst zur Taufe kommen konnte: *Von Herzen wünsche ich dir Glück, mein lieber Cordatus, zur Geburt deines Sohnes und daß du Vater geworden bist. Der Herr sei mit ihm, daß du immerdar an ihm Freude habest! Amen. Mein Zeugnis werde ich möglichst bald schicken, daß ich Pate bin, wie du gebeten hast, daß dein Sohn, wenn er groß geworden ist, auch meiner gedenkt.*[394] Als Patengeschenk sandte der Reformator einen Taler,[395] ein damals übliches Patengeschenk, das zudem leicht zu transportieren war.

Die Ehefrau Christine hat mindestens vier Kinder geboren, darunter wenigstens zwei Söhne. Da Cordatus mit dem Zwickauer Rat nicht zurecht kam, kehrte er bald nach der Geburt des Sohnes, dessen Patenschaft Luther übernommen hatte, ins Lutherhaus zurück und wurde 1532 nach Niemegk/Fläming vermittelt. Am 8. August 1532 predigte Luther in Niemegk aus Anlass der Taufe eines Cordatussohnes über die Taufe.[396] Die Nähe dieser Pfarrstelle ermöglichte es Cordatus, den Freund in Wittenberg häufig zu besuchen. Hier beteiligte er sich an der Aufzeichnung der *Tischreden*. Seine Notizen und Überarbeitungen fremder Texte zeigen immer wieder das innige Verhältnis Luthers zu seiner in theologischen Gesprächen mitdisputierenden Ehefrau Katharina, das Cordatus nicht mochte. Vielleicht erklärt sich aus seiner in Gelehrtenkreisen durchaus üblichen Ablehnung der Frauen, warum wir über die Familie dieses Theologen keine weiteren Nachrichten haben. 1536 entzündete er den nach ihm benannten *Cordatus-Streit* um das rechte Verständnis von Glauben, Buße, Gesetz und Evangelium, der Luther und seine Freunde schwer traf und zeitweise seine Freundschaft mit Melanchthon beeinträchtigte. Dennoch hatte Luther seinem Cordatus noch 1537 eine neue Stelle in seiner Heimatstadt Eisleben verschafft und auch Melanchthon versöhnte sich mit ihm.[397] Nach Einführung der Reformation im Kurfürstentum Brandenburg wurde Cordatus 1540 erster Superintendent in Stendal.[398] Zum großen Kummer seiner Witwe starb er am 25. März 1546 auf einer Dienstreise bei Berlin-Spandau. Über das Leben der Kinder wird nicht weiter berichtet.

HANS LÖSER

Im Dezember 1524 traute Martin Luther in Pretzsch in Gegenwart der Reformatoren Philipp Melanchthon, Nikolaus von Amsorf und Justus Jonas, seinen Freund, den sächsischen Erbmarschall Hans von Löser mit der in Luthers Heimat, der Grafschaft Mansfeld, aufgewachsenen tugendsamen, sehr schönen und jungen Ursula von Porzig.

Luther wurde 1531 besonders stark von Krankheiten gequält. Ein Besuch bei seinem Freunde wollte er sich *Kopfes Sausen und Schwachheit durch Bewegung des Leibes* vertreiben.[399] Als er mit diesem sportlichen Ziel im November 1531 in Pretzsch eintraf, lag auch der Gastgeber Erbmarschall Hans Löser krank zu Bette, erhob sich aber nach trefflichen und schönen Zusprüchen und ließ dem Freunde am nächsten Morgen eine Jagd in der Dübener Heide ausrichten. Während Löser mit Jagdvorbereitungen beschäftigt war, meditierte Luther auf dem Wege den 147. Psalm *Lobe den Herrn Jerusalem* und schrieb ihn nach der Jagd nieder, *sodann Herrn Hans Lösern samt einer Dedikationsschrift, so auf gut jägerisch gestellet und wohl zu lesen, zugeschickt. …* In einer handgeschriebenen Schmiedeberger Chronik wird berichtet: *Damals hat auch Hans Löser Dr. Luther einen Hirsch und ein Fass guten Pretzscher Bieres verehrt und ihn bald folgendes samt seinem Weibe zu Gevattern und seines Sohnes Tauf-*

paten gebeten. Lösers Frau Ursel brachte erst im Juli 1532 den Stammhalter zur Welt. Hans Löser d. J. wurde am 15. Juli 1532 in der Pretzscher Schlosskapelle getauft. Der Taufe des kleinen Lösers, folgte eine Predigt des Reformators in der Taufkirche. Im Gegenzug übernahm der Erbmarschall 1533 die Patenschaft für Paul Luther.

Der kleine Hans von Löser wuchs in sehr wohlhabenden Verhältnissen auf und musste doch das Los vieler Kinder seiner Zeit teilen. Schon 1536 verlor der damals kaum Vierjährige seine Mutter. Sein verwitweter Vater ließ sich im August 1540 zum zweiten Male von seinem Freund Luther trauen und der dann Achtjährige erhielt eine Stiefmutter. Doch diese zweite Ehe wurde schon im folgenden Jahre durch den Tod des Vaters beendet. Luther hielt dem Freunde die Leichenpredigt.[400]

Hans, dessen Familie stets in Diensten des regierenden Fürstenhauses gestanden hatte und das hohe und einflussreiche Erbmarschallamt von Generation zu Generation weitergeben konnte, wuchs am Hofe Kurfürst Johann Friedrichs und in Wittenberg auf, wo sein Pate seine Erziehung und sein Studium in der *Prinzenschule* im Wittenberger Schloss beeinflussen konnte. Er erhielt eine sehr gute Ausbildung und galt als Erwachsener als *Ruhm des gelehrten Adels*. Als 14-Jähriger trat er für den Kurfürsten in den Kriegsdienst ein und nahm 1547 an der Schlacht bei Mühlberg an der Elbe teil. Nachdem der Kurfürst dort in die Gefangenschaft Kaiser Karl V. geraten war, ging Hans mit dessen Söhnen nach Weimar. Johann Friedrich von Sachsen verlor seine Kurwürde an seinen Cousin Moritz. Darum ging der junge Hans Löser an den Dresdner Hof. Dort erhielt er von Kurfürst Moritz die Stelle eines Hofmeisters seiner Tochter, der im Dezember 1544 geborenen

Prinzessin Anna, und folgte seinem Dienstherrn bei dessen Kriegszügen.

Bugenhagen und Melanchthon mussten traurig zusehen, wie gerade Löser der Witwe seines Paten Luther, die 1551 durch von Kriegsknechten angerichtete Verwüstung auf ihren Gütern und die Verpflichtung zu hohen Kriegs-Kontributionszahlungen großen *Schaden gelitten* hatte, weitere Schwierigkeiten machte. *Derwegen musste sie zu Recht gehen vor des Kurfürsten Gericht wider Jan Löser*, heißt es bedauernd in einer Quelle. Die Lutherin schrieb am 8. Januar 1552 *durch dringende Not bewogen* einen letzten Bittbrief an König Christian von Dänemark und sollte noch erleben, dass Kriegsknechte in der Wittenberger Gegend *am rohesten hausten*. Es waren wohl diese Vorgänge um ihre

Abb. 53 *In der Elbaue bei Wittenberg*

geliebten Güter, die ihr die Kraft geraubt und zu ihrem frühen Ende geführt haben.[401]

Nach dem frühen Tod von Kurfürst Moritz im Juli 1553 wurde Löser in die Dienste von dessen Bruder und Nachfolger August gestellt. Löser wurde Kursächsischer Erbmarschall, Kriegs-, Hof- und Landrat sowie Vize-Hofrichter in Wittenberg, dazu *Commissarius perpetuus* und *Inspector* der Wittenberger Universität. 1555 hatte sich Hans Löser mit Agnes von Bünau aus Drösig vermählt und mit ihr sechs Söhne gezeugt. In Diensten Kurfürst Augusts hatte der junge Erbmarschall 1567 an der bei Paul Luther und Anna Cranach erwähnten Belagerung der Festung Grimmenstein bei Gotha teilgenommen.[402]

1571 bis 1574 ließ Löser das Stammschloss der Familie in Pretzsch nach modernen Gesichtspunkten umbauen. Zum Schutze des an der Elbe gelegenen Schlosses wurden die starken Mauern erneuert, die auch als Eisbrecher dienten. Um die Wasserversorgung im Schloss zu verbessern, ließ er eine Rohrleitung legen.

Erbmarschall Hans Löser starb 1580 im 48. Lebensjahre. Sein 1559 geborener Sohn Hans trat die Nachfolge an.

ANDREAS BODENSTEIN

Am 24. Februar 1526 hielt die zum ersten Male schwangere Lutherin in dem in der Elbaue gelegenen Dörfchen Seegrehna einen Sohn des Doktorvaters ihres Gatten über die Taufe. Das Baby erhielt den Namen des Vaters.[403]

Andreas Bodenstein von Karlstadt[404] war 1519 von Luther und vielen gemeinsamen Freunden zu seiner Disputation mit Johann Eck begleitet worden. Luthers Berufung auf Jan Hus, während der Leipziger Disputation, führte zur scharfen Gegnerschaft des Herzogs Georg von Sachsen gegen die Lutheraner. Am 25. Dezember 1521, dem 1. Weihnachtstag, hielt er in der Stadtkirche vor zweitausend Gläubigen den ersten evangelischen Gottesdienst in weltlicher Kleidung und ohne die üblichen Zeremonien. An der anschließenden ersten evangelischen Abendmahlsfeier nahmen zweihundert Menschen teil.

Karlstadt heiratete am 19. Januar 1522.[405] In den folgenden Jahren kühlte sich die Freundschaft zwischen Luther und seinem Doktorvater nicht nur ab, sondern verwandelte sich fast in Feindschaft.

Im Juni 1525, während Luthers Hochzeit, wohnte Karlstadt dennoch einige Zeit im Lutherhaus. Da man den *Aufrührer* unter Kontrolle haben wollte, gestatte ihm Kurfürst Johann der Beständige im September 1525 den weiteren Aufenthalt in dem in der Elbaue gelegenen Dörfchen Seegrehna, wo ihm ein Sohn geboren wurde.[406] Am 25. Februar 1526 schrieb Luther an Amsdorf: *Gestern haben wir dem Karlstadt ein Söhnlein getauft oder vielmehr die Taufe wieder umgetauft. Die Gevattern sind Jonas, Philippus (Melanchthon), meine Kethe. Ich bin als Gast dabei gewesen. Es ist geschehen in Segren über der Elbe, wo Karlstadt wohnt. Wer hätte voriges Jahr gedacht, dass die, welche die Taufe ein Hundebad hießen, nun solche von den Feinden selbst verlangen würden. Sie mögen es nun in Ernst und aufrichtig tun oder nicht, so Gott bekannt ist: so sind es doch Wunder, die nicht klein, wenn man die Werke Gottes, wie sie wider der Menschen ihre sind, betrachtet.*

Karlstadt ging dann mit seiner Familie in das nahegelegene Dorf Bergwitz, wo der Gelehrte als Bauer seinen Unterhalt verdienen wollte und in kurzer Zeit sein Vermögen zusetzte. Ende 1526 verlor er sieben Pferde. Er musste nun sein Landgut und die ihm verbliebenen Tiere verkaufen. Mit Zustimmung des Kurfürsten Johann und Luthers siedelte er nach Kemberg über und nährte sich hier als „*Nachbar Andreas*" kümmerlich vom Feldbau und einem kleinen Kramladen. Dabei blieb er weiter unter scharfer Überwachung. Selbst seine Briefe wurden abgefangen und gelangten in Luthers Hände. Er klagte darauf: *sie wollen also, dass ich hier bleibe. Aber niemand wird von Mitleid bewegt. Ich verkaufe alles: Betten, Kleider, Trinkgeschirre und was ich sonst an Hausgerät besitze. Das wissen sie, aber niemand erbarmt sich. Vielleicht wünschen sie auch, dass ich und meine Kinder Hunger sterben.*

Anfang des Jahres 1529 floh er in die Schweiz und starb am Weihnachtstage 1541 als Prediger und Theologieprofessor in Basel an der Pest.[407]

Chronik

Datum	Ort	Vorgang
13.06.1525	Wittenberg	Hochzeit von Martin Luther und Katharina von Bora
07.06.1526	Wittenberg	Geburt von Johannes Luther
10.12.1527	Wittenberg	Geburt von Elisabeth Luther
03.08.1528	Wittenberg	Tod von Elisabeth Luther
04.05.1529	Wittenberg	Geburt von Magdalena Luther
Anfang Juni 1530	Mansfeld	Tod von Hans Luther
07.11.1531	Wittenberg	Geburt von Martin Luther d. J.
28.01.1533	Wittenberg	Geburt von Paulus Luther
17.12.1534	Wittenberg	Geburt von Margarete Luther
22.01.1540	Wittenberg	Totgeburt und schwere Erkrankung von Katharina Luther
20.09.1542	Wittenberg	Tod von Magdalena Luther
18.02.1546	Eisleben	Tod von Martin Luther
1546/47	Braunschweig	1. Flucht von Katharina Luther mit ihren Kindern
bis Anfang Juli 1547	Magdeburg	2. Flucht von Katharina Luther mit ihren Kindern
September 1551	Wittenberg	Johannes Luther kehrt aus Königsberg zurück

Datum	Ort	Vorgang
September 1552	Torgau	Flucht und Unfall der Katharina Luther
20.12.1552	Torgau	Tod von Katharina Luther
05.02.1553	Torgau	Hochzeit von Paul Luther und Anna von Warbeck
1553	Wittenberg?	Hochzeit von Johannes Luther und Elisabeth Cruziger
1553	Weimar	Johannes Luther tritt in die Kanzlei der Herzöge von Sachsen ein
05.08.1555	Wittenberg	Hochzeit von Margarete Luther und Georg von Kunheim
Februar 1557	Wittenberg	Verkauf des kleinen Häuschens durch Hans, Martin, Paulus und Georg
1557	Knauten	Margarete und Georg von Kunheim gehen nach Ostpreußen
1558	Jena	Paulus Luther wird Professor an der Universität Jena
1560	Weimar	Paulus Luther wird Leibarzt der Herzöge von Sachsen
02.09.1560	Wittenberg	Hochzeit von Martin Luther d. J. und Anna Heilinger
1564	Wittenberg	Verkauf des Lutherhauses an die Universität
02.03.1565	Wittenberg	Tod von Martin Luther d. J.

Datum	Ort	Vorgang
1567	Königsberg	Johannes Luther tritt in die Dienste Herzog Albrechts von Preußen
1567	Berlin	Paulus Luther wird Leibarzt Kurfürst Joachim II.
1570	Knauten	Tod von Margarete von Kunheim,* Luther
1571	Dresden	Paulus Luther wird Leibarzt Kurfürst Augusts von Sachsen
27.10.1575	Königsberg	Tod von Johannes Luther
15.05.1586	Dresden	Tod von Paulus Luthers Frau Anna von Warbeck
08.03.1593	Leipzig	Tod von Paulus Luther

⤜⤜⤜ *Abbildungsnachweis*

Abb. 1, 2, 5, 7–12, 14–17, 19–22, 24–39, 41–46, 49–53: Sammlung Strauchenbruch

Abb. 3, 4, 6, 13, 18, 47: Stiftung Luthergedenkstätten in Sachsen-Anhalt

Abb. 23: Ausschnitt aus dem Panorama LUTHER 1517 von Yadegar Asisi, © asisi, mit herzlichem Dank für die freundliche Genehmigung des Abdrucks

Abb. 40: Barbara Zörner, Hamburg, mit Dank für die freundliche Überlassung dieser Aufnahme

Abb. 48: Eigentum von Herrn Marcello Pochettino, mit herzlichem Dank für die Genehmigung des Abdrucks

⁂⟩⟩⟩ Anmerkungen

1   Elke Strauchenbruch, Luthers Hochzeit, Leipzig: Evangelische Verlagsanstalt 2017.

2   Chr. G. Berger, Kurze Beschreibung der Merkwürdigkeiten die sich in Eisleben, und in Luthers Hause daselbst besonders, auf die Reformation und auf D. Martin Luther beziehen; nebst einem Anhange, als Beitrag zur Chronik von Eisleben, 2. Verb. Auflage, Merseburg: Franz Kobitzsch 1827, S. 95; Gabriel Gottfried Bredow, Katharina von Bora, in: Minerva, Nr. IX, 1813, S. 321.

3   D. Martin Luthers Briefe, ausgewählt von Georg Buchwald, Leipzig und Berlin: B. G. Teubner Verlag 1925, S. 145 Nr. 189.

4   Johannes Luther, Johannes Luther, des Reformators ältester Sohn, in: Greifswalder Studien zur Lutherforschung, Heft 1, Berlin und Leipzig: Walter de Gruyter & Co 1930, S. 4.

5   Martin Luther, Briefe. Eine Auswahl, hrsg. v. Günther Wartenberg, Leipzig: Insel-Verlag 1983, S. 126.

6   Ebenda; Mit „M. Eisleben" ist Luthers Freund und Rektor der Eislebener Lateinschule Magister Johannes Agricola gemeint. Um Luther und die anderen Reformatoren in Wittenberg entwickelte sich ein Zentrum des damaligen Nachrichtenaustauschs. Der wurde jedoch nicht nur über Boten abgewickelt, sondern auch, indem man Briefe an Freunde weitergab, Grüße ausrichtete und so weiter. Eine Briefpost, wie wir sie heute kennen, gab es im 16. Jahrhundert noch nicht. Briefe wurden von Boten transportiert, besonders wichtige auch von reitenden Boten, Briefe wurden von Kaufleuten, Studenten und Schülern befördert – alles hatte seinen Preis und stand somit längst nicht allen Zeitgenossen zur Verfügung. Bestimmte Nachrichten machten auch schon damals erstaunlich schnell die Runde.

7 Johann Pfister hatte Ostern 1525 das Augustinerkloster in Nürnberg verlassen und studierte seit Pfingsten in Wittenberg Theologie. Noch 1557 erinnerte er sich in seiner Autobiografie daran, bei Luthers Hochzeit als Mundschenk tätig gewesen zu sein. Nach Abschluss seiner Studien hatte er ein Pfarramt in Fürth erhalten.

8 Dem Professor Nikolaus Gerbel in Straßburg, trug der werdende Vater schon am 25. Mai 1526 die Patenschaft an.

9 Heinz Lüdecke, Lucas Cranach d. Ä. im Spiegel seiner Zeit. Aus Urkunden, Chroniken, Briefen, Reden und Gedichten, Berlin: Rütten & Loening 1953, S. 114.

10 Martin Luther, Taufbüchlein, Wittenberg: Nickel Schirlentz 1526.

11 D. Martin Luthers Briefe, ausgewählt von Georg Buchwald, S. 146 Nr. 193.

12 Martin Luther, Briefe. Eine Auswahl. hrsg. von Günther Wartenberg, S. 127.

13 D. Martin Luthers Briefe, ausgewählt von Georg Buchwald, S. 153 Nr. 206.

14 Albrecht Thoma, Katharina von Bora. Geschichtliches Lebensbild, Berlin 1900, S. 61. – Albrecht Thoma bot für Ernst Kroker und nachfolgende Biografen der Lutherin die grundlegende Quelle.

15 Georg Buchwald, Luther-Kalendarium, in: Schriften des Vereins für Reformationsgeschichte, Jg. 47, Heft 2, Nr. 147, Leipzig 1929, S. 51.

16 WA Tr. 3, 2922 a.

17 Martin Luther, Briefe. Eine Auswahl. Hrsg. V. Günther Wartenberg, S. 138f.

18 D. Martin Luthers Briefe, ausgewählt von Georg Buchwald, S. 161 Nr. 222.

19 Ebenda.

20 Jonas hatte seinem Patenkinde Johannes schon zu dessen Taufe eine Medaille aus Gold geschenkt. Vgl. Fundsache Luther. Archäologen auf den Spuren des Reformators, hrsg. von Harald Meller, Begleitband zur Landesausstellung, Landesamt für

Denkmalpflege und Archäologie Sachsen-Anhalt, Halle, 2007, S. 293.

21 Martin Luther, Briefe. Eine Auswahl. Hrsg. v. Günther Wartenberg, S. 148.

22 D. Martin Luthers Briefe, ausgewählt von Georg Buchwald, S. 159f. Nr. 219. – Über den Gebrauch von Klappern vgl.: Handwörterbuch des deutschen Aberglaubens. Hrsg. Von Hanns Bächtold-Stäubli unter Mitwirkung von Eduard Hoffmann-Krayer, Band 4, Berlin und New York, Verlag Walter de Gruyter 1987, Sp. 1443 (Hier: Kindern soll man keine Klappern kaufen noch schenken lassen, die lernen sonst langsam und schwer reden.)

23 Martin Luther, An die Ratsherren aller Städte im deutschen Land, dass sie christliche Schulen aufrichten und unterhalten sollen, 1524, in: Martin Luther deutsch-deutsche Studienausgabe, Band 3, hrsg. von Hellmut Zschoch, Leipzig: Evangelische Verlagsanstalt 2016, S. 391.

24 Erika Uitz, Die Frau in der mittelalterlichen Stadt, Edition Leipzig 1988, S. 154.

25 Handwörterbuch des deutschen Aberglaubens. Hrsg. Von Hanns Bächtold-Stäubli, Sp. 1334.

26 Martin Luther, An die Ratsherren aller Städte, S. 391.

27 Ebenda.

28 Lippus und Jost, bzw. Philipp und Justus, sind Söhne von Melanchthon und Jonas und etwa gleichaltrige Spielgefährten Hänschens.

29 WA Br. 5, S. 377f. Nr. 1595 (Paradiesgartenbrief); Handwörterbuch des deutschen Aberglaubens. Hrsg. von Hanns Bächtold-Stäubli, Sp. 1448.

30 D. Martin Luthers Evangelien-Auslegung: T. Markus und Lukasevangelium, hrsg. v. Erwin Mühlhaupt und Eduard Ellwein, Vandenhoeck, 1957, S. 112.

31 Friedrich Weichert, Moderne Züge in der Stellungnahme Luthers zur Erziehungsfrage, in: Luther. Mitteilungen der Luthergesellschaft1959, Heft 3, S. 134f.

32 D. Martin Luthers Evangelien-Auslegung: T. Markus und Luka-sevangelium, hrsg. v. Erwin Mühlhaupt und Eduard Ellwein, S. 112.

33 Gerhard Jaritz, in: Alltag im Spätmittelalter, hrsg.v. Harry Kühnel, Graz, Wien und Köln: Verlag Styria,3. Auflage 1986, S. 166.

34 Ernst Kroker, Katharina von Bora. Martin Luthers Frau. Ein Le-bens- und Charakterbild, Berlin, Evangelische Verlagsanstalt, 15. Auflage 1980, S. 147 ; Johannes Luther, Johannes Luther, des Reformators ältester Sohn, S. 8, setzt diese Auseinandersetzung in das Jahr 1537 und meint, Luther habe eine schriftliche Ab-bitte haben wollen, weil er in der Fastnachtszeit abwesend war, den Sohn aber dennoch von einem Lehrer in der Umgebung Wittenbergs zur Feier nach Hause kommen ließ.

35 D. Martin Luthers Briefe, ausgewählt von Georg Buchwald, S. 216f. Nr. 303.

36 Wanderbüchlein des Johannes Butzbach, genannt Piemonta-nus. Aus dem Leben eines fahrenden Schülers, hrsg. v. Leon-hard Hoffmann, Berlin, Union Verlag 1984, S. 13f.

37 Johannes Luther, Johannes Luther, des Reformators ältester Sohn, S. 4f.

38 Johannes Luther, Johannes Luther, des Reformators ältester Sohn, S. 5.

39 Heinz Kathe, Die Wittenberger Fakultät 1502 -1817, Mitteldeut-sche Forschungen Band 117, Köln, Weimar und Wien, Böhlau Verlag 2002, S. 79.

40 Johannes Luther, Johannes Luther, des Reformators ältester Sohn, S. 6.

41 Ernst Kroker, Katharina von Bora, S. 148.

42 Martin Luther, Briefe. Eine Auswahl. Hrsg. von Günther War-tenberg, S. 229.

43 Johannes Luther, Johannes Luther, des Reformators ältester Sohn, S. 7.

44 Georg Buchwald, Luther-Kalendarium, S. 39.

45 Fritz Stoy, Gebrechen und Mängel in kursächsischen Dörfern in der Frühzeit der Reformation. In: Zeitschrift des Vereins für

Kirchengeschichte der Provinz Sachsen und des Freistaates Anhalt. Heft 1 und 2, Magdeburg 1932, S. 144, Anm. 4.

46 Karl Eduard Förstemann, Einige Mitteilungen aus den Wittenberger Kämmereirechnungen, in: Neue Mitteilungen aus dem Gebiet historisch-antiquarischer Forschungen. Hrsg. von Förstemann, 2. Band, Heft 3 und 4, Halle und Nordhausen 1836, S. 648.

47 Georg Buchwald, Zur Wittenberger Stadt- und Universitäts-Geschichte in der Reformationszeit: Briefe aus Wittenberg an M. Stephan Roth in Zwickau, Charlestown 1997, S. 52, Nr. 55.

48 WATr. 3, 613.

49 Walter Friedensburg, Urkundenbuch der Universität Wittenberg Teil 1 (1502–1611), Geschichtsquellen der Provinz Sachsen und des Freistaates Anhalt, Neue Reihe, Band 3, Magdeburg, Historische Kommission, 1926, Nr. 227; Gustav Kawerau, Aus dem Wittenberger Universitätsleben, in: ARG 17, 1920, S. 1–10.

50 Heinz Lüdecke, Lucas Cranach d. Ä. im Spiegel seiner Zeit, S. 37f.

51 Martin Luther, Briefe. Eine Auswahl. Hrsg. von Günther Wartenberg, S. 306.

52 Vgl. Elke Strauchenbruch, Luthers Paradiesgarten, Leipzig, Evangelische Verlagsanstalt 2015; nach: Tibor Fabiny, Martin Luthers letzter Wille. Das Testament des Reformators und seine Geschichte, Berlin, Union Verlag 1983, S. 23; WA Br. 9, S. 169 Anm. 1: Am 19. April 1532 erwarb Luther Garten vor der Stadt Wittenberg mit Fischweiher und Obstbäumen.

53 Reinhard Schmitt und Mirko Gutjahr, Das „Schwarze Kloster" in Wittenberg. Bauforschung und Archäologie im und am Kloster der Augustiner-Eremiten und Wohnhaus Martin Luthers, in: Fundsache Luther. Archäologen auf den Spuren des Reformators, hrsg. von Harald Meller, Begleitband zur Landesausstellung, Landesamt für Denkmalpflege und Archäologie Sachsen-Anhalt, Halle 2007, S. 112, 138: Um 1536 wurde ein Kachelofen aus prächtigen mehrfarbigen Ofenkacheln in der Lutherstube eingebaut. Bildkacheln und Wandbrunnen

im Hause wurden nach Vorlagen der Cranach-Werkstatt geschaffen.

54 WA Br 9, 582, 83, 85–87, 98–104 (3699, Beilage IV, Luthers Hausrechnung 1542.

55 Tibor Fabiny, Martin Luthers letzter Wille, S. 22.

56 Helmar Junghans, Wittenberg als Umwelt für Martin Luthers Alltag, in: Gott hat noch nicht genug Wittenbergisch Bier getrunken": Alltagsleben zur Zeit Martin Luthers. Wittenberger Sonntagsvorlesungen des Evangelischen Predigerseminars, Wittenberg, Drei-Kastanien-Verlag 2001, S. 15; vgl. Elke Strauchenbruch, Luthers Wittenberg, Leipzig: Evangelische Verlagsanstalt 2013.

57 Martin Luther, An die Ratsherren aller Städte im deutschen Land, dass sie christliche Schulen aufrichten und unterhalten sollen, 1524, in: Martin Luther deutsch-deutsche Studienausgabe, Band 3, hrsg. von Hellmut Zschoch, Leipzig: Evangelische Verlagsanstalt 2016, S. 393.

58 Gerhard Jaritz, in: Alltag im Spätmittelalter, S. 167.

59 Andreas Stahl und Björn Schlenker, Lutherarchäologie in Mansfeld- Ausgrabungen und begleitende Bauforschungen am Elternhaus Luthers, in: Fundsache Luther. Archäologen auf den Spuren des Reformators, hrsg. von Harald Meller, Begleitband zur Landesausstellung, Landesamt für Denkmalpflege und Archäologie Sachsen-Anhalt, Halle 2007, S. 126, 191 Abb., S. 292.

60 Andreas Stahl und Björn Schlenker, Lutherarchäologie in Mansfeld, S. 126: In Mansfeld fand man aus Knochen hergestellte Kegel, die ihr Gewicht durch eingegossenes Blei erhielten.

61 Gerhard Jaritz, in: Alltag im Spätmittelalter, S. 168.

62 Kurt Nitzschke, Die Reformation in der Mark Brandenburg, Der Heliand, Berlin 1939, Heft 60, S. 8; Christian Friedrich Erdmann, Luther und die Hohenzollern, Breslau 1883, S. 68; Paul Steinmüller, Einführung der Reformation in die Kurmark Brandenburg durch Joachim II., Schriften des Vereins für Reformationsgeschichte 76, Halle 1903, S. 35.

63 Johannes Luther, Johannes Luther, des Reformators ältester Sohn, S. 9f.

64 WA Br. 9, 509f, Nr. 3664.

65 D. Martin Luthers Briefe, ausgewählt von Georg Buchwald, S. 224, Nr. 315.

66 Georg Buchwald, Luther-Kalendarium, S. 146.

67 Johannes Luther, Johannes Luther, des Reformators ältester Sohn, S. 9 und 11.

68 WA Tr. 6406.

69 WA Br. 11, S. 150.

70 Walter Friedensburg, Urkundenbuch der Universität Wittenberg Teil 1 (1502–1611), Nr. 264.

71 WA 48 Revisionsnachtrag, 112 Nr., 228.

72 F. Westphal, Zur Erinnerung an Fürst Georg den Gottseligen zu Anhalt. Zum 400-jährigen Geburtstage am 15. August 1907, in: Schriften des Vereins für Reformationsgeschichte 95, Leipzig 1907, S. 53.

73 Georg Buchwald, Luther-Kalendarium, S. 157, nach: WA 51, S. 22: Am 12. August 1545 wohnte Luther bei Joachim Camerarius in Leipzig und predigte in der Paulinerkirche über Lucas 19, 41ff.

74 WA Br. 11, 148–152; 13, 345f.; Hans-Ulrich Delius, Briefe Martin Luthers, ausgewählt, eingeleitet und übersetzt, in: Reformatorenbriefe. Luther. Zwingli. Calvin, hrsg. v. Günter Gloede unter Mitarbeit von Hans-Ulrich Delius und Gottfried W. Locher, Berlin, Evangelische Verlagsanstalt 1973, S. 168f., Nr. 94: Luther war sich am 28. Juli 1545 in einem Brief an seine Frau unschlüssig, ob er Hans zurückschicken solle. Eine Anreise Hans' wird aber nicht erwähnt. Johannes Luther, Johannes Luther, des Reformators ältester Sohn, S. 12: Johannes und Cruziger reisten gemeinsam von Zeitz nach Wittenberg.

75 Hans-Ulrich Dehlius, Der Briefwechsel des Friedrich Myconius (1524–1546). Ein Beitrag zur allgemeinen Reformationsgeschichte und zur Biographie eines mitteldeutschen Reformators, Schriften zur Kirchen- und Rechtsgeschichte 18./19. Heft, Tübingen 1960, S. 175, Nr. 407.

76 Johannes Luther, Johannes Luther, des Reformators ältester Sohn, S. 10.

77 Manfred Straube, Wirtschaftliche Verhältnisse in Mitteldeutschland zur Lutherzeit, in: Fundsache Luther. Archäologen auf den Spuren des Reformators, hrsg. von Harald Meller,
Begleitband zur Landesausstellung, Landesamt für Denkmalpflege und Archäologie Sachsen-Anhalt, Halle 2007, S. 27.

78 WA Br. 11, S. 189–192, WA Br. 13, 347f.; Hans-Ulrich Delius, Briefe Martin Luthers, ausgewählt, eingeleitet und übersetzt, S. 169–
172, Nr. 95.

79 Georg Buchwald, Luther-Kalendarium, S. 158, nach CR 5, 887.

80 Ebenda, S. 910 und 911.

81 Hermann Hering, Doktor Pomeranus, Johannes Bugenhagen.
Ein Lebensbild aus der Zeit der Reformation, in: Schriften des
Vereins für Reformationsgeschichte Nr. 22, Halle 1888, S. 140;
Laut: Georg Buchwald, Luther-Kalendarium, S. 158 und CR 5,
S. 910 und 911 trafen Luther und Melanchthon erst am 7. Janu-
ar 1546 in Wittenberg ein.

82 Handwörterbuch des deutschen Aberglaubens. Hrsg. Von Hanns
Bächtold-Stäubli, Band 6, 1987, Stichwort „Neujahr".

83 Werner Schade, Die Malerfamilie Cranach, Dresden: Verlag der
Kunst 1974, S. 388, Anm. 5.

84 Walter Friedensburg, Urkundenbuch der Universität Wittenberg Teil 1 (1502–1611), Nr. 275.

85 Georg Buchwald, Luther-Kalendarium, S. 123.

86 WA Br. 9, S. 169 Anm. 1: Am 19. April1532 erwarb Luther von
Klaus Bildenhauer einen Garten vor der Stadt Wittenberg mit
Fischweiher und Obstbäumen. Er wird mehrfach als der Gar-
ten am Saumarkt bezeichnet.

87 Rüdiger Glaser, Klimageschichte Mitteleuropas. 1200 Jahre
Wetter, Klima, Katastrophen, 2., aktualisierte und erweiterte
Auflage, Darmstadt, Wissenschaftliche Buchgesellschaft 2008,
S. 110: Der Winter von 1546 „war eindeutig streng und trocken.
Man fuhr von Kopenhagen bis nach Rostock über die vereiste
Ostsee. Die Ende Januar und Anfang Februar aufgetretenen
Hochwasser waren durch plötzliche Schneeschmelze und den
durch den Tauwettereinbruch ausgelösten Eisgang bedingt."
Georg Buchwald, Luther-Kalendarium, S. 159

88 Martin Luther, Briefe. Eine Auswahl. Hrsg. von Günther Wartenberg, S. 301; Julius Köstlin, Luthers Leben, 10. Auflage. Illus-
trierte Volksausgabe. Leipzig 1902, S. 611, Abb. 60: Luther über-
nachtete bei Jonas. Als Gastgeschenksoll er ein weißes venezia-
nisches Becherglas mitgebracht haben. Darauf befindet sich
der lateinische Vers:
Jonas, dem Glas, gibt Luther ein Glas, der selber ein Glas ist,
Daß sie beid' es wissen, sie sei'n zerbrechlichem Glase gleich."
Das originale Jonasglas wird in Nürnberg aufbewahrt; es gibt
aber auch Kopien, wie in den Mühlhäuser Museen.

89 Johannes Luther, Johannes Luther, des Reformators ältester
Sohn, S. 14.

90 Martin Luther, Briefe. Eine Auswahl. Hrsg. von Günther Wartenberg, S. 303.

91 Die Berichte über Luthers Tod und Begräbnis. Texte und Untersuchungen von Christof Schubart, Weimar: Verlag Hermann
Böhlaus Nachfolger 1917, S. 120.

92 Tibor Fabiny, Martin Luthers letzter Wille, S. 33.

93 Ernst Kroker, Katharina von Bora, S. 239–41.

94 Paul Gottlieb Kettner, Historische Nachricht Von dem Raths-
COLLEGIO Der Chur-Stadt Wittenberg ... Wolfenbüttel: Verlag
Johann Christoph Meißner 1734, Nr. 38.

95 Gabriel Gottfried Bredow, Katharina von Bora, S. 358.

96 WA Br. 9, S. 571.

97 Tibor Fabiny, Martin Luthers letzter Wille, S. 34.

98 Gabriel Gottfried Bredow, Katharina von Bora, S. 258ff.

99 Ernst Kroker, Katharina von Bora, S. 246.

100 Heiner Lück, Die Wittenberger Juristenfakultät im Sterbejahr
Martin Luthers, in: Heiner Lück (Hrsg.), Martin Luther und
seine Universität. Vorträge anläßlich des 450. Todestages des
Reformators. Im Auftrage der Stiftung Leucorea an der Martin-
Luther-Universität Halle-Wittenberg herausgegeben, Köln,
Weimar und Wien, Böhlau Verlag 1998, S. 91f.

101 Friedrich Hülße, Die Stadt Magdeburg im Kampfe für den Protestantismus während der Jahre 1547–1551, in: Schriften für

das deutsche Volk. Herausgegeben vom Verein für Reformationsgeschichte. Heft 17, 1892, S. 17.

102 Albrecht Thoma, Katharina von Bora. The Echo Library 2006, S. 186f.

103 Martin Treu, Johannes Bugenhagens Augenzeugenbericht über die Ereignisse des Schmalkaldischen Krieges in Wittenberg 1547 – Eine Auswahl mit Kommentar, in: „es erstattet doch nimmer ein Sieg, was verloren wird durch den Krieg!", Schriftenreihe der Lutherhalle Wittenberg, Heft 2, 1986, S. 55.

104 Albrecht Thoma, Katharina von Bora, S. 186.

105 Ernst Kroker, Katharina von Bora, S. 248–57.

106 Heinz Scheible, Melanchthon. Eine Biographie, München: Beck 1997, S. 175f.

107 Friedrich von Braun, Des Monatlichen Auszuges aus der Geschichte der hohen Chur und Fürstlichen Häuser zu Sachsen, Thüringisch-Meißnischen Stammes. 5. Teil, Langensalza: Charlotte Magdalene Heergart 1784, S. 660f.

108 Walter Friedensburg, Urkundenbuch der Universität Wittenberg. Teil 1 (1502 1611), Nr. 300.

109 Ernst Kroker, Katharina von Bora, S. 261f.; Gustav Kawerau (Hrsg.), Der Briefwechsel des Justus Jonas. Gesammelt und herausgegeben. (2 Teile in einem Band), Hildesheim, Georg Olms Verlagsgesellschaft 1964 (Reprografischer Nachdruck), Geschichtsquellen der Provinz Sachsen und angrenzender Gebiete, Band 17, Teil 1, S. 283, Nr. 901.

110 Theodor Wotschke, Wittenberger Berichte aus der Interimszeit, in: Zeitschrift des Vereins für Kirchengeschichte der Provinz Sachsen und des Freistaates Anhalt. Jahrgang 10. Heft 1, 1913, S. 6.

111 Das Familienleben der Lutherfamilie, Teil 2, nach Günther Luther, in: http://www.qoqa.de/qoqa29.html (letzter Aufruf am 2. Februar 2017).

112 A. Guddas, Michael Stifel Luthers Freund, genialer Mathematiker und Pfarrer im Herzogtum Preußen, in: Schriften der Synodalkommission f. ostpreußische Kirchengeschichte, Königsberg 1922.

113 Paul Tschackert, Johann Funck, in: Realenzyklopädie für protestantische Theologie und Kirche, 3. Aufl., Band 6, Leipzig 1899, S. 320–323.

114 Universitätszeugnis Johann Luthers, in: 'Academia Regiomontana Borussorum XV. die Julii MDLI' auf Pergament, in: ACTA LUTHERORUM aus der Universitätsbibliothek zu Leipzig – nach T. O. Weigel, Leipzig, Nr. 19, S. 325–326.

115 Gabriel Gottfried Bredow, Katharina von Bora, S. 362.

116 Der einzige zeitgenössische Bericht über den Tod der Katharina von Bora am 20. Dezember 1552 und ihre Beerdigung befindet sich im „SCRIPTORIVM PVBLICE …", Bd. 1, gedruckt von Rhaus Erben 1560.

117 Hans Christoph Sens, Katharina Luther und Torgau, Kleinere Schriften des Torgauer Geschichtsvereins. Heft 18, Torgau 2006, S. 54.

118 Christian Juncker, Güldenes und Silbernes Ehren-Gedächtniß Lutheri, Genealogische Tabell von D. Martini Lutheri, S. 243 f.

119 Johann Gottlob Walter, Ergänzte und verbesserte Nachrichten von den letzten Thaten und Lebensgeschichten des seligen D. Luthers, T. 1, Abschn. 3, Jena 1753, S. 194–208.

120 Johann Karl Seidemann, Luthers Grundbesitz, in: Zeitschrift für die historische Theologie, Jg. 1860, IV. Heft, S. 529; Gabriel Gottfried Bredow, Katharina von Bora, S. 356.

121 Chr. G. Berger, Kurze Beschreibung der Merkwürdigkeiten die sich in Eisleben, und in Luthers Hause daselbst besonders, auf die Reformation und auf D. Martin Luther beziehen; nebst einem Anhange, als Beitrag zur Chronik von Eisleben, 2. Verb. Auflage, Merseburg: Franz Kobitzsch 1827, S. 38f. Anm*: Die Eislebenrer Lateinschule hatte 700 Schüler.

122 Albrecht Thoma, Katharina von Bora, S. 147; auf die Auseinandersetzungen zwischen Veit Dietrich und der Hausherrin wegen hoher Schülerzahlen wurde oben hingewiesen.

123 Nikolaus Müller, Die Funde in den Turmknäufen der Stadtkirche zu Wittenberg, Evang. Buchh. Holtermann 1912, S. 162.

124 Hans-Jochen Seidel, Das Vorratsverzeichnis der Stadt Wittenberg vom Jahre 1581. Ein historisch-quellenkundlicher Beitrag

zur Stadtgeschichte, in: Ekkehard. Familien- und regionalgeschichtliche Forschungen, Neue Folge 8, 2001, Heft 3.

125 Das neue Luther-Nachkommenbuch 1525–1960, S. 276: Der Sohn hieß Cyriakus und starb 1613 als Bürgermeister in Quedlinburg; Johann Heinrich Fritsch, Geschichte des vormaligen Reichsstifts und der Stadt Quedlinburg, 1. Teil Quedlinburg 1828, S. 301: Bürgermeister Johann Kegel ließ 1596 auf einem Wall in Quedlinburg Obstbäume pflanzen.

126 Lingke, D. Martin Luthers Reisegeschichte, Leipzig 1769, S. 73.

127 Das neue Luther-Nachkommenbuch 1525–1960, S. 280, nach: Jeremias Simon und Carl Geissler, Chronik der Stadt Eilenburg, Meyner 1831, S. 160.

128 Ebenda.

129 Wolfgang Appell im Internet, nach: Günther Luther (Aufruf vom 1. Januar 2010).

130 Johannes Luther, Johannes Luther, des Reformators ältester Sohn, S. 20.

131 Document wegen des Verkaufes des Martin Luther'schen Hauses in Wittenberg an Erhard Doss, ausgestellt von Johann, Paul, Martin Luther und Georg von Kunheim. Wittenberg, d. 10. Febr. 57, in: ACTA LUTHERORUM, Nr. 33.

132 Johannes Luther, Johannes Luther, des Reformators ältester Sohn, S. 21.

133 Wolfgang Appell im Internet nach Günther Luther: 1563 heiratet Johannes Luther in Ostpreußen Elisabeth von Schlieben, verwitwete Wolf von Creytzen, Tochter des Wilhelm von Schlieben; http://www.luther-bamberg.de/luther_stammtafel.html (Aufruf vom 18. Januar 2010): Sohn aus dieser Ehe ist: Martin Luther, Ratsmeister, Königsberg 1568.

134 Hans-Jürgen Bömelburg: Reformierte Eliten im Preußenland: Religion, Politik und Loyalitäten in der Familie Dohna (1560–1660), 210–239. In: Archiv für Reformationsgeschichte (ARG) 95 (2004).

135 Johannes Luther, Johannes Luther, des Reformators ältester Sohn, S. 21f.

136 Katalog der Ausstellung Martin Luther 1483 bis 1546 in der Staatlichen Lutherhalle Wittenberg, 1984, S. 236 mit Abb. der Unterschriften unter der Quittungsurkunde.

137 Wolfgang Appell im Internet, nach: Davide Richter, Genealogia Lutherorum oder Historische Erzehlung von D. Mart. Lutheri I. Heutigen Anverwandten, II. Hochzeits-Tag, und seines adelichen Gemahls Familie, Kindern und Wittwen-Stand. III. Jetziger Posteritat aus Kayserl. Chur- und Furstl. Diplomat. ungedruckten Briefen und andern curieusen Nachrichten, Berlin und Leipzig: Johann Andreas Rüdiger 1733, S. 340f.

138 Johannes Luther, Johannes Luther, des Reformators ältester Sohn, S. 23; Das neue Luther-Nachkommenbuch 1525–1960, S. 278: Herzog Johann Friedrich der Mittlere beurlaubt Luther mit einem am 3. Mai 1566 ausgestellten „Gnadenbrief".

139 Paul Tschackert, Herzog Albrecht von Preußen als reformatorische Persönlichkeit, in: Schriften des Vereins für Reformationsgeschichte, Heft 45, Halle 1894, S. 62.

140 Document Johann Luthers über ein von Paul empfangenes Darlehen. Cölln an der Spree, ao. 1569, am Sonntage Esto mihi, in: ACTA LUTHERORUM – nach T. O. Weigel, Leipzig (Nr. 34).

141 Johannes Luther, Johannes Luther, des Reformators ältester Sohn, S. 26: mit Hinweis auf die darüber fehlenden Urkunden.

142 Wolfgang Appell im Internet, Aufruf am 1. Januar 2010.

143 Baedeker Nordostdeutschland 1914, S. 163.

144 Das neue Luther-Nachkommenbuch 1525–1960, S. 276.

145 D. Martin Luthers Briefe, ausgewählt von Georg Buchwald, S. 162, Nr. 225.

146 Martin Luther, Briefe. Eine Auswahl. Hrsg. von Günther Wartenberg.

147 Georg Buchwald, Zur Wittenberger Stadt- und Universitäts-Geschichte in der Reformationszeit: Briefe aus Wittenberg an M. Stephan Roth in Zwickau, Charlestown 1997, S. 20 Nr. 21.

148 Martin Luther, Ob man vor dem Sterben fliehen möge. 1527, in: WA 23, S. 375.

149 Albrecht Steinwachs, Evangelische Stadt- und Pfarrkirche St. Marien Lutherstadt Wittenberg, Wittenberg, Akantus-Verlag

Jürgen M. Pietsch 2000, S. 98; Gottfried Naumann, Bene Valens Quisquis es. Lateinische Inschriften in der Lutherstadt Wittenberg, Wittenberg: Drei-Kastanien-Verlag 2011, S. 22f. Abb.: HOC DORMIT ELISABETH FILIOLA M. LUTHERI/ANNO M.D.XX(V)III. III. AUGUSTI.

150 Die Denkmale der Lutherstadt Wittenberg. Bearbeitet von Fritz Bellmann, Marie-Luise Harksen und Roland Werner. Mit Beiträgen von Peter Findeisen, Hans Gringmuth-Dallmer, Sibylle Harksen und Erhard Voigt, Weimar, Verlag Hermann Böhlaus Nachfolger 1979, S. 201 Nr. 1.

151 Martin Luther, Briefe. Eine Auswahl. Hrsg. von Günther Wartenberg, S. 148 und 149.

152 D. Martin Luthers Briefe, ausgewählt von Georg Buchwald, S. 169, Nr. 242.

153 Martin Luther, Briefe. Eine Auswahl. Hrsg. v. Günther Wartenberg, S. 151.

154 D. Martin Luthers Briefe, ausgewählt von Georg Buchwald, S. 194, Nr. 275; Ingetraud Ludolphy, Katharina von Bora, die „Gehilfin" Martin Luthers, in: Luther. Mitteilungen der Luther-Gesellschaft 1961, Heft 2, S. 75; WA Br. 6, 271,17ff.

155 Luther Deutsch. Die Werke Martin Luthers in neuer Auswahl für die Gegenwart, hrsg. v. Kurt Aland Band9: Martin Luther. Tischreden. Berlin Evangelische Verlagsanstalt 2. Auflage 1953, S. 256, Nr. 436.

156 Ebenda, S. 256, Nr. 437.

157 Ebenda, S. 256, Nr. 437.

158 WA Br. 5, S. 377f. Nr. 1595; Luthers Briefe an seine Käthe. Erläutert von Otto Clemen, Berlin: Evangelische Verlagsanstalt 1950, S, 10 Anm. 2.

159 D. Martin Luthers Briefe, ausgewählt von Georg Buchwald, S. 224, Nr. 315.

160 Übersetzung in: Heinz Scheible, Melanchthon und Frau Luther, in: Lutherjahrbuch 68. Jg. 2001, S. 100.

161 Werner Rautenberg. Johann Bugenhagen. Beiträge zu seinem 400. Todestag, Berlin, Evangelische Verlagsanstalt 1958, S. 30.

162 Martin Pollich II. Übersetzung der Vita Meritis Martini Pollichi
von Karim Yesfah (Hinweis von Herrn Berrisch, Mellrichstadt
im Juni 2016, für den ich mich sehr bedanke).

163 Theodor Muther, Aus dem Universitäts- und Gelehrtenleben
im Zeitalter der Reformation. Vorträge, Erlangen 1866, S. 69f.
und 95.

164 Ernst Kroker, Katharina von Bora, S. 117.

165 Luther Deutsch. Die Werke Martin Luthers in neuer Auswahl
für die Gegenwart, hrsg. v. Kurt Aland, Band 9, S. 291, Nr. 497
(Autobiographischer Anhang, dem ich in meiner Darstellung
folge [ESt]).

166 Dieses ist einer der ältesten Hinweise auf einen Kindersarg;
Walter Stolle, Geschichte des Sarges, in: Der Tod. Zur Geschichte des Umgangs mit Sterben und Trauer. Ausstellung Hessi-
sches Landesmuseum Darmstadt. Volkskundliche Abteilung.
Außenstelle Lörrach 2001, S. 87: (Angeblich) im Gefolge der Reformation wurde es in Nord- und Mitteldeutschland üblich,
die Toten in Särgen beizusetzen.

167 Luther Deutsch. Die Werke Martin Luthers in neuer Auswahl
für die Gegenwart, hrsg. v. Kurt Aland Band 9, S. 291, Nr. 497.

168 Über Todesengel vgl. Handwörterbuch des deutschen Aberglaubens. Hrsg. Von Hanns Bächtold-Stäubli, S. 978 Stichwort
„Tod".

169 Vgl. dazu: Totenhochzeit mit Kranz und Krone. Zur Symbolik
des Ledigenbegräbnisses. Begleitband zur Ausstellung des Mu-
seums für Sepulkralkultur, hrsg. von der Arbeitsgemeinschaft
Friedhof und Denkmal, Kassel 2007.

170 Gabriel Gottfried Bredow, Katharina von Bora, S. 343; Ernst
Kroker, Katharina von Bora, S. 150: schreibt den Traum der
Mutter zu.

171 D. Martin Luthers Briefe, ausgewählt von Georg Buchwald,
S. 234, Nr. 329a.

172 Sabine Kramer, Katharina von Bora in den schriftlichen Zeugnissen ihrer Zeit, S. 140f.

173 Ernst Kroker, Zwei Tischgenossen Luthers, Burggraf Borziwog von Dohna und Hyneck Perknowsky, in: Luther-Kalender 1910. Hrsg. v. Georg Buchwald, Leipzig, S. 94ff.

174 Ernst Müller, Die Entlassung des ernestinischen Kämmereres Johann Rietesel im Jahre 1532 und die Auflösung des Wittenberger Heiltums. In: ARG 80, 1989, S. 228–231.

175 D. Martin Luthers Briefe, ausgewählt von Georg Buchwald, S. 235, Nr. 332.

176 Gabriel Gottfried Bredow, Katharina von Bora, S. 343; Johannes Aurifaber, Tischreden Oder Colloquia Doct. Mart. Luthers ..., Eisleben 1566, S. 455b, 458f.

177 Luther Deutsch. Die Werke Martin Luthers in neuer Auswahl für die Gegenwart, hrsg. v. Kurt Aland Band 9: S. 256, Nr. 436.

178 D. Martin Luthers Briefe, ausgewählt von Georg Buchwald, S. 244, Nr. 342.

179 Ernst Kroker, Katharina von Bora, S. 140ff.

180 Hans Joachim Moser, Die Melodien der Lutherlieder. Mit 8 Abb. und zahlreichen Notenbeispielen, in: Die Welt des Gesangbuchs. Die singende Kirche in Gabe und Ausgabe Heft 4, Leipzig und Hamburg 1935, S. 21.

181 Tibor Fabiny, Martin Luthers letzter Wille.

182 Gabriel Gottfried Bredow, Katharina von Bora, S. 343.

183 Die Berichte über Luthers Tod und Begräbnis. Texte und Untersuchungen von Christof Schubart, S. 4.

184 „Vom Christlichen abschied aus diesem tödlichen leben des Ehrwirdigen Herrn D. Martini Lutheri". Drei zeitgenössische Texte zum Tode D. Martin Luthers. Mit einer Einführung von Peter Freybe ... und einem Nachwort zur Entstehungsgeschichte der drei im Reprint vorliegenden Texte von Siegfried Bräuer, Stuttgart: Joachim W. Siener 1996.

185 Chr. G. Berger, Kurze Beschreibung der Merkwürdigkeiten die sich in Eisleben, und in Luthers Hause daselbst, S. 163.

186 Reichhardt, Luther im Kirchenkreise Kemberg. Vortrag, gehalten auf dem 2. Kirchentag zu Kemberg am 22. April 1928, S. 12.

187 A.W. Meyner, Der Vorläufer oder kurzer Überblick der Geschichte der Stadt Wittenberg von ihrem Ursprunge bis auf die neueste Zeit, Dessau: Hermann Neubürger 1842, 12f.

188 Ernst Kroker, Katharina von Bora, S. 246.

189 Johann Karl Seidemann, Luthers Grundbesitz, S. 494: Am 30. Mai 1546 starb der Student und Tischgenosse Augustin Romer Weidhofen aus Österreich in der Burse der Lutherin im Lutherhaus. Im SS 1551 wohnte Bartholomäus Lasan in ihrer Burse und las über Herodot.

190 Erika Schulz, Bücher aus den beiden Wittenberger Klosterbibliotheken in der Bibliothek des Evangelischen Predigerseminars, in: 700 Jahre Wittenberg. Stadt, Universität, Reformation, hrsg. von Stefan Oehmig, Weimar 1994, S. 533.

191 Andreas Gößner, Die Studenten an der Universität Wittenberg. Studien zur Kulturgeschichte des studentischen Alltags und zum Stipendienwesen in der zweiten Hälfte des 16. Jahrhunderts, Arbeiten zur Kirchen- und Theologiegeschichte, Leipzig, Evangelische Verlagsanstalt 2003, S. 46 Anm. 122 und S. 43 Anm. 111; Theodor Wotschke: Polnische Studenten in Wittenberg. In: Jahrbücher für Kultur und Geschichte der Slaven. Jg. 2, 1926, S. 182–184.

192 Notizen aus der Vergangenheit der Stadt Schmiedeberg. Ungedruckte Maschinenschrift (Kurverwaltung Bad Schmiedeberg), S. 42.

193 Nikolaus Müller, Die Funde in den Turmknäufen der Stadtkirche zu Wittenberg, S. 17–25.

194 Georg Buchwald, Luther-Kalendarium, S. 66.

195 Heiner Lück, Die kursächsische Gerichtsverfassung 1423–1550. Köln, Weimar und Wien, Böhlau Verlag 1997 (Forschungen zur deutschen Rechtsgeschichte, Band 17), S. 130.

196 Max Senf, CALENDARIVM HISTORICVM VITEBERGENSE, Das ist Ein allgemein Calender, in welchem vff jeden tag durchs gantze Jar, eine namhaffte Geschicht oder Historien, ... gezeigt wird ..., Wittenberg 1912.

197 Ernst Ludwig wurde 1545 geboren und starb 1592 als Herzog von Wolgast. – Barnim wurde 1549 geboren und starb 1603 als Herzog von Stettin.

198 Theodor *Wotschke*, Aus der *Geschichte* des *Lutherhauses*: Heimatkalender f. d. Kreis Wittenberg 1922; Stefan Oehmig, Wittenberg als Universitäts- und Studentenstadt, in: Sonntagsvorlesungen des Evangelischen Predigerseminars Wittenberg. Hrsg. v. Peter Freybe, 2002: Wittenberg als Bildungszentrum 1502–2002. Lernen und Leben auf Luthers Grund und Boden, Wittenberg, Drei Kastanien Verlag 2002, S. 42: Um 1564 kostete eine Studentenbude in der Stadt etwa 10 Gulden jährlich, im Augustinerkolleg war die Miete auf 5 bis 8 Gulden festgelegt. Kost und Logis brachten es auf 40 Gulden und mehr. Es soll sogar Studenten gegeben haben, die mehr als 100 Gulden im Jahr ausgegeben haben mit dem Vermieten ließ sich richtig viel Geld verdienen.

199 Johann Karl Seidemann, Luthers Grundbesitz, S. 497: Nach Streitigkeiten der Lutherkinder um den Verkauf des Lutherhauses wird am 19. September 1564 in Dresden ein Vertrag aufgesetzt. Kläger sind Paulus Luther und Johannes Luther, der auch im Auftrage Georg von Kunheims handelt. Beklagt wird Martin Luther, der sich mit dem Verkauf zum Preise von 4000 Gulden einverstanden erklärt hatte, die unter den 4 Parteien gleich aufgeteilt werden sollten. Der Verkauf hat sich allerdings verzögert. Man einigt sich, das Martin auch wenn das Haus billiger veräußert würde, doch 1000 Gulden erhalten solle. Auch erlässt ihm Paulus Luther die Schuld von 50 Gulden mit Zinsen. Paulus und Georg erlassen ihm auch die diesjährigen Jahreszinsen. Johannes will seinem Bruder Martin die 100 Gulden, die der dem Weimarer Rentmeister Johann Kestner schuldet, übernehmen und ihn überall entschulden. Dafür soll Martin alle Forderungen gegen seinen Bruder fallen lassen. Der Vertrag der Luthererben wird von Pforte, Taubenheim, Czeschau und D. Prager unterzeichnet. – Walter Friedensburg, Urkundenbuch der Universität Wittenberg Teil 1 (1502–1611), S. 348f., Nr. 324.

200 Theodor *Wotschke*, Aus der *Geschichte* des *Lutherhauses*, S. 39.

201 Albrecht Steinwachs, Evangelische Stadt- und Pfarrkirche St. Marien Lutherstadt Wittenberg, Wittenberg, Akantus-Verlag Jürgen M. Pietsch 2000, S. 98.

202 Inv. Nummer im Lutherhaus: II/4/2408.

203 Fundsache Luther. Archäologen auf den Spuren des Reformators, hrsg. von Harald Meller, Begleitband zur Landesausstellung, Landesamt für Denkmalpflege und Archäologie Sachsen-Anhalt, Halle 2007, S. 135, 137 und 148.

204 WA Tr. 3, 111; Nr. 2946b.

205 A. Beck, Johann Ernst Herzog von Sachsen-Coburg, in: ADB Band 14, Leipzig 1881, S. 369.

206 Johann Heinrich *Zedler*, Grosses vollständiges *Universallexikon* Aller Wissenschaften und Künste ..., Band 18 (1738), Sp. 205.

207 Christof Schubart, Luther und die Jagd mit besonderer Beziehung auf die Jagdgebiete rund um Wittenberg, in: Luther. Mitteilungen der Luther-Gesellschaft, 1920, Heft 3 und 4, S. 35–59.

208 Reichhardt, Luther im Kirchenkreise Kemberg, S. 9f.

209 D. Martin Luthers Briefe, ausgewählt von Georg Buchwald, S. 245, Nr. 345.

210 Wolfgang Liebehenschel, CURRICULUM VITAE der Mutter Martin Luthers. Die Herkunft und Familie des Reformators Dr. Martin Luther, in: Martin Luther und der Bergbau im Mansfelder Land. Aufsätze, hrsg. v. Rosemarie Knape, Stiftung der Luthergedenkstätten in Sachsen-Anhalt, Lutherstadt Eisleben 2000, S. 161.

211 Ulrich Bubenheimer, Thomas Müntzer: Herkunft und Bildung, Leiden: E. J. Brill 1989, S. 22, Anm. 55.

212 Gottfried Naumann, Bene Valens Quisquis es, S. 30f. Abb.

213 Ich danke Dr. Rhein für den freundlichen Hinweis auf seinen Aufsatz: Stefan Rhein, Dr. med. Paul Luther (1533–1593). Ein Ärzteleben im Schatten eines bedeutenden Vaters, 2014, S. 174.

214 Ebenda, nach: MBW 7519 und 7529.

215 Ernst Kroker, Katharina von Bora, S. 267.

216 Das neue Luther-Nachkommenbuch 1525–1960, S. 281ff.

217 Die schöne Magelone, aus dem Französischen übersetzt von Veit Warbeck 1527. Nach der Originalhandschrift herausgegeben von J. Bolte, Weimar 1894. J. Bolte, Veit von Warbeck, in: Allgemeine Deutsche Biographie, Band 41, 1896, S. 105f.

218 Elke Stiegler, Mode zur Lutherzeit: Die Zeit, zu der wir leben, übertrifft alle anderen Zeitalter an Gebäuden, Leckereien, Kleidung und Schmuck, Sonderausstellung, in: Schriftenreihe der Lutherhalle Wittenberg 4/1988, S. 15, Abb. 16.

219 Albrecht Thoma, Katharina von Bora, S. 197, nach: Copia Hertzog Moritzen Churfürsten zu Sachsen Bevehlichs, Jungfraw Annen von Warbeck betreffendt, sub dato den 30. Januarii 1552 An den Rath zu Torgau, in: ACTA LUTHERORUM, S. 493, Nr. 20.

220 Oratio Jacobi Milichii de pulmone cet., recitata cum decerneretur gradus doctorum in arte medica Paulo Luthero et Severino Gobelio. Vitebergae 1557.

221 Document wegen des Verkaufes des Martin Luther'schen Hauses in Wittenberg an Erhard Doss, ausgestellt von Johann, Paul, Martin Luther und Georg von Kunheim. Wittenberg, d. 10. Febr. 57, in: ACTA LUTHERORUM, Nr. 33.

222 Stefan Rhein, Dr. med. Paul Luther (1533–1593), S. 174f.

223 Das neue Luther-Nachkommenbuch 1525–1960, S. 281 nach Frau Bartscherer, Des Wittenberger Rectors, Matthäus Plochinger, Leichenprogramm auf den jungen Sohn Paul Luthers vom 23. Febr. 1558 (unstreitig Melanchthons Hand) in: ACTA LUTHERORUM, Nr. 35.

224 Ein Brief Melanchthons an Paul Luther vom 4. März 1560, in: ACTA LUTHERORUM, S. 434, Nr. 38.

225 Jakob Franck: Luther, Paul. In: Allgemeine Deutsche Biographie (ADB). Band 19, Duncker & Humblot, Leipzig 1884, S. 698; ACTA LUTHERORUM, Nr. 37.

226 Vgl. Stefan Rhein, Dr. med. Paul Luther (1533–1593), S. 179.

227 Fritz Kühnlenz, Erlebtes Weimar. Heimatgeschichtliche Wanderungen durch die Goethe- und Schiller-Stadt, Rudolstadt: Greifenverlag 1966, S. 107.

228 Katalog der Ausstellung Martin Luther 1483 bis 1546 in der Staatlichen Lutherhalle Wittenberg, 1984, S. 236 mit Abb. der Unterschriften unter der Quittungsurkunde.

229 Brief des Markgrafen und Churfürsten Joachim von Brandenburg an Paul Luther dat. Grymitz, Dienstag nach decollationis Johannis 1563, in: ACTA LUTHERORUM, S. 438 ff., Nr. 22.

230 Das neue Luther-Nachkommenbuch 1525–1960, S. 24.

231 Johannes Luther, Johannes Luther, des Reformators ältester Sohn, S. 21.

232 Inventarium alles dessen, was die Braut Margreta Luthers vhonn ihrem Breuttgam Simon Gottsteyg fhür vnd ihnn dem verlöbnis geschancken bekommen, vnd was ihr auch ihre Eltern zur hochzeit vnd hernachmalen ahn kleinodien, ketten, weiblichen allerhandts geschmuck vnd kleydern gegeben vnd machenn haben lassenn., in: ACTA LUTHERORUM, Nr. 56.

233 Johannes Hörmann, Die Königliche Hofapotheke in Berlin 1598–1898, in: Hohenzollern-Jahrbuch 1898, S. 209.

234 Das neue Luther-Nachkommenbuch 1525–1960, S. 19.

235 Instrument wegen eines Pferdekaufes, mit Simon Gottsteyg abgeschlossen Zeiz, den 9. April 95, in: ACTA LUTHERORUM, Nr. 67.

236 Friedrich Küchenmeister, Dr. Martin Luthers Krankengeschichte. Mit erläuternden Bemerkungen aus seinem Leben, Lebensweise, Schicksalen, Kämpfen und Wirken für Ärzte und Laien zusammengestellt, Leipzig: Verlag Otto Wigand 1881, S. 112.

237 Über den Tod des Kurfürsten: https://maulbeerblatt.com/zeitreisen/der-tod-des-kurfursten/ (letzer Aufruf am 6. Februar 2017).

238 Bestallung Paul Luthers zu Churfürst August's Leibarzte, 20. Juli 1571 (Kurfürst August von Sachsen), in: ACTA LUTHERORUM, Nr. 42.

239 Konrad Sturmhövel, Kurfürstin Anna von Sachsen. Ein politisches und sittengeschichtliches Lebensbild aus dem XVI. Jahrhundert, Leipzig: K. Haberland 1905, S. 286; Stefan Rhein weist ausdrücklich auf ein Tausende von Briefen der Kurfürstin

Anna erhaltenes Konvolut hin, das noch immer einer Sichtung harrt.

240 Stefan Rhein, Dr. med. Paul Luther (1533–1593), S. 185f.; Konrad Sturmhövel, Kurfürstin Anna von Sachsen, S. 290.

241 Stefan Rhein, Dr. med. Paul Luther (1533–1593), S. 184.

242 Heinz Sehmisch, Dr. Med. Paul Luther – ein Sohn des Reformators, in: Ärzteblatt Sachsen 6/2005, S. 266.

243 Churfürst August's von Sachsen Lehenbrieff für Paul Luther und seine Anverwandten über einige Stücke im Städtchen Dohna, Dresden 30.1.1573, in: ACTA LUTHERORUM, S. 445, Nr. 41.

244 Davide Richter, Genealogia Lutherorum, S. 292.

245 Theodor Wotschke, Kalviner in Wittenberg, in: Zeitschrift des Vereins für Kirchengeschichte der Provinz Sachsen, Jg. 20, Heft 1 und 2, Magdeburg Ernst Holtermann 1924, S. 47, Anm. 1.

246 Erich Wentscher, Das Stiftsarchiv in Zeitz, in: Archivalische Zeitaschrift, Band 48, S. 195ff.; Wollesen, Zur Geschichte des Kollegiatstifts Zeitz im 16. Jahrhundert. in: Zeitschrift des Vereins für Kirchengeschichte der Provinz Sachsen und des Freistaates Anhalt. Heft 1 und 2, Magdeburg 1929, S. 69f.

247 August's Churf. Zu Sachsen Verschreibung wegen Paul Luthers Haus zu Dresden, Annaberg, d. 12. Juli 1577, in: ACTA LUTHERORUM, Nr. 43.

248 Walter Friedensburg, Urkundenbuch der Universität Wittenberg Teil 1 (1502–1611), Nr. 396

249 ACTA LUTHERORUM, S. 465–469, Nr. 59.

250 Schreiben des Churfürsten August an das Domcapitel zu Meissen, wegen Paul Luthers Belehnung mit dem Gute Sorntzig. Dresden den 3. Dec. 85, in: ACTA LUTHERORUM, Nr. 48.

251 Kaufbrief über Paul Luthers Haus in Dresden, von Gregor Richter gekauft den 28. Dec. 1582, in: ACTA LUTHERORUM, Nr. 36.

252 Das neue Luther-Nachkommenbuch 1525–1960, S. 24.

253 Zedlers Universal-Lexikon, Supplement 2, S. 391.

254 ACTA LUTHERORUM, Nr. 55 und 57.

255 Das neue Luther-Nachkommenbuch 1525–1960, S. 286.

256 Ebenda, S. 24.

257 Über die Auseinandersetzungen mit dem Calvinismus um 1590 tendenziös, doch ausführlich: Johannes Frimelius, Wittenberga A Calvinismo graviter divexata et divinitusliberata, Das ist Warhafftiger vnd Außführlicher Bericht, Wie der Sacramentirische Teuffel, den schädlichen Calvinismum, durch seine getrewe Werckzeuge mit List vnd Betrug, in die Kirche vnd Churfürstenthumb Sachsen zu vnser Väter Zeiten ein zuführen, sich vnterstanden ..., Wittenberg 1646.

258 Heinz Sehmisch, Dr. Med. Paul Luther – ein Sohn des Reformators, S. 267.

259 Des Rectors der Universität Leipzig Leichenprogramm auf Paul Luthers am 11. März 93 , in: ACTA LUTHERORUM, S. 482–488, Nr. 69.

260 Georg Weinrich, Leichpredigt bey dem christlichen Begrebnis des Pauli Lutheri, D. Mart. Lutheri, Leipzig (?) 1593.

261 De vita et morte D. Pauli Lutheri medici oratio Matthei Dresseri ... Zum Teil von der Hand Johann Ernst Luthers supplirt, in: ACTA LUTHERORUM, Nr. 70.

262 Jakob Franck: Luther, Paul, in: Allgemeine Deutsche Biographie (ADB). Band 19, Duncker & Humblot, Leipzig 1884, S. 698.

263 D. Martin Luthers Briefe, ausgewählt von Georg Buchwald, S. 256, Nr. 361.

264 Ebenda, S. 256, Nr. 362.

265 Johannes Aurifaber, Colloqvia Oder Tischreden D. Mart: Luthers, 1570, S. 520.

266 Vgl. Elke Strauchenbruch, Luthers Weihnachten, 3. Auflage, Leipzig, Evangelische Verlagsanstalt 2017.

267 http://www.ekd.de/advent_dezember/musik/vom_himmel_hoch.html (Aufruf vom 5.12.2009, ESt).

268 Albrecht Thoma, Katharina von Bora, S. 58.

269 D. Martin Luthers Briefe, ausgewählt von Georg Buchwald, S. 271, Nr. 388.

270 Albrecht Thoma, Katharina von Bora, S. 58.

271 Gabriel Gottfried Bredow, Katharina von Bora, S. 360f.

272 Bericht Erhard von Kunheims an Herzog Albrecht von Preußen, 16. Juli 1551, in: Theodor Wotschke, Wittenberger Berichte aus der Interimszeit, S. 35.

273 Sebastian von Birgelen, Die Reformation auf dem Lande. Kirchenrechnungen aus dem kursächsischen Amt Wittenberg (1519–1546), Wissenschaftliche Beiträge aus dem Tectum Verlag. Band 19, Marburg 2011, S. 24, Anm. 64, nach: ThHStA Weimar EGA, Reg. Bb 2833, S. 11 v.

274 Heinz Schilling, Aufbruch und Krise. Deutschland 1517–1648. Siedler Deutsche Geschichte, Band 5, Berlin 1994, S. 237.

275 Lettau, Einige Nachrichten über die Kirche zu Mühlhausen; vorzüglich zur Feststellung der geschichtlichen Merkwürdigkeit, daß Dr. Martin Luthers Tochter Margarete, vermählte v. Kunheim, hier begraben liegt, in: Preussische Provinzial-Blätter, Band 5, Königsberg 1831, S. 56; Theodor Wotschke, Wittenberger Berichte aus der Interimszeit, S. 7 und S. 34, Anm. 1.

276 A. Nietzki, Martin Luther und wir Ostpreußen. Luthers Familienbeziehungen zu Ostpreußen. Zum 400. Reformations-Jubiläum, Königsberg/Preußen, Verlag von Emil Rautenberg 1917, S. 22ff.

277 Das neue Luther-Nachkommenbuch 1525–1960, S. 24.

278 © 2005 www.ostpreussen.net, info@ostpreussen.net / powered by dev4u®– CMS bei a.b.media; Vgl. zum Folgenden: A. Nietzki, Martin Luther und wir Ostpreußen, S. 25ff.

279 Inv. Nummer im Lutherhaus: II/4/2408.

280 © 2005 www.ostpreussen.net, info@ostpreussen.net / powered by dev4u®– CMS bei a.b.media; Vgl. zum Folgenden: A. Nietzki, Martin Luther und wir Ostpreußen, S. 25ff.

281 Das neue Luther-Nachkommenbuch 1525–1960, S. 24f.

282 Lettau, Einige Nachrichten über die Kirche zu Mühlhausen, S. 49ff.

283 Ernst Kroker, Katharina von Bora, S. 205.

284 Albrecht Thoma, Katharina von Bora, S. 102.

285 Georg Buchwald, Luther-Kalendarium, S. 135, nach: ARG 25, 90.

286 Ebenda, S. 135, nach: CR 3, 954.

287 Friedrich Küchenmeister, Dr. Martin Luthers Krankengeschichte, S. 94f.

288 Johann Karl Seidemann, Luthers Grundbesitz, S. 522.

289 Albrecht Thoma, Katharina von Bora, S. 103.

290 Georg Buchwald, Luther-Kalendarium, S. 64.

291 D. Martin Luthers Briefe, ausgewählt von Georg Buchwald, S. 178f., Nr. 259.

292 Matrikel der Uni Wittenberg, S. 137: Am 22.11.1530 trägt Rektor Jacob Postomius aus Torgau „Ciriacus Kaufman de Mansfelt 22. No.", und „Johannes Polner d' Mansfelt 22. No." in die Matrikel ein.

293 D. Martin Luthers Briefe, ausgewählt von Georg Buchwald, S. 224, Nr. 315.

294 Albrecht Thoma, Katharina von Bora, S. 225, Anm. 347, nach: WA Tr. IV, 96, 84ff., 491ff., 500ff.

295 Ernst Kroker, Katharina von Bora, S. 153.

296 Albrecht Thoma, Katharina von Bora, S. 218, Anm. 188; Ernst Kroker, Katharina von Bora, S. 154.

297 Walter Friedensburg, Urkundenbuch der Universität Wittenberg. Teil 1 (1502–1611), Nr. 236ff.

298 Albrecht Thoma, Katharina von Bora, S. 184.

299 Gustav Kawerau (Hrsg.), Der Briefwechsel des Justus Jonas, S. 259, Nr. 879.

300 Im Lutherhaus: Inv. Nr. 4° XIV 1062.

301 Albrecht Thoma, Katharina von Bora, S. 95.

302 Ernst Kroker, Katharina von Bora, S. 154.

303 Hier und im Folgenden: Michael Fessner, Die Familie Luder in Möhra und Mansfeld. Archivalische Überlieferungen zum Elternhaus von Martin Luther, in: Fundsache Luther. Archäologen auf den Spuren des Reformators, hrsg. von Harald Meller, Begleitband zur Landesausstellung, Landesamt für Denkmalpflege und Archäologie Sachsen-Anhalt, Halle, 2007, S. 85.

304 Manfred Straube, Wirtschaftliche Verhältnisse in Mitteldeutschland zur Lutherzeit, in: Fundsache Luther. Archäologen auf den Spuren des Reformators, hrsg. von Harald Meller,

Begleitband zur Landesausstellung, Landesamt für Denkmalpflege und Archäologie Sachsen-Anhalt, Halle 2007, S. 27.

305 Michael Fessner, Die Familie Luder in Möhra und Mansfeld, S. 84.

306 Helmar Junghans, neue Erkenntnisse und neue Fragen zu Luthers Leben, in: Fundsache Luther. Archäologen auf den Spuren des Reformators, hrsg. von Harald Meller, Begleitband zur Landesausstellung, Landesamt für Denkmalpflege und Archäologie Sachsen-Anhalt, Halle 2007, S. 147.

307 K. Krumhaar, Dr. Martin Luthers Vaterhaus in Mansfeld. Ein Beitrag zur Reformationsgeschichte bearbeitet im Jahre 1845, Mansfeld, Verlag Friedrich Hohenstein 1845, S. 37.

308 Ernst Kroker, Katharina von Bora, S. 153.

309 Ebenda; WA Tr. 3, S. 371, 2–4, Nr. 3514.

310 Helmut Bräuer, Alltägliches aus Zunftstube, Werkstatt und Handwerkerhaus. Zur Sozialgeschichte des Handwerks um 1500, in: Peter Freybe (Hrsg.), „Gott hat noch nicht genug Wittenbergisch Bier getrunken." Alltagsleben zur Zeit Martin Luthers, Wittenberger Sonntagsvorlesungen. Evangelisches Predigerseminar 2001, Wittenberg: Drei Kastanienverlag 2001.

311 Ernst Kroker, Katharina von Bora, S. 190f.

312 Martin Luther und der Bergbau im Mansfelder Land. Aufsätze, hrsg. von der Stiftung der Luthergedenkstätten, 2000, S. 81.

313 Michael Fessner, Die Familie Luder in Möhra und Mansfeld, S. 85.

314 Albrecht Thoma, Katharina von Bora, S. 121.

315 Ernst Kroker, Katharina von Bora, S. 154.

316 Albrecht Thoma, Katharina von Bora, S. 121.

317 Ernst Kroker, Katharina von Bora, S. 154.

318 WA Tr. 4, S. 214.

319 Albrecht Thoma, Katharina von Bora, S. 121.

320 Ebenda, S. 155.

321 Ernst Kroker, Katharina von Bora, S. 156.

322 Albrecht Thoma, Katharina von Bora, S. 123; vgl. Elke Strauchenbruch, Luthers Hochzeit.

323 Albrecht Thoma, Katharina von Bora, S. 106.

324 Günther Wartenberg (Hrsg.), Martin Luther. Briefe. Eine Auswahl, Leipzig: Insel-Verlag 1983, S. 149.

325 WA Tr. Nr. 5489.

326 Ernst Kroker, Katharina von Bora, S. 215 und 219f.

327 Hinweis von Falko Salbert im Internet. (Aufruf vom 25. Januar 2010).

328 Otto Sartorius, D. M. Luthers Familie, Nachkommenschaft und Seitenverwandtschaft, S. 10.

329 Matrikel der Universität Wittenberg, S. 174.

330 Albrecht Thoma, Katharina von Bora, S. 95.

331 Johann Karl Seidemann, Luthers Grundbesitz, S. 485, Anm. 17.

332 Otto Sartorius, D.M. Luthers Familie, Nachkommenschaft und Seitenverwandtschaft, S. 10.

333 Ernst Kroker, Katharina von Bora, S. 158.

334 D. Martin Luthers Briefe, ausgewählt von Georg Buchwald, S. 291, Nr. 430.

335 Heinz Scheible und Corinna Schneider, Melanchthons Briefwechsel. Band 11 Personen A-E, Stuttgart–Bad Canstatt 2003, S. 317.

336 Albrecht Thoma, Katharina von Bora, S. 95.

337 Luther Deutsch. Die Werke Martin Luthers in neuer Auswahl für die Gegenwart, hrsg. v. Kurt Aland Band 9, S. 265, Nr. 457 (Autobiographischer Anhang).

338 Ernst Kroker, Katharina von Bora, S. 229f.

339 Helga Reich, Frühbürgerliche Revolution in unserem Territorium. Luther/Einsiedel. Gedanken über die Frondienste, Hrsg. vom Rat des Kreises Geithain, 1983.

340 D. Martin Luthers Briefe, ausgewählt von Georg Buchwald, S. 163, Nr. 163.

341 Ernst Kroker, Katharina von Bora, S. 160.

342 Johannes Schilling, Philipp von Hessen. Das Evangelium auf Abwegen – das Gewissen sucht Auswege, in: Wittenberger Sonntagsvorlesungen 2005: Wittenberger Lebensläufe im Umbruch der Reformation, Hrsg. vom Peter Freybe, Wittenberg, Evangelisches Predigerseminar 2005, S. 75 bis 99.

343 K. Krumhaar, Dr. Martin Luthers Vaterhaus in Mansfeld, S. 36.

344 Matrikel der Uni Wittenberg, S. 152.

345 Stefan Rhein, Katharina Melanchthon, geb. Krapp. Ein Wittenberger Frauenschicksal der Reformationszeit, in: Stefan Oehmig (Hrsg.), 700 Jahre Wittenberg. Stadt, Universität, Reformation, Weimar, Verlag Hermann Böhlaus Nachfolger 1995, S. 513.

346 Georg Buchwald, Luther-Kalendarium, S. 133, nach: CR 3, S. 802.

347 Albrecht Thoma, Katharina von Bora, S. 128.

348 Georg Buchwald, Luther-Kalendarium, S.133, nach: CR 3, 802 und 840; Das heilkundige Wittenberg. Zur Geschichte des Wittenberger Gesundheits- und Sozialwesens von der Stadtfrühzeit bis zur Neuzeit, hrsg, v. Wolfgang Böhmer und Andreas Wurda, Veröffentlichungen der Städtischen Sammlungen der Lutherstadt Wittenberg, Band 15, 1. Auflage, Wittenberg: Drei Kastanien Verlag 2009, S. 59.

349 Georg Buchwald, Luther-Kalendarium, S. 134, nach: CR 3, S. 840.

350 Hans. J. Schlochauer u. v. a., Wörterbuch des Völkerrechts, Band 1: Aachener Kongress, 1960, S. 676.

351 Heinz Scheibele, Melanchthon, S. 260.

352 Georg Buchwald, Mathesius' Predigten über Luthers Leben. Stuttgart: Paul Rocholls Verlag 1904, S. 184.

353 Ernst Kroker, Katharina von Bora, S. 192; Wilhelm Bogler, Hartmuth von Kronberg. Eine Charakterstudie aus der Reformationszeit, in: Schriften des Vereins für Reformationsgeschichte 57, Halle 1897, S. 65–68.

354 Martin Luther, Briefe. Eine Auswahl. Hrsg. v. Günther Wartenberg, S. 138.

355 Luther Deutsch. Die Werke Martin Luthers in neuer Auswahl für die Gegenwart, hrsg. v. Kurt Aland Band 9, S. 260, Nr. 447.

356 D. Martin Luthers Briefe, ausgewählt von Georg Buchwald, S. 239, Nr. 338.

357 Martin Luther, Briefe. Eine Auswahl, hrsg. v. Günther Wartenberg, S. 292 und 383.

358 Ernst Kroker, Katharina von Bora, S. 257.

359 Theodor Wotschke, Aus der Geschichte des Lutherhauses, S. 39.

360 Walter Friedensburg, Urkundenbuch der Universität Wittenberg, Teil 1 (1502–1611), S. 111f., Nr. 103: Schreiben Graf Wolf-

gangs und der Universitätsleitung an Kurfürst Friedrich wegen der allgemeinen Teuerung in Wittenberg.

361 Lingke, Luther's merkwürdige Reisegeschichte, Leipzig 1769, S. 20.

362 v. Jacobi, Schneidewein, Heinrich und Johannes, in: Allgemeine Deutsche Biographie (ADB), herausgegeben von der Historischen Kommission bei der Bayerischen Akademie der Wissenschaften, Band 32 (1891), S. 144ff.

363 Johannes Hohlfeld, Leipziger Geschlechter. Stammtafeln, Ahnentafeln und Nachfahrentafeln, Band 2 mit 177 Abb. Zentralstelle für deutsche Personen- und Familien-Geschichte, Leipzig 1937, S. 68, Nr. 13118 und 13119, Nr. 26238 und 26239, S. 69, Nr. 52478 und 52479.

364 Georg Buchwald, Luther-Kalendarium, S. 132.

365 v. Jacobi, Schneidewein, Heinrich und Johannes, S. 144ff.; Schneidewein, Johann, in: Johann Heinrich Zedler: Grosses vollständiges Universal-Lexicon Aller Wissenschafften und Künste. Band 35, Leipzig 1743, Spalte 559f.

366 Matrikel der Universität, S. 150.

367 Auch im Folgenden: Eduard Jacobs, Luthers Tischgenosse Joh. Wilhelm Reiffenstein, in: Zeitschrift des Vereins für Kirchengeschichte in der Provinz Sachsen. 3 (1906) 1, S. 48–67; Ulf Sauter, Auf Martin Luthers Spuren in Stolberg/Harz. Persönlichkeiten aus dem familiären und geschäftlichen Umfeld Luthers in Stolberg/Harz. Einblicke in die Entwicklung der Reformation. Stolberg/Harz, Selbstverlag, 2016.

368 Lutherhaus: Inv. Nr. S 762/3223.

369 Ernst Kroker, Katharina von Bora, S. 183.

370 Georg Buchwald, Luther-Kalendarium, S. 103.

371 Luther an Jonas am 4. September 1535; WA Br. 7, 249, Nr. 2234; Über das Verspeisen von Singvögeln vgl. auch: Elke Strauchenbruch, Luthers Küchengeheimnisse, Leipzig 2015.

372 Alexandra Dapper, Zu Tisch bei Martin Luther, Hrsg. v. Harald Meller, Landesamt für Denkmalpflege und Archäologie in Sachsen-Anhalt, Halle 2008, S. 35f.

373 Karl-Hermann Kandler, Luther und seine Freiberger Freunde, in: Luther. Zeitschrift der Luther-Gesellschaft, Heft 2, 2006, S. 104.

374 Am sächsisch-kurfürstlichen Hofe bedienstete Adelige suchten um die Patenschaft durch den Kurfürsten nach und versuchten so, in die Zukunft ihrer Kinder vorausschauend, für diese zu sorgen. Vgl.: Uwe Schirmer, Kursächsische Staatsfinanzen (1456–1656) Strukturen, Verfassung, Funktionseliten. Quellen und Forschungen zur sächsischen Geschichte. Band 28, Verlag der Sächsischen Akademie der Wissenschaften zu Leipzig 2006, S. 435, Anm. 1287.

375 Werner Schade, Die Malerfamilie Cranach, Dresden, Verlag der Kunst, 1974, S. 455 (Stammtafel der Malerfamilie Cranach); im Folgenden siehe: Elke Strauchenbruch, Lucas Cranach der Jüngere – ein Meister im Dienst der Reformation. Biographien zur Reformation: Wittenberg: Drei Kastanien Verlag 2015, und: Elke Strauchenbruch, Luthers Paradiesgarten, Leipzig, Evangelische Verlagsanstalt 2015, besonders S. 61 bis 73.

376 Roland Enke, Katja Schneider und Jutta Strehle (Hrsg.), Lucas Cranach der Jüngere. Entdeckung eines Meisters, Hirmer 2015, S. 370f. Abb. Kat. 3/39; Max J. Friedländer und Jakob Rosenberg, Die Gemälde von Lucas Cranach, Stuttgart: Parkland Verlag 1989, S. 113, Nr. 217, S. 142f., Nr. 362 und 363.

377 Valentin Sternenbokes Historia, Dresden 1609, in: Lüdecke, Cranach d. Ä. im Spiegel seiner Zeit, S. 90.

378 Otto Beßler, Valerius Cordus und der medizinisch-botanische Unterricht, in: 450 Jahre Martin-Luther-Universität Halle-Wittenberg, Band 1, Wittenberg 1502–1617, S. 331 und 193.

379 Karl-Heinz Lange, Zur Geschichte des Medizinwesens im 16. Jahrhundert in Torgau (Mit Bezügen zur Stadtgeschichte und Ausblick ins 17. Jahrhundert), Torgau 1997.

380 Werner Schade, Die Malerfamilie Cranach, S. 439, Nr. 3326.

381 Ebenda.

382 Ebenda, S. 455 (Stammtafel).

383 Nikolaus Müller, Die Funde in den Turmknäufen der Stadtkirche, S. 34, Anm. 14.

384 Hier und im Folgenden: Muther, Anna Sabinus, in: Theodor Muther, Aus dem Universitäts- und Gelehrtenleben im Zeitalter der Reformation. Vorträgen Erlangen 1866, S. 330ff.

385 Georg Buchwald, Zur Wittenberger Stadt- und Universitäts-Geschichte in der Reformationszeit: Briefe aus Wittenberg an M. Stephan Roth in Zwickau, S. 62, Nr. 68.

386 Hermann Freytag, Die Preussen auf der Universität Wittenberg und die nichtpreussischen Schüler Wittenbergs in Preussen von 1502 bis 1602. Eine Festgabe zur 400-jährigen Gedächtnisfeier der Gründung der Universität Wittenberg, Leipzig, Verlag Duncker & Humblot 1903, S. 90, Nr. 32; Töppen, Die Gründung der Universität Königsberg und das Leben ihres ersten Rektors Georg Sabinus, Königsberg 1844.

387 G. Buchwald, Allerlei Wittenbergisches aus der Reformationszeit. Bd. VI.; Der Bau des Melanchthonhauses, in: Luther. Vierteljahresschrift der Luthergesellschaft. 1931, H. 2; Heinrich Kühne, Aus der Geschichte des Melanchthonhauses, Wittenberg 1964.

388 Hier und im Folgenden: Muther, Anna Sabinus, S. 345–367.

389 Erdmann, Luther und die Hohenzollern, S. 31.

390 Steinmüller, Einführung der Reformation in die Kurmark Brandenburg durch Joachim II., S. 100f.

391 Töppen, Die Gründung der Universität Königsberg und das Leben ihres ersten Rektors Georg Sabinus, S. 248.

392 Joachim Camerarius, Das Leben Philipp Melanchthons, übersetzt von Volker Werner, mit einer Einführung und Anmerkungen versehen von Heinz Scheible, Schriften der Stiftung Luthergedenkstätten in Sachsen-Anhalt, Band 12, Leipzig, Evangelische Verlagsanstalt, 2010, S. 164f.

393 Gustav Leopold Plitt, Conrad Cordatus, in: Allgemeine Deutsche Biographie, hrsg. v. der Historischen Kommission bei der Bayerischen Akademie der Wissenschaften, Band 4 (1876), S. 475f.

394 D. Martin Luthers Briefe, ausgewählt von Georg Buchwald, S. 179, Nr. 258.

395 Georg Buchwald, Luther-Kalendarium, S. 69.

396 WA 36, S. XI und 228; WATr. 2, S. 207; Georg Buchwald, Luther-Kalendarium, S. 88.

397 Heinz Scheible, Melanchthon, S. 160f.

398 Sabine Kramer, Katharina von Bora in den schriftlichen Zeugnissen ihrer Zeit, S. 145.

399 Georg Buchwald, Eine bisher ungedruckte Predigt, die Luther am 27. Juli 1533 vor Hans Löser zu Pretzsch gehalten hat. Neues von Luthers Reisen und Predigten, S. 118; Christof Schubart, Luther und die Jagd mit besonderer Beziehung auf die Jagdgebiete rund um Wittenberg, S. 35–59.

400 Sabine Kramer, Katharina von Bora in den schriftlichen Zeugnissen ihrer Zeit, S. 141, Anm. 755.

401 Johann Karl Seidemann, Luthers Grundbesitz, S. 559ff.

402 Über Hans von Löser und seine Familie: Valentin König, Genealogische Adels-Historie Oder Geschlechts-Beschreibung Derer Im Chur-Sächsischen ... Adelichen Geschlechter ..., mit einer Vorrede von Johann Burchard Mencke, 1. Teil, Leipzig: Wolfgang Deer 1727, S. 602f.

403 Reichhardt, Luther im Kirchenkreise Kemberg, S. 8f.

404 Hermann Barge: Andreas Bodenstein von Karlstadt, 2 Bände, Brandstetter, Leipzig 1905, zuletzt: Armin Kohnle, Beate Kusche (Hrsg.): Professorenbuch der theologischen Fakultät der Universität Wittenberg 1502 bis 1815/17, Leucorea-Studien zur Geschichte der Reformation und der Lutherischen Orthodoxie Band 27, Leipzig: Evangelische Verlagsanstalt 2016, S. 32ff.; Elke Strauchenbruch, Luthers Hochzeit, Leipzig 2017.

405 Christopher Spehr, Priesterehe und Kindersegen. Die Anfänge des evangelischen Pfarrhauses in der Reformationszeit, in: Thomas A. Seidel und Christopher Spehr (Hrsg.), Das evangelische Pfarrhaus. Mythos und Wirklichkeit, Leipzig, Evangelische Verlagsanstalt 2013, S. 20ff.

406 Sabine Kramer, Katharina von Bora in den schriftlichen Zeugnissen ihrer Zeit, S. 79, Anm. 256.

407 Josef Rosen, Chronik von Basel. Hauptdaten der Geschichte, Basel 1971, S. 108.